KB236479

PD가 말하는
PD

지은이들 김민식 MBC 예능국 PD | 장기오 KBS 제작본부 대PD | 정수웅 다큐서울 대표 | 최삼규 MBC 시사교양국 부장대우 | 유수열 프리랜서 PD | 김태성 SBS 예능담당 차장 | 김인중 경인방송 PD | 정찬형 MBC 라디오본부 부장 | 최상일 MBC 라디오본부 특임CP | 윤선원 KBS 라디오2국 PD | 이승훈 EBS 정책기획실 PD | 민영문 KBS 만화/영화 차장 | 김정기 EBS 외화 담당 차장 | 권오대 KBS 콘텐츠 정책 차장 | 고찬수 KBS 예능국 PD | 이영돈 KBS 기획제작국 부장 | 박치형 EBS TV1국 차장 | 김한영 프리랜서PD | 정길화 MBC 시사교양국 특임1CP | 최영묵 성공회대학교 신문방송학과 조교수 | 박건식 MBC 시사교양국 PD | 이강택 KBS 기획제작국 PD(이상 원고 게재 순)

PD가 말하는 PD

2003년 12월 29일 개정판 1쇄 발행
2023년 10월 1일 개정판 18쇄 발행

지은이 김민식 외 21인 | 펴낸곳 부키(주) | 펴낸이 박윤우
등록일 2012년 9월 27일 | 등록번호 제312-2012-000045호
주소 03785 서울 서대문구 신촌로3길 15 산성빌딩 6층
전화 02) 325-0846 | 팩스 02) 3141-4066
홈페이지 www.bookie.co.kr | 이메일 webmaster@bookie.co.kr
제작대행 올인피앤비 bobys1@nate.com
ISBN 978-89-85989-62-6 14300
ISBN 978-89-85989-61-9(세트)

부키 전문직 리포트 1

PD가 말하는

PD

21명의 현직 PD들이
솔직하게 털어놓은
PD의 세계

부·키

1장 '조'자를 떼기까지 고군분투기

2장 천태만상 천차만별 PD의 세계

'조' 자를 떼기까지 고군분투기

1장

삼 세 번 끝에 찾은 나의 천직

| 김민식 |

MBC 예능국 PD. 96년 MBC에 입사해 〈뉴 논스톱〉〈논스톱3〉를 연출했으며, 현재 〈일요일 일요일 밤에〉의 인기 코너 〈박수홍의 러브하우스〉를 연출하고 있다. 백상예술대상 신인 연출상을 수상했으며, 저서로 아이작 아시모프 유고집 『골드』(번역서, 공역) 『PD WHO & HOW』(공저) 등이 있다.

96년 MBC 공채로 입사한 나는 PD로서의 생활에 기대와 두려움을 함께 갖고 있었다. 프로그램을 만들고 싶긴 했으나 정작 PD에 대해선 '예쁜 여자 탤런트들을 많이 보는 사람' 정도의 천박한 인식이 전부였던 터였다. 학부의 전공과도, 대학원 전공과도 거리가 먼 직업. 과연 내가 PD로서 잘 살 수 있을까 두려움이 컸던 것도 사실이다.

더듬어보면 내가 PD가 된 것 역시 엉뚱한 인연의 연속이었다.

87년 엔지니어가 최고였던 집안 및 고향 분위기(내 고향은 울산이다)에 따라 한양대 자원공학과에 입학했지만 전공이 적성에 맞지 않아 방황을 많이 했다. 좀처럼 공부에 재미를 붙이지 못하고 4년을 지냈더니 학점은 3.0도 되지 않는 민망한 지경에 이르렀다. 취업을 하려고 여덟 군데 기업체에 원서를 제출했지만 7곳에선 서류전형에조차 낙방했다.

　나름대로 열심히 살았다고 자부했건만 막상 취업 시장에서 연이어 고배를 마시자 '아, 27년을 준비한 내 청춘이 이렇게 안 팔리다니.' 하며 삶의 비애까지 느꼈다. 내 자신의 상품 가치에 대해서도 다시 한 번 고민하게 되었음은 물론이고. 다행히 마지막으로 지원한 외국계 회사에서 영업직으로 받아 줘서 사회에 첫발을 내딛게 되었다.

　힘들게 구한 직장이니 열심히 다녀야 하는 게 맞는데, 영업 사원 생활도 1년쯤 지나니 지겨워지기 시작했다. 결국 나처럼 항상 새로운 일을 찾는 사람은 회사원보다는 프리랜서가 어울릴 듯싶어, 사직서를 던지고 외대 통역대학원에 지원했다. 대학 시절 전공은 뒷전이었으나 먹고 살아야겠다는 생각에 영어 공부는 충실히 해 둔 터라 6개월 준비해서 통역대학원에 입학할 수 있었다.

　공대를 졸업했는데 영업을 하고, 다시 통역사의 길을 가게 되었으니 이제 방황은 끝이어야 하는데, 결론적으로 통역사도 내 적성에 맞지 않았다. 통역사는 다른 사람의 말을 충실히 옮겨야 하는데, 내가 통역을 할 때는 자꾸 주관이 들어가고 윤색을 하고 싶어졌다. 남의 말을 옮기기보다는 내 자신의 이야기를 하고 싶다는 욕심도 생겼다.

　바람 앞에 흔들리는 촛불처럼 또다시 일과 적성 사이에서 방황하던 내게 복음과 같았던 책, 제레미 립킨의 『노동의 종말』. 제목만 보고는 '오호라, 일 안 하고도 먹고 사는 시대가 온다는 뜻인가! 이것이야말로 백수들의 삶의 지침서가 아닌가?' 하는 생각에 덥석 집어 들었는데 읽을수록 목덜미가 서늘해지는 경제 예견서였다. 인류의 미래를 걱정하는 명저를 접하고도 먹고 살 궁리밖에 없었던 내게 눈 번쩍 뜨이는 구절. '21세기에는 번역 및 통역과 같은 지식의 2차 생산·유통업은 자동번역기나 통역기 같은 정보기기에 의해 대체될 것이다.' 그렇다면 일껏 힘들여 대학원까지 마치고도 고급 백수가 된다는 얘기가 아닌가. 내친 김에 좀 더 보았다. '21세기에도 정보기기에 의해 대체되지 않을 직종은 정보의 1차 생산자, 즉 인간의 고유 영역인 창조적인 일을 하는 이만이 살아남을 것이다.'

이때 어디선가 들려오는 TV 소리, '21세기 영상 미디어 시대를 선도할 MBC가 대중문화의 창조자를 모집합니다.'

96년 가을, 드디어 험난한 시행착오를 거쳐 귀 얇은 한 사내가 통역사의 꿈을 접고 MBC PD 공채의 문을 두드렸다. 영상정보 산업의 1차 생산자가 되어 21세기의 대중문화를 이끌어 가겠다는 원대한 꿈을 품고서.

조연출 1년이면 천하장사도 폐인된다?

PD면 모두 같은 PD인 줄 알았다가 PD에 따라 하는 일이 정말로 다양하다는 건 방송사 입사해서 처음 알았다. (요즘 후배들은 이론적으로는 그 일에 대해서 줄줄 꿰는 경우도 보았으니 참 격세지감을 느낀다.)

PD라고 해도 라디오 PD, TV PD가 당연히 다르다. TV PD라 해도 수습 시절 어떤 선택을 내리느냐에 따라 하는 일도, 만드는 프로그램도 다르다. 수습 시절 평생 걸어갈 길이 결정된다고 해도 과언이 아니다. 다큐멘터리나 시사 교양 프로그램 PD들은 저널리스트, 즉 언론인 본연의 임무에 충실해야 하고, 드라마 PD는 TV 화면에 카메라로 그림을 그리는 영상 예술가이고, 쇼나 코미디를 연출하는 PD들은 대중에게 즐거움을 주는 엔터테이너의 길을 가는 것이다.

나도 슬슬 내 갈 길을 모색해야 했다.

처음에는 PD의 꽃이라는 드라마 PD에 구미가 당겼다. 하지만, 드라마국에서 조연출 생활은 살인적인 노동 강도로 악명 높았다. 실제로 드라마국 선배 중에는 일하다 건강을 해쳐 휴직하고 입원하는 사람도 종종 있었다. '아무리 예술도 좋지만, 사람이 살고 봐야지….' 재빠르게 방향을 바꿨다. 〈PD수첩〉 연출은 물론 취재, 출연까지 하는 교양국 PD도 멋있어 보였다. 그러나 조직 폭력배 관련 아이템을 취재하기 위해 몰래 카메라를 숨겨 룸살롱에 잠입했다 발각되어 죽을 고비를 넘기고 나왔다는 이야기에 기가 팍 죽었다. '정의사회 구현은 기자들에게 맡겨도 되지 않을까?' 하면서.

가벼운 마음으로 즐겁게 일하고, 사람들에게 웃음을 줄 수 있는 직업, 코미디 PD가 되자는 결정은 그런 소심하고 비겁한 고민 끝에 내린 나름대로는 현명한 판단이었다. 그 판단이 정말로 현명했을까? 코미디 PD는 정말로 가벼운 마음으로 일하는 것일까?

조연출 생활 1년이면 천하장사도 폐인이 되어 병원 신세를 져야 한다는 드라마국의 전설적인 노동 강도! 바로 그 생활을 피해 찾아온 부서가 예능국이었다. 그러나 나의 판단 착오! 밤잠 못 자며 일하는 건 여기라고 예외는 아니었다. 특히 아침 7시부터 다음날 저녁 7시까지 36시간 동안 마라톤 편집 작업을 하는 건 정말 고통스러웠다. 새벽에 두어 시간, 소파에서 새우잠을 자긴 하지만, 밤샌 다음날은 하루 종일 멍한 상태에서 편집을 해야 했다. 작년에도 모 방송사에서 밤샘 작업 후 편집실에서 새우잠 자다가 과로사한 조연출이 있지만, 정말 조연출 시절의 노동 강도는 살인적이다.

일하다 안 풀리면 좀 쉬기도 해야 하는데, 방송 시간은 꼬박 꼬박

다가온다. 우선 조연출이 1차 편집을 마쳐야 PD가 수정도 하고, 자막 의뢰도 할 수 있고, 음악 작업이며 효과 작업도 들어갈 수 있으니… 모든 스태프들이 조연출의 뒤통수만 바라보고 있는 상황에서 좀만 쉰다, 토막잠이라도 잔다는 건 어불성설이다.

PD가 되면 아침에는 촬영 현장에서 예쁜 탤런트들 만나 반갑게 인사하고, 수많은 스태프들 속에서 폼 나게 큐 사인 내며 살 줄 알았던 나. 편집실에서 아침을 맞으며 밤샘 작업 뒤 끝에 폐인이 된 거울 속의 나와 인사하고, 오후에는 소품 신청하랴, 청구서 정산하랴, 시설 배정하랴 사무실마다 빌러 다니는 게 일이었다.

그러던 어느 날, 나는 다시 적성과 일 사이에서 고민하기 시작했다. '과연 PD로서 나의 정체성은 무엇인가? 이렇게 밤샘 편집, 자질구레한 행정 업무에 자신을 소진하며 나는 무엇을 보여 주려 하는 것인가? 내가 막상 연출가로 데뷔하게 되면 나는 어떤 프로그램으로 무엇을 보여 줄 것인가?'

앞서 우스갯소리로 비겁한 소시민적인 선택으로 예능 파트를 지원했다고 했지만, 방송사 입사 전부터 만들고 싶은 프로그램이 있었으니 그건 바로 시트콤이었다.

대학 시절, 〈Friends〉나 〈Seinfeld〉 같은 미국 시트콤을 즐겨 보았다. 물론 동기야 영어 공부였지만 프로그램에 빠져들면서 언젠간 나도 저렇게 재미있는 시트콤을 만들고 싶다는 꿈을 꾸게 된 것이다.

나는 다시 한 번 마음을 다잡았다. 그래, 그렇게 꿈꾸던 시트콤 연출가가 되려면, 이 정도 고생은 참아야 해! 아니 참을 수 있어!

그렇게 시트콤 연출가의 꿈을 키우며 입을 앙다물며 힘든 조연출 생활을 견디던 어느 날. 드디어 내게도 시트콤을 경험할 기회가 찾아왔다. 〈남자 셋 여자 셋〉의 성공에 힘입어 새로 출범하는 청춘 시트콤인 〈점프〉 연출진에 조연출로 합류하게 된 것이다.

시트콤만 만들면 세상 누구 부럽지 않게 행복할 줄 알았는데, 세상 일이 마음대로 되는 건 아닌지 시트콤을 만들면서 시청률의 압박을 처음 몸으로 느끼게 되었다. 나름대로 재미있게 찍고 신선한 아이디어로 연출한다고 생각했는데, 시청률은 '점프'는커녕 나날이 하강곡선을 그렸다. 그래도 경험이 쌓이면 좋은 결과가 오겠지, 스스로를 위로하며 세월을 보내던 내게 치명타를 날린 건 시트콤 〈가문의 영광〉이었다. 만들면 만들수록, 가면 갈수록 떨어지는 시청률. PD로서 가장 큰 괴로움은 밤샘 작업이니 하는 육체적 고통이 아니라, 나름대로 재미있게 만든 프로그램이 시청자들에게 외면 당할 때 받는 비참함이라는 것을 이 시절 뼈저리게 절감했다.

결국 시트콤 〈가문의 영광〉은 시청률 5%대를 기록하다 3개월 만에 조기 종영하였고, 나는 2년간의 시트콤 조연출 생활을 접고 다른 프로그램으로 좌천되었다. 아! 험난한 시트콤 연출가의 길이여!

카리스마를 잃고 '편안함'을 얻다

〈점프〉와 〈가문의 영광〉이 실패로 끝나면서 내가 과연 시트콤 연출가의 자질이 있는지 돌아보게 된 바로 그 즈음, 내게 시트콤을 연출할 마지막 기회가 주어졌다. 〈논스톱〉의 고전 이후 새로이 출범하는 〈뉴 논스톱〉에 합류하게 된 것이다.

'이건 나에게 주어진 마지막 기회다. 〈뉴 논스톱〉마저 실패한다면

나는 시트콤 연출의 꿈을 접어야 한다.'

2001년 봄, 나는 〈뉴 논스톱〉을 통해 정식으로 PD가 되었다. (PD
들 사이에선 이를 입봉이라고 한다.) 오랜 조연출 생활 후, 이제야 내 이
름을 걸고 프로그램을 만들게 된 나. 초보 연출가로서 만드는 시트콤은
기성 연출가의 그것과 어떻게 달라야 할 것인가를 고민했다. 그래서 내
린 결론이 '트렌드 메이킹(Trend Making)', '이지 메이킹(Easy
Making)', '스타 메이킹(Star Making)'이었다.

먼저 '트렌드 메이킹'. 대중문화의 생산자로서 연출가가 가져야 할
미덕은 대중들의 기호를 읽고 그에 맞는 트렌드를 창조하는 것이 아닐
까. 변화하는 시청자들의 욕구에 부응하는 새로운 트렌드를 만드는 것,
신인 연출가로서 내게 주어진 가장 큰 과제였다.

청춘 시트콤의 주 소비층인 10대들의 문화 성향을 알기 위해 인터
넷을 뒤졌다. 단연 '패러디'와 '엽기'가 눈에 띄었다. 기성세대에게는
낯설어 보일 수 있는 이 두 가지 현상에 10대들은 열광하고 지지를 보
냈다. 그들은 눈에 익숙한 이미지를 비틀어 웃음을 유발하는 패러디,
대중적이고 상식적이기보다는 엉뚱하고 기발한 엽기적인 코드를 선호
한다.

이 두 가지 문화 현상에 주목하여 시도한 것이 〈뉴 논스톱〉에서 나
온 온갖 영화의 명장면 패러디와 '한턱 쏴!' 양동근의 엽기 행각들이었
다. 이러한 패러디와 엽기 코드는 〈뉴 논스톱〉만의 독특한 색깔이 되어
10대 시청자에게 어필하는 원동력이 되었다.

다음으로 '이지 메이킹'. 말 그대로 쉽게 만든다는 뜻이다. 신인 연
출가가 꿈꿔 오던 시트콤으로 데뷔하게 되었으니, 목숨을 걸고 만들어
도 모자랄 판에 쉽게 만든다? 〈뉴 논스톱〉을 연출할 당시, 나는 연기자

:: 연기자에게 연기 지도를 하고 있는 필자 김민식 PD(왼쪽).

들이 대본에 있는 대사를 잊고 엉뚱한 애드리브를 해도 NG를 부르지 않고 녹화를 진행했다. 심지어 카메라 리허설 없이 기본 동선만 맞추고 녹화하기도 했다. 완벽한 대본에 완벽한 카메라 콘티로 연출하는 것이 정석이지만, 애드리브를 살리고 카메라를 자유로이 운용함은 초보 PD 나름대로 익힌 연출 요령이었다. 연기의 경험이 일천한 신인들을 데리고 녹화를 하는데 대사 토씨 하나 틀릴 때마다 엄격하게 NG를 외쳐댄다면? 웃고 떠들며 즐겁게 노는 분위기의 청춘 시트콤에서 정작 출연자들이 엄격한 카메라 콘티에 따라 뻣뻣하게 움직인다면? 만드는 이들이 즐겁게 일해야, 보는 이도 편안한 프로그램이 나온다.

녹화에 들어가기 전에 내가 연기자들에게 주문하는 것은 딱 한 가지였다.

"편하게 연기해. 애드리브도 마음대로 치고. 카메라로 따는 건 내가 알아서 할 테니까."

편안한 분위기로 최대한 풀어주고 녹화에 들어가니 신인 연기자라고 해서 카메라 앞에서 긴장하는 일도 없고, 대본에 없는 재밌는 애드리브도 살았다. 청춘 시트콤의 연출가는 현장을 장악하는 카리스마로 똘똘 뭉친 독불장군이 아니라 끼 있는 신인들이 자신이 해 보고 싶었던 것을 마음껏 할 수 있게 판을 펼쳐 주는 조력자 역할이었던 것이다.

끝으로 '스타 메이킹'. 시트콤 연출가가 일하며 겪는 어려움 중 하나는 스타에게 망가지는 연기를 주문할 수 없다는 것이다. 스타는 결코 망가지기를 원하지 않는다. 그러니 신인을 스타로 키울 수밖에 없다. 새로운 스타 만들기, 뉴 페이스를 갈망하는 대중들의 욕구를 채우는 것이 PD의 소명이기도 하지만, 시트콤 PD로선 꼭 풀어야 할 난제이기도 하다.

신인을 캐스팅하면 어려움이 많다. 특히 출연 초기에 여기저기서 들려오는 '연기력이 없네' '호감도가 떨어지네' 하는 혹평들. 이때 연출가가 가져야 할 미덕은, 자신이 내린 결정을 믿고 끝까지 그 신인이 뜰 때까지 밀어붙이는 일이다. 연출가마저 소신 없이 흔들리면, 될성부른 나무도 떡잎 시절에 꺾이고 마니까.

〈뉴 논스톱〉을 만들면서 느낀 가장 큰 즐거움 중 하나는 조인성, 장나라, 김정화, 조한선, 정다빈 등 끼 있는 신인을 발굴하고 그들이 커 가는 것을 지켜보는 일이었다. 이들을 만나 각자 개성에 맞는 캐릭터를 부여하여, 때로는 망가지는 연기로 시청자들의 눈길을 사로잡고, 때로는 애절한 드라마로 보는 이의 마음을 움직였다. 코미디와 드라마, 양수겸장으로 조금씩 캐릭터를 쌓아간 덕에 처음에는 낯설기만 했던 이들이 매일 저녁 7시면 기다려지는 친근한 얼굴이 되었다. 이들 신진

:: 촬영 전 다시 한 번 대본을 살펴보고 있는 필자 김민식 PD.

스타들 덕에 시청률 8%대에서 시작한 〈뉴 논스톱〉은 1년이 지나 시청률 20%를 넘나드는 대박 상품이 되었고, 가요, 드라마, 영화 등 연예계 전반에 걸쳐 히트 상품을 만들어 내는 스타 등용문으로 명성을 날리게 되었다.

마음은 평생 '수습'

나는 지금까지 세 가지를 중요하게 여기며 살아왔다. 하고 있는 일, 좋아하는 일, 남보다 잘하는 일.

하고 있는 일은 아마 직업에 해당되지 않을까. 직업을 찾는 것은 생존의 기본이면서 또 그 자체로도 매우 중요한 과정이다. 노동의 즐거움을 알고, 세상에서 자신의 역할을 찾는 것이니까. 자신이 좋아하는 일을 찾는 것 역시 꼭 필요하다. 좋아하는 일을 직업으로 삼으면, 더할 나위 없이 즐거울 테니까. 하지만 자신이 좋아하는 일을 찾아서 이를 즐기며 사는 사람은 의외로 적다. 20대에 자신이 좋아하는 일을 찾아 바로 그 일을 직업으로 할 수 있다면 그 이상의 성취는 없으리라. 마지막으로 남보다 더 잘해야 한다. 아무리 자신이 좋아하는 일이라 하더라도 타인에게 처참한 평가를 받는다면 오래 행복하기는 힘들지 않을까.

결국 자신이 좋아하는 일을 찾고, 그 일을 남들보다 더 잘하는 것. 평생을 두고 고민해야 할지도 모른다.

참으로 오랜 세월 시행착오를 겪으며 마침내 찾아낸 내 직업. PD, 그 중 시트콤 PD. 나는 내 일에 만족한다. 내가 즐거워하며 만든 프로그램으로 타인에게 웃음과 편안한 휴식을 줄 수 있으니. 이제 내게 남은 건 어떻게 만들어야 더 좋은 시트콤을 만들지 고민하고, 찾고, 실천하는 것이다.

또 다른 출발선에서 평생을 고민하고 노력해야 한다는 점에서, 나는 어쩌면 마음만은 아직도 수습 PD인지도 모르겠다.

천태만상 천차만별 PD의 세계

2장

생의 본질 탐구하는
속 깊은 관찰자

| 장기오 |

KBS 제작본부 대PD. 1971년 KBS에 입사해 〈TV문학관〉〈독립문〉〈선구자〉 등을 연출했다. 드라마국장 역임 이후 현업에 복귀해 〈아우와의 만남〉〈길은 그리움을 부른다〉〈홍어〉 등을 연출했으며 KBS 사상 최초이자 현재까지 유일한 대PD다. 한국방송PD상, 백상예술대상, 독일 후트라(Futura) 상을 수상했으며, 저서로는 『TV 드라마 바로보기, 바로쓰기』 『TV 드라마 연출론』이 있다.

연출은 작품을 만드는 모든 과정이다. 연출은 모든 요소들을 조직하고 모으고 해석하고 그것을 극대화시킨다. 따라서 연출은 조직의 핵이고 중심이다. 연출자가 어떻게 생각하고 어떻게 보느냐에 따라 작품이 달라지므로 연출자의 관점은 작품의 성격을 결정하는 핵심이다.

차가운 광물성 카메라의 단순 기술을 복잡하고 의미심장한 예술의 차원으로 승화하는 것에서부터 빛의 조화를 통한 음영의 콘트라스트로 의미를 전달하는 것, 인간과 사회에 대한 애정과 통찰에 이르기까지 이 모든 것이 연출 행위다.

백지 상태에서 무엇을 만들어 낸다는 점에서 연출은 창조적 행위이며, 수많은 기술적 요소들을 결합해 하나의 통일된 이미지를 구축한다는 점에서 연출은 개성과 특성을 융화, 화합하고 다스리는 통치적 행위라고도 할 수 있다. 또 자신의 철학에 따라 수많은 작품(대본) 중 하나를 선택하고 새롭게 재해석해 독특한 내적 의미를 창조한다는 점에서 연출은 작가적 행위로도 볼 수 있다. 그러면서도 결과물로써 대중을 설득시켜야 하므로 대중과의 교감이 이루어지는 커뮤니케이션이라고도 정의할 수 있다.

드라마는 사람이 살아가는 모습을 다룬다. 이 때문에 드라마 PD는 속 깊은 인생의 관찰자가 되어야 한다. 기쁨과 슬픔의 의미를 알고 생의 본질이 무엇인지 깊이 사색해야 한다. 절망의 깊이와 생존의 존엄성에 대한 남다른 깨달음이 있어야 하며, 무엇보다 인간을 사랑할 줄 알아야 한다. 또한 편견 없는 시선으로 삶을 관조하는, 가슴이 따뜻한 건전한 상식인이어야 한다. 얄팍한 지식과 겉멋을 부리는 테크닉만으로는 결코 감동을 줄 수 없다.

우리가 사는 세상이 아무리 복잡해도 실제로는 2차원이다. 이런 2차원의 세계를 3차원으로 표현하는 것이 연출이다. 연출은 인물의 행위와 배경을 브라운관에 담아 실제로 일어나고 있는 듯한 현실감을 주어야 한다. 또 미래에 대한 희망과 살아가는 용기, 꿈도 함께 주어야 한다.

일상에서 개 한 마리는 그냥 개일 뿐이다. 하지만 카메라가 그 개를 뒤쫓아 가면 공간이 생기고 의미가 생긴다. 사람들은 다음에 무슨 일이 일어날지 궁금해 한다. 이처럼 연출가는 공간에서 이런 의미를 만들고 대중과의 교감을 시도하는 것이다.

드라마에서 연출의 비중은 매우 크다. 드라마는 연출자가 누구냐에 따라 감동이 다르고 주제 전달과 강약이 다르다. 즉 드라마는 연출 그 자체이고, 드라마의 성공 여부는 연출자의 능력에 달렸다는 말이다.

PD는 작가를 선택하고 이야기의 방향을 정한다. 대본을 해석하고, 연기자의 개성과 연기력을 고려해 배역을 결정한다. 대본을 가장 효과적으로 표현할 수 있는 영상적인 상상력과 기술을 동원해 아름답고 감동적인 작품을 만들어 낸다. 그러므로 PD는 악기 하나하나를 적재적소에 배치하고 이끌어 개성과 특성을 조화시키는 오케스트라의 지휘자와 같다.

드라마 PD가 느끼는 창조자로서의 기쁨 또한 여타 프로그램과는 비교할 수 없다. 그 뿌듯함과 보람은 오롯이 PD의 몫이다. 프로그램이 큰 성공을 거두면 사회 명사의 반열에 오른다. 실제로 그렇게 성공한 PD들도 있다. 그래서 많은 PD들이 드라마 연출을 희망하고, 일반인들 역시 드라마 연출에 환상을 가지고 있다. 하지만 누구나 그렇게 될 수 있는 건 아니다.

최근 작가의 영향력이 증대되면서 심지어 PD의 고유 권한인 캐스팅에까지 관여하는 경우가 종종 발생한다. 작품에 대한 독자적인 해석은 고사하고 대본의 토씨 하나도 고치지 못하고 작가가 써 준 원고대로 줄만 긋는 교통순경의 역할밖에 하지 못하는 PD가 있는가 하면 연기자의 위세에 눌려 연출의 역할을 포기하는 사례까지 있는 걸 보면 과연 연출의 위기라 할 만하다.

이런 방송 환경 속에서 제대로 된 연출자가 되려면 무엇보다 '자신만의 브랜드'를 개발해야 한다. 지상파 방송 3사에서는 약 200여 명의 드라마 PD들이 활동하고 있고, 그들은 모두 나름의 방송 철학과 신념으로 작품에 임하고 있지만 이들 중 자신의 작품을 통해 자신의 이름을 명확히 각인시킨 PD는 소수에 불과하다.

PD는 연출 데뷔 후 약 2~3년 동안 자신의 색깔을 만들어 간다.

:: 야외 촬영 현장에서 총지휘를 하고 있는 필자 장기오 PD. 매서운 추위로 인해 볼이 벌겋게 얼었다.

이 시기 닥치는 대로, 혹은 시류에 편승해 적당히 프로그램을 만들게 되면 자기 브랜드를 구축하는 것은 어렵다. 개성 없이 여기저기 떠돌아다니며 한마디로 시키면 시키는 대로 만드는 무기력한 PD가 된다. 그렇기 때문에 자신만의 독특한 색깔을 찾아가는 건 중요한 과제다.

드라마 유형에 따라 PD 자질도 다르다

드라마의 유형에 따라 PD의 자질과 색깔도 다르다. 9시 뉴스와 맞물려 있는 저녁 일일 연속극의 경우 방송사가 가장 역점을 두는 드라마 중의 하나다. 연속극이 뉴스의 시청률을 좌우하므로 방송사에서 상당한 신경을 쓰는 것이다. 또 소위 방송사의 간판 프로그램 중 하나로 공영성도 무시할 수 없다.

이런 일일 연속극의 위치 때문에 프로그램이 소위 잘나갈 경우에는 담당 PD는 온 방송사의 기대와 스포트라이트를 받으며 힘들어도 신바람 나게 일할 수 있지만, 시청률이 죽을 쑤면 그 괴로움은 말할 수 없다. 〈당신이 그리워질 때〉〈바람은 불어도〉〈정 때문에〉 등 성공한 일일 연속극을 연출한 PD들은 탄탄한 자기 세계를 구축한 일일 연속극의 대가로 명성을 날리고 있다. 반면 실패한 몇몇 PD들은 다시 변방(?) 프로그램으로 쫓겨나 언젠가는 입성하겠다는 다짐을 거듭한다.

일일 연속극은 TV 드라마 중에서 가장 쓰임새가 많은 장르다. 저녁 9시 뉴스 전에 편성되는 것이 아니라 하더라도 아침, 저녁으로 한 두 개씩의 프로그램은 있기 마련이어서 한번 실패했다고 해서 프로그램을 맡지 못하고 노는 경우는 거의 없다.

탤런트의 연기력 및 작가의 능력이 절대적인 일일 연속극은 재능이 많고 개성과 소신이 강한 PD보다는 무난하고 원만한, 무던한 성격의 소유자가 더 적합하다. 연기자와 스태프를 잘 어우르고 작가와의 관계를 무리 없이 풀어 갈 수 있어야 하기 때문이다.

일일 연속극은 보통 1년 이상 방송되므로 제작 기간 역시 1년 이상이다. 때문에 안달복달하기보다는 느긋하게 일을 처리하는 성격이라야 견딜 수 있다. 대신 특별한 영상미보다는 스튜디오 위주의 제작에만 전념하면 된다.

주말 연속극은 방송사의 시청률을 대표하는 프로그램이다. 주말 연속극 시청률이 하락하면 방송사 프로그램의 시청률 전체가 그런 듯한 느낌을 받는다. 그래서 이 프로그램은 무조건 시청률을 올려야 한다. 주말 연속극에 불륜, 폭력, 배반 등 부정적인 요소가 유독 많은 이유가 여기에 있다.

　기본적으로 주말 연속극은 멜로드라마다. 멜로드라마는 극성(劇性)이 강하다. 작가는 강렬한 스토리 구조를 만들어야 하고, PD는 이 악물고 덤벼들어야 한다. 주말 연속극 PD는 악바리여야 한다. '사람 좋다'는 소리를 들어서도 안 되고 들을 수도 없다. 밤샘은 기본이고, 집에도 제대로 들어가지 못한다. 며칠 밤을 새고도 곧바로 다음 촬영지로 갈 수 있는 체력은 물론이고, 탤런트들을 휘어잡아 자기가 의도하는 방향으로 끌고 가는 뚝심도 있어야 한다. 또 시류에 민감하게 반응하여 어떤 이야기가 시청자들을 잡아끄는지도 재빨리 포착해야 한다.

　TV의 속성상 일단 프로그램을 시청하면 관성적으로 계속 프로그램을 보게 되는 경우가 많아 초반에 타 방송사의 주말 연속극을 제압하면 후반은 비교적 편안하게 지낼 수 있다.

　미니시리즈는 대체로 청년층을 타깃으로 하는 유스 마케팅(Youth Marketing) 프로그램이다. 미니시리즈의 시청률이 낮다는 것은 그 방송사가 젊은이들에게 인기가 없다는 방증이므로, 주말 연속극과는 다른 차원의 중요성이 논의된다.

　미니시리즈는 대체로 트렌디 드라마가 많으므로 PD 역시 젊어야 한다. 젊은이들과 공감대가 형성되어야 그들의 이야기를 할 수 있지 않겠는가. 미니시리즈에는 젊은이들의 선호도를 반영해 인기 절정을 구가하는 젊은 스타들의 출연이 필수적이므로 PD 역시 그들과 비슷한 사고와 행동방식을 가져야 한다. 적어도 그 드라마를 연출하는 동안만이라도 형이 되고 친구가 되어 젊은 스타를 다독이고 때론 애로 사항도 해결해 주어야 한다. 이 또한 PD의 주요 덕목 중 하나다.

　미니시리즈 PD 역시 밤샘을 밥 먹듯 하는데, 이는 빡빡한 제작 일

정보다는 스타의 스케줄에 더 큰 원인이 있다. 인기 절정의 스타는 대부분 CF, 영화, 쇼 등에 겹치기로 출연하고 스케줄도 거의 살인적이므로 주인공 스케줄 중심으로 한꺼번에 몰아 찍을 수밖에 없다. 미니시리즈는 주말 연속극이나 일일 연속극처럼 연출을 나눌 수가 없다. 보통 20부작 정도가 대부분이니 3개월 정도 밤새워 작업할 수 있는 체력이 필요하다.

미니시리즈는 감상적인 스토리에 아름다운 풍경을 배경으로 이복형제 간의 사랑, 시한부 인생 등의 소재가 많은데 이 역시 젊은이들의 취향을 반영한 것이다.

미니시리즈는 젊은 PD들이 가장 희망하는 프로그램 중 하나다. 미니시리즈를 성공시키면 인터넷에 동호회가 결성되고 신문의 인터뷰가 쏟아진다. 성공의 달콤함이다. 그러나 미니시리즈는 성공하는 PD보다는 실패하는 PD가 더 많은 만큼 위험부담도 큰 프로그램이다.

사극은 PD들이 어려워한다. 사극 연출을 희망하는 PD도 적고, 사극 전문 PD도 적다. 사극 전문 작가군이 한정되어 있어 선택의 폭이 좁고, 연기자도 출연을 기피하며, 현대를 배경으로 하는 다른 드라마와는 달리 제작에 엄청난 시간과 돈이 들어가기 때문이다.

그럼에도 불구하고 사극 연출을 희망하는 PD는 현명하다. 드라마 장르 중 사극만큼 확실히 전문성을 확보할 수 있는 분야가 없다. 희소가치 때문이다. 사극 전문 PD는 그 시대 역사는 물론이고 복장, 언어, 풍습 등 정말로 많은 분야에 대한 깊이 있는 지식이 필요하다. 사전에 철저히 공부를 하고 제작에 임해도 곧잘 지적을 받곤 한다. 특정 문중에서 자신의 조상을 왜곡되게 그렸다고 거센 항의를 하기도 하고, 역사학자들로부터 무식한 놈 취급도 받는다.

사극은 제작에도 애로 사항이 많다. 현대극은 의상이나 분장에 많은 시간이 필요하지는 않다. 그러나 사극은 다르다. 수염 달고 의상 입으면 오전이 후딱 간다. 겨울에는 해가 짧아 현대극 촬영분의 반도 촬영하지 못하는 경우가 허다하다. 또 엑스트라는 오죽 많은가. 대규모 엑스트라를 동원해야 하는 신에선 연출자가 목이 쉬도록 소리를 지르며 뛰어다녀도 좀처럼 만족스런 그림을 얻을 수 없다. 도대체 성에 차지 않는 것이다.

출연자 캐스팅도 난항을 겪는 경우가 많다. 특히 젊은 인기 스타들은 사극을 기피한다. 그들의 매력적인 얼굴에 수염으로 뒤범벅을 하니 달가워할 리가 없다. 또 주말 연속극이나 미니시리즈에 비해 CF 수입 등 부가 효과도 낮고, 현대물보다 제작 시간은 배 이상 소요되어 바쁜 스케줄 맞추기도 쉽지 않으니 더욱 그렇다. 때문에 젊은 탤런트를 캐스팅할 때 PD는 '제발 한 번만 살려 달라.'고 거의 읍소를 하는 정도이다. 사극은 긴 제작 시간에도 불구하고 주말 연속극처럼 주 단위로 방송되므로 사극 연출을 하게 되면 보통 1년 반에서 2년은 죽었다 생각하는 것이 좋다.

이 모든 어려움에도 불구하고 사극은 매력 있다. 사극만큼 확실한 전문 브랜드는 없다. 트렌드를 좇아가는 것이 아니어서 연출자의 조로 현상도 적다. 연륜이 쌓일수록 유리하며 함부로 손댈 수 없는 독보적인 위치를 확보할 수 있는 분야이기도 하다. 지금도 흰머리를 날리며 현장을 지휘하는 노장 PD들이 거의 사극 전문인 것은 우연이 아니다.

단막극은 각 방송사마다 주당 한 편씩 정기적으로 편성하고 있다. 한 회 방송에 이야기가 완결되는 구조이므로 이 프로그램은 주로 연출 데뷔하는 PD들의 주무대다. 단막극이야말로 드라마의 본령을 추구하는 유일한 장르지만, 이 드라마처럼 천대 받는 장르도 없다. 시청률도 낮고 인기 탤런트들도 출연을 기피해 세간의 주목을 받기도 힘들다.

단막극이 홀대 받는 요인은 여러 가지가 있다. 유사 드라마, 즉 재연 프로그램이 늘어나 시청자의 입장에선 그 이야기가 그 이야기인 것처럼 비춰지는 것이 그 하나요, 경험이 일천한 PD들이 의욕만 앞세워 완숙하지 못한 연출을 하는 것도 한 요인이다. 또 개편 때마다 방송 시간을 이리저리 옮겨 고정 시청자를 확보하지 못하는 것도 중요 요인 중 하나이다.

TV가 생긴 이래 가장 확실하게 자리 잡은 분야가 저널리즘으로서의 뉴스와 공연 예술로서의 드라마라면, 단막극이야말로 우리 인생을 진지하게 반성하고 삶의 참모습을 보여 줄 수 있는 예술성 높은 장르다. 하지만 최근 우리 사회에 만연한 상업주의의 논리는 방송에도 그대로 적용되어 시청률 지상주의가 만연하고 있으며, 이에 희생된 것이 바로 단막극이다. 과거엔 〈TV문학관〉이나 〈베스트셀러 극장〉은 TV 드라마의 꽃이었다. 지금도 KBS에서는 부정기적으로 〈TV문학관〉을 제작, 방송하고 있지만 이는 시청률 경쟁으로 공영성을 비판 받을 때마다 면피를 목적으로 하는 편성이란 혐의가 짙다.

〈TV문학관〉 같은 예술성 짙은 단막극 PD는 외롭다. 이런 프로그램을 연출한다는 자체로 존경 받았고, 또 긍지와 자부심을 가졌던 시절도 있었지만 요즘은 '혼자 예술하고 있다.'는 비웃음을 사기도 한다. 이런 현실 속에서 단막극 PD가 정체성을 지켜 내려면 가치관이 확실하고 신념이 투철해야 한다. 기존 질서나 가치관을 새롭게 조명해 보려는 작가의식이 있어야 하고 현실을 비판하고 새로운 대안을 제시하고자 하는 실험정신도 있어야 한다. 명예를 탐하지 않는 초연함과 함께 문학, 미술, 음악 등 전방위적인 심미안을 가져야 시청률 지상주의에 백기를 들지 않는다.

잠시 언급한 바 있지만 단막극은 드라마 중 캐스팅이 제일 어렵다. 주목도가 낮은 것도 이유가 되겠지만 가장 큰 이유는 바로 경제 논리다. 현행 방송사의 출연료 계산은 방송 시간을 기준으로 한다. 즉 60분물 드라마에 출연한 연기자의 경우 60분 내내 출연한 연기자건 10분만 출연한 연기자건 모두 60분 출연으로 간주되고, 이에 따라 출연료를 받는다. 일일 연속극이나 주말 연속극 등은 많은 연기자들이 역할을 분담하는 데 비해 단막극은 스토리를 힘 있게 진행하고 시청자 집중도를 높이기 위해 비중 있는 주인공 한두 명이 전적으로 드라마를 끌고 나가는 구성이 대부분이다. 작업의 난이도와 상관없이 출연료가 계산되는 현 상황에서 출연 장면이 많은 단막극은 출연자 입장에서 보면 이만저만한 손해가 아니다. 한 마디로 '돈 안 되고 고생은 심한 프로그램'인 셈이다.

과거엔 연기자들이 돈보다는 작품 욕심에, 연기력 연마를 위해 기꺼이 출연했지만, 지금 그런 경우는 거의 없다. 탤런트들은 출연을 기피하고, 시청자들은 시청을 기피하고, 방송사에서는 투자와 편성을 기피하고…. 악순환이 단막극을 고사시키고 있다. 이런 안타까운 현실은 참다운 드라마를 갈망하는 뜻있는 PD들을 절망케 한다.

사회의 반면교사 역할을

TV는 이 사회의 반면교사다. 그래서 TV에는 오락 기능이 분명 있지만 오락만으로 존재 가치를 규정하는 것은 아니다.

사람 사는 세상에 악덕(惡德)이 없을 수 없다. 그러나 악덕을 부끄럽게 여기는 것과 당연시하는 것과는 하늘과 땅 차이이다. 지금 이 땅의 TV는, 이 땅의 주류 드라마는 이런 악덕을 무감각하게 만든다. 무의미한 폭력이 난무하고, 도박에, 불륜도 모자라 온 세상 사람들의 바람피우는 이야기로 지새는 드라마에서는 희망을 찾을 수 없다. 치열한 시청률 경쟁은 TV를 아주 천박하게 만들어 버렸다. 언젠가는 이 시대의 도덕적 타락의 책임을 전적으로 TV가 져야 한다는 목소리가 나올지도 모르겠다.

TV가 도덕책이어서는 곤란하지만 최소한 '인간이 지켜야 할 양심은 이런 것이다.'라고 말할 수는 있어야 한다. 그것이 대중문화의 첨병인 PD들의 역할이다. 비틀어진 TV 문화를 바로 잡을 이 누구인가. 젊은 세대들에게 그 희망을 묻는다.

드라마 연출을 하려면 우선 무엇이 좋은 드라마인지를 알아야 한다. 3할 대 타자에게 공을 잘 때리는 기술이 아니라 치면 안타가 될 수 있는 좋은 공을 골라내는 선구안이 우선적으로 요구되는 것과 마찬가지다. 다른 점이 있다면 야구에서 3할 대 타자라면 일류지만 드라마 PD는 3할의 성공률로는 살아남기가 힘들다는 것이다. 최소한 7할 이상의 성공률을 보여야 능력 있는 PD로 인정받는다. (정말로 크게 한 방 날린다면, 장안이 떠들썩한 드라마 한 편을 만든다면 당분간은 안심이다.)

좋은 드라마를 만들려면 이야기 구조에 대한 이해가 선행되어야 한다.

드라마는 인간의 다양한 모습을 그린다는 점에서 연극을 아버지로 영화를 어머니로 비유할 수 있으며, 드라마투르기(dramaturgie)를 기본으로 한다. 또 많은 부분 문학에서 그 소재를 얻기도 한다. 때문에 드라마를 이해하기 위해서는 문학, 연극, 영화에 대한 깊이 있는 이해가 필요하다.

과거 드라마는 연속극을 제외하곤 거의 모든 소재를 문학에서 차용해 왔고, 1980년대에 들어와서는 아예 문학의 드라마화를 표방한 프로그램이 등장하기도 했다. KBS의 〈TV문학관〉은 지금까지 약 330편이 넘는 문학 작품을 영상화해 왔지만 방송작가들의 오리지널 극본은 단지 14편에 지나지 않는다. 때문에 PD들은 신작 소설이 발표될 때마다 가장 먼저 작품을 구해 읽었고 좋은 소설은 서로 차지하려고 쟁탈전을 벌리기도 했다. PD들이 문학에 대한 소양을 갖춰야 했음은 물론이다. 문학 작품을 드라마로 옮기는 것이 줄어든 요즘도 PD들은 작품의 모티브를 얻기 위해 문학 작품을 많이 읽는다. 드라마 PD들에게 소설은 좋은 텍스트가 된다. PD라고 해서 모든 것을 경험할 순 없다. 때문에 독서는 간접적으로 체험하는 가장 유용한 방식이다.

그러나 모든 소설이 드라마가 될 수 없으며, 설사 드라마로 만들어진다고 해도 형태가 변한다. 우선 드라마는 시간의 제약이 있고, 드라마 장르에 따라 스토리 배열도 달라진다. 원작이 단편인 경우 새로운 이야기를 보충하고 원작에는 없는 인물들을 추가로 설정하는 작업이 필요하며, 원작이 장편인 경우 주제와 거리 있는 이야기를 도려내고 에센스만을 집약해 제작 시간을 맞추게 된다. 이 때문에 원작을 변형, 훼손했다는 비판을 받기도 한다.

소설은 글로 이루어져 독자들이 상상력을 발휘할 여지가 있지만, 드라마는 영상을 통해 시각적 효과를 준다. 소설 '장희빈'을 읽는다면 독자들마다 각기 다른 장희빈을 그려 내겠지만 드라마 속의 '장희빈'은 수천만이 보더라도 김혜수라는 단 한 사람의 탤런트 이미지만 경험할 뿐이다.

소설에서는 작가의 생각과 주인공의 심리 상태를 섬세하게 묘사할 수 있지만, 드라마에선 이를 화면상의 구체적 움직임을 통해 시청자에게 전달한다. 때문에 PD의 심미안이 드라마의 심리적 표현 수단이 되며 드라마의 성공과도 직결된다. 유명 소설을 드라마로 제작했을 경우 원작보다 못하다는 비판이 많은 것은 이러한 장르적 특성에 기인한다. 독자들 각자가 갖고 있는 이미지와 TV가 만들어 낸 이미지와 일치하지 않을 때에는 이러한 비판을 면하기 어렵기 때문이다.

또 TV는 철저한 리얼리티를 생명으로 한다. 많은 사람들은 TV를 통해 현실을 보려 하고 그 현실 속에서 잃어버린 꿈을 찾으려 한다. 유난히 가정을 중심으로 한 드라마가 주류를 이루는 것은 바로 이런 리얼리티의 속성에서 비롯된다. 물론 〈전설의 고향〉처럼 비현실적인 이야기도 없진 않으나 이는 전설을 바탕으로 한 것이고 이 시대의 이야기가 아니기 때문에 이해되는 것이다.

영화와 TV 드라마는 별 차이가 없다고 생각하는 사람들이 꽤 있다. 그러나 영화와 TV 드라마는 추구하는 가치와 제작 기법부터 차이가 있다. 영화가 자의적인 선택에 의한 것이라면 전파를 통해 방송되는 드라마는 이보다 훨씬 공적으로 더 많은 도덕성을 요구 받는다. 90년대 중반 화제를 불러일으켰던 MBC 드라마 〈애인〉이 유부남 유부녀의 불륜을 다룬 것 때문에 국정감사에서까지 논란이 된 것도 바로 이런 측면 때문이다.

영화는 매우 집중성이 있다. 우선 화면의 크기가 다르고, 음향효과도 뛰어나다. 무엇보다 갇힌 공간에서 오롯이 화면에만 집중할 수 있다. 그러나 TV는 어떤가. 드라마를 보다가도 걸려오는 전화를 받아야 하고, 식구들의 이야기를 들어야 하고, 때론 가사노동도 병행한다. 때문에 어지간히 재미있지 않으면 채널은 곧바로 돌아간다. 더군다나 리모컨이 등장한 이후 시청자들은 단 한순간이라도 지루함을 견디지 못한다. 이것이 TV라는 매체 자체가 가진 산만성이다.

화면 연출도 다르다. 대형 화면에서 상영되는 영화는 대규모 군중 신이나 스펙터클한 신이 볼거리지만 기껏해야 30인치를 넘지 않는 TV 화면은 움직임이 지나칠 경우 어지러움을 느끼게 된다. 많은 것을 보여 주면 초점이 흐려지는 화면의 특성 때문에 얼굴과 행위가 강조된다. 때문에 클로즈업에서 클로즈업으로 움직이는 귀납적인 화면 구성을 선호한다. 따라서 동적인 영상보다 등장인물의 내면성에 더 중점을 둔다. TV는 클로즈업(close up)의 예술이라고 하는 건 바로 이 때문이고, 이런 매체의 특성 때문에 영화보다 더 흡인력 있는 스타를 필요로 한다. 물론 이러한 문법이 반드시 적용되는 것은 아니다. TV 영화라는 새로운 장르가 개발됨으로써 영화가 갖는 긴박한 텐션(tension)과 빠른 장면전환, 불필요한 것을 과감히 생략하는 스피디한 구성으로 TV 드라마도 체질 개선이 이루어지고 있다.

연극은 배우의 숨결과 웃음, 눈물까지 바로 눈앞에서 보고 느끼고 함께 호흡하는 라이브 예술이다. 때문에 연극은 차가운 브라운관을 통해 전해지는 TV 드라마의 금속성 촉감보다 훨씬 인간적이다. TV 드라마는 원하는 시간, 원하는 장소에서 언제든지 볼 수 있는, 복제가 가능한 몰개성적인 예술이지만 연극은 언제나 배우가 있어야만 감상할 수 있는 배우의 예술이다. 월터 벤야민(Walter Benjamin)은 대중문화 시대에 대량 복제가 이루어짐으로써 예술적 교감이 상실되었다고 개탄하며, 예술 작품의 일회성이야말로 독창적인 것이라고 말한 바 있다.

TV 드라마는 최신식 카메라의 뛰어난 기능과 첨단 기술을 이용해 배우의 갖가지 연기와 표정, 그 내면을 만들어 낼 수 있지만 연극은 무대라는 한정된 공간과 시간을 통해 관객들에게 직접 호소하고 연기해야 한다.

드라마는 미학적인 구도에 의한 그림을 위주로 진행하지만, 연극은 화술(話術)의 고저와 말의 스피드를 위주로 진행한다. 연극에선 비교적 사색적이고 철학적이며 삶의 깊이에 천착하는 경우가 많은 반면 TV 드라마는 현실적인 소재와 일상생활 리듬 등 리얼리티를 바탕으로 한다. 드라마에서 비교적 낮고 부드러운 연기를 주축으로 친밀감을 느낄 수 있게 하는 연기 패턴이 더 효과적이기 때문이다.

결국 TV 드라마는 영화에 비해 연극적이고, 연극에 비해 영상적이다. 드라마 PD는 영상으로 표현되는 자유로움을 누릴 수 있으나 지나치게 영화적으로 흐르는 것을 경계해야 한다. 시청자 한 사람 한 사람에게 말하는 듯 친근감이 있어야 하고, 유려한 영상보다는 드라마 구조 및 내용으로 승부해야 한다. 때문에 TV는 영화가 갖는 영상의 화려함보다는 오히려 연극이 갖는 정적인 집중성과 호소력이 더 필요하다. 영상 기술은 너무나 편리하고 빨라 단지 파노라마 식으로 끝날 위험이 있기 때문이다.

우주에서 온 스파이

| 정수웅 |

다큐서울 대표, 연세대학원 영상대학원 겸임교수. KBS 차장급 PD, 일본영상기록센터 전속감독, MBC 부장급 PD, 서울올림픽영상총감독, 동아시아 TV제작자포럼 조직위원장을 역임했다. 한국방송대상(4년 연속 수상), 골든 하프 국제상 및 골든 안테나 국제상, 통일언론상, 한국방송PD상, 방송위원회 대상 기획상 등을 수상했다.

1998년 6월, 나 홀로 6밀리 카메라를 둘러메고 인천 부두에서 정기여객선을 타고 중국에 들어온 지 3개월이 지났다.

지금은 파미르 고원의 사막 한가운데 밤길, 버스에 실려 내내 달리고 있다. 모래바람은 버스를 금방이라도 삼켜 버릴 듯 울부짖었다. 버스 안도 온통 모래 천지. 그러나 이곳 원주민 위구르 족들은 아무렇지도 않은 듯 꾸벅꾸벅 졸고만 있었다. 새벽 1시경이 되었을까, 성난 모래의 마왕은 끝내 버스를 삼켜 버리고 말았다. 승객들은 모래를 헤치고 꾸역꾸역 밖으로 나왔다. 그리고는 맞바람과 싸워 가며 모래를 파내고 또 파냈다. 한참을 지나서야 버스의 형체가 나타났다.

나는 전력이 얼마 남지 않은 간이 라이트를 켜고 6밀리 디지털 카메라를 작동시켰다. 10분도 안 되어 카메라 렌즈는 모래 총알을 맞고

정지해 버렸고, 거의 동시에 라이트도 꺼졌다. 칠흑 같은 사막의 밤, 버스를 바람막이 삼아 옹기종기 쭈그리고 앉아 있는 위구르 족들, 그리고 나. 사막의 여름밤은 길고도 먼 것 같았다. 나는 어느새 지나 온 나날들의 뒤안길로 스며들어 갔다.

이번 나그네 길의 주제는 '미소의 원류를 찾아 실크로드를 가다' 이다. 일본 열도와 한반도를 지나 산동 반도에 도착, 중국 본토의 동쪽 끝 천진두에서부터 버스와 기차를 몇 번이고 갈아타면서 중국의 대표적인 불교 유적지 대동 석굴, 운강 석굴, 적맥산 석굴 및 돈황 석굴 등의 벽화나 석조에 남아 있는 불상의 미소를 찾아 이곳 중국의 서쪽 끝 타림 분지에 도착한 것이다. 최종 목적지는 그리스의 아테네. 나는 신라의 구법승 혜초처럼 홀로 머나먼 그 길을 따라갔다.

미소를 찾으러 떠나게 된 동기는 이렇다. 1997년 동짓날, 나는 경주 불함산 중턱의 석굴암에 올랐다. 일 년 중 동짓날에 가장 많은 사람들이 불함산을 찾아온다. 모두 경건한 마음으로 절에서 끓여 주는 팥죽도 먹고 해맞이도 한다. 동짓날은 일 년 중 첫 해가 뜨는 날이기 때문이다. 팥죽 안에 떠 있는 새알은 새로운 해를 뜻한다. 동짓날에 팥죽을 먹으면 나이를 한 살 더 먹는다는 믿음이 오래 전부터 우리 민족의 마음속에 이어져 왔던 것이다.

내가 석굴암을 찾은 건 팥죽을 먹기 위해서만이 아니었다. 당시는 IMF가 터져 온 국민들이 시름에 젖어 있을 때였다. 모름지기 어느 PD든 국가가 위기에 처해 있을 때 어떻게 하면 국민들을 조금이나마 안정시킬 수 있을까, 자기 나름대로 생각하기 마련이다. 내 경우는 두 번째 체험이었다. 첫 번째는 1979년 박정희 당시 대통령이 비명에 타계했을 때이다. 그때 나는 울주군 가지산 자락에 있는 비구니들의 참선

도량인 석남사를 찾았다. 우여곡절 끝에 육중한 중계차까지 동원해 참선의 세계를 담은 〈비구니의 세계 석남사〉라는 다큐멘터리를 만들어 세 번씩이나 재방송된 적이 있었다.

삼국을 통일한 문무대왕이 왜구를 막기 위해 수장되어 있는 해중능을 향한 방위, 즉 동남동 30도 각도의 동지 방향으로 조성된 호국의 성전인 석굴암을 찾은 것은 '미소' 때문이었다. 그곳에서 생각해 낸 것이 '미소의 원류를 찾아 실크로드를 가다' 였다. 석굴암의 본존불이나 반가사유상 등에는 고졸한 미소가 남아 있다. 그 미소를 아르카익 스마일 (archaic smile)이라고 하는데, 과연 어디에서 왔을까? 그 미소의 뿌리를 찾아 멀고도 먼 그리스의 아테네까지 실크로드를 따라 가기로 했다. 다시 말하면, 기원전 3세기경 알렉산더 대왕이 인도의 북서쪽 간다라 지역을 정복했을 때 그리스 조각가들에 의해서 처음으로 불상이 조성되었고 자비의 모습이 아르카익 스마일로 표현되었다. 그 미소가 실크로드를 타고 한반도에까지 온 것이다.

'방송 불가' 딱지와 골든 하프상

지난 30여 년간 오직 다큐멘터리만을 고집하면서 만들었던 작품들은 대체로 다음과 같이 분류할 수 있을 것 같다.

1974년부터 1982년까지는 KBS 시대로 민속, 문화재, 역사 및 불교 문화가, 1982년부터 1988년까지는 일본 방송계 및 MBC에서의 활동으로 영상인류학과 역사가, 그 후 오늘까지 민족, 역사 및 문화가 주류를 이루고 있다. 내 작품 중에는 순수한 휴먼 다큐멘터리나 시사 다큐멘터리는 거의 없는 셈이다. 앞으로 남은 인생에서도 역사나 문화 분야를 즐겨 다루는 일은 그리 크게 변하지 않을 것 같다.

내 처녀작은 〈한국의 미〉 시리즈 중 하나로 만들어진 〈거북의 나라〉였다. 무얼 어떻게 해야 할지 가르쳐 주는 스승도 없었고 조연출(AD) 과정도 거치지 않은 채였다. 그저 전국을 누비며 거북과 관계된 것을 찾아다니고 그것을 카메라에 담았다. 특히 쌍계사의 진감선사비 귀부를 찍을 때의 깨달음은 늘 내 머릿속에 남아 있다. 귀부를 이런저런 각도에서 찍고 돌아가려는데 절의 노스님이 "젊은이, 이리 와 보게." 하며 나를 불러 세우며, "그렇게 돌아가면 되나. 거북이 살아서 움직이는 시간이 있어. 최소한 반나절은 보고 가야지." 하시는 게 아닌가. 근방에서 잠을 자고 다음날 아침부터 거북 앞에 앉아 움직이기를 기다렸다. 오후 2시였던가. 빛이 이동하면서 갑자기 거북이 살아서 확 움직이는 듯했다. 나는 지금도 사람의 얼굴에 어느 순간 마음이 나타날 때가 있다고 믿는다. 카메라는 그때까지 조용히 응시하며 기다릴 뿐이다.

〈거북의 나라〉가 방송되기까지는 난관이 많았다. 편집까지 마치고 부장에게 가져가 시사를 했는데 '방송 불가' 판정이 났다. 필름에 비가 줄줄 내리고 있었기 때문이다. 당시만 해도 현상한 필름을 가위로 자르고 아세톤으로 붙이며 편집을 했는데 하도 만지고 조몰락거려 필름이 만신창이가 되었던 것이다. 애써 만든 첫 작품이 방송되지 못하는 실망도 이만저만이 아니었거니와, 펑크 위기의 프로그램을 메우는 것도 문제였다. 그때 누군가가 "재봉틀 기름을 바르면 괜찮아질지 몰라. 옛날 영화 필름도 망가지면 기름을 발랐거든." 하고 가르쳐 줬다. 혹시나 해서 기도하는 심정으로 재봉틀 기름을 발랐더니 신기하게도 빗줄기는 그쳤지만 초점이 흐려진 뿌연 영상이 되어 버렸다. 그런 우여곡절 끝에 방송된 내 인생의 첫 작품은 KBS 우수상도 받고 프랑스 대사가 일부러 전화를 걸어와 "근래에 보기 드물게 예술적인 작품"이라고 칭찬을 하기도 했다.

진도에 남아 있는 '초분'은 문화인류학적 가치가 있는 풍습으로 상주, 무당, 주민들을 설득해 카메라에 담았다. 초분은 진도 등 남해안 섬 일대에 남아 있는 무덤 형태로 사람이 죽은 뒤 3년 동안 봉분하지 않고 집 주위 뒷산에 짚을 덮어 가매장한다. 3년 후 가족들이 뼈를 추스른 후 정성 들여 닦아 다시 매장하면서 성대한 굿을 치르는 것으로 죽음에 대한 우리 민족의 낙천적 태도, 가족애의 극치를 보여 주는 풍속이다.

진도 남단 굴포 마을 한 초가집 뒷산 소나무 밑. 거기에 초분이 다소곳이 누워 있었다. 오랫동안 찾아 헤매던 내 연인 같고, 새색시처럼 사랑스러웠다. 카메라 앞에서 굿을 할 수 없다는 무당 아주머니를 설득한 후 주민 150명에게 20여 일간 남도 상여소리 연습을 시켰다. 몇 달 만에 겨우 촬영을 마쳤다. 제작비가 턱없이 모자라 월급까지 다 털어 넣었다.

편집할 때 가장 큰 조언자는 청소하는 아주머니였다. 밤새도록 편집을 하고 있으면 새벽에 아주머니가 와서 들여다보면서 "정 PD, 어제 봤던 그 장면 넣지 왜 뺐어?" 하고 한마디했다. "아 그래요? 그럼 다시 넣죠." 그러나 다큐멘터리 〈초분〉 역시 '방송 불가' 판정을 받았다. 굿 같은 미신은 새마을 운동에 역행한다는 것이 이유였다. 주위에선 어쩌자고 그런 소재를 택했느냐, 미쳐도 한참 미친 것 아니냐는 소리가 들려왔다. 속이 상하고 창피하기도 해 출근도 하지 않고 바깥으로 돌아다녔다.

그런데 어느 날 회사로부터 연락이 왔다. 지금 방송사가 난리가 났으니 당장 나오라고 했다. 〈초분〉이 골든 하프상 특별상을 받았단다. 콧대 높은 유럽에서 상을 받기는 한국방송 사상 처음이었다. 회사에서는 인류학자, 민속학자까지 불러 모아 잔치까지 벌였다. 잔칫날 나는 청소부 아주머니의 손을 잡고 무대에 섰다.

"이번 작품의 편집자를 소개합니다."

〈초분〉은 그해 한국방송대상 대통령상도 받았다. 〈초분〉 수상 보너스로 월정사 탄허 스님의 인도 여행을 따라가는 1시간짜리 프로그램이 주어졌다. 스폰서는 대한항공이었다. "그런 식이라면 난 안 갑니다. 내가 왜 스님 뒤를 따라 다닙니까."라며 나는 거절했다. 이왕 인도를 간다면 불교 문화 전반을 탐구하고 싶었다. 비용이 문제였다. 두꺼운 프로그램 기획서를 만들어 대한항공 조중훈 사장 댁을 쳐들어가 열변을 토했다. 그때 내 별명이 진드기였다. 결국 6만 달러라는, 당시로서는 어마어마한 돈을 들고 인도로 건너갔다.

6개월의 긴 여정이었다. 모헨조다로에서 시작해 석가모니가 깨달음을 얻었던 여정, 불교가 확산되고 우리나라에까지 들어온 경로를 그대로 추적해 나갔다. 인도뿐 아니라 타이와 미얀마, 스리랑카를 카메라맨과 단 둘이서 헤매 다녔다. 인도 방랑은 〈불교 문화의 원류를 찾아서〉라는 12부작 다큐멘터리로 완성됐고 그해 방송대상 우수상을 받았다.

인도에서 돌아왔을 때 나는 많이 변해 있었다. 커다란 화두 하나를 가슴에 품은 기분이었다. 그 화두는 '살아 있는, 진정한 석가모니는 없는가.'라는 물음으로 구체화되었다. 살아 있는 부처를 찾아 헤매는 또 다른 방랑이 시작되고 있었다.

살아 있는 부처는 과연 있는가? 1978년 겨울, 나는 이 화두를 풀기 위해 전국에 있는 선방이라는 선방은 다 다녔다. 해인사, 송광사, 운문사 등을 헤매다가 경남 울주군에서 석남사라는 아주 조용한 절을 하나 발견했다. 뭔가 확 느낌이 왔다. 신라 때부터 금남의 절이었는데 겨울이라 마침 겨울 참선인 '동안거'가 시작되고 있었다. 주지 스님을 뵙고 참선의 세계를 영상에 담고 싶다고 하니 펄쩍 뛰었다. "당신이 여기 들어온 것만 해도 크게 양해한 것"이라며 농담 반 진심 반으로 "몽둥이로 때려 내쫓겠다."는 말까지 했다.

그 다음 주에 또 갔지만 역시 거절이었다. 해인사의 성철 스님을 뵙기 위해 '삼천 배'에 도전하다 실패도 하고, 탄허 스님이나 일타 스님 같은 원로도 찾아다녔다. 석남사 조실 스님에게는 석가가 득도했던 붓다 가야의 흙까지 바치면서 사정했다. 그렇게 몇 주를 끌다 드디어 긍정적 답변을 얻어냈다.

날아오를 듯한 기분으로 서울에 올라오면서 나는 구상에 들어갔다. 정중동 참선의 세계를 표현하려면 카메라가 경박하게 움직여서는 안 된다. 목덜미부터 팔까지 내려오는 데 3분이 걸리는, 움직이지 않는 듯하면서 움직이는 육중함이 필요했다. 중계차밖에 없었다.

기술부장에게 술을 사 먹이며 이번 다큐멘터리가 얼마나 중요한지에 대해 열변을 토했다. 방송사에 있는 중계차 3대 중 1대를 딱 일주일간만 빌리기로 했다. 떠나기 전 8명의 스태프를 모아놓고 사전 설명을 했다. "여승들이 머리 깎는 장면부터 시작한다. 차디찬 눈, 얼음계곡, 대나무가 바람에 서걱서걱 거리는 소리, 죽비 치는 소리, 그런 것들이 화면을 채우게 된다."

석남사 입구에 또 하나의 난관이 기다리고 있었다. 다리가 너무 좁아 중계차가 들어갈 수 없었던 것이다. 결국 읍내 목수를 불러 다리 확장 공사까지 했으니 지금 생각해도 대단한 고집이었다.

방송계 '일본통'이 되다

당시 내 마음은 방송을 떠나 다른 세계를 갈망하고 있었다. 〈비구니의 세계 석남사〉를 완성했을 때 이미 한계를 느끼기 시작했고 더는 다큐멘터리를 못 만들 것 같았다. 더군다나 〈황강에서 북악까지〉인지 뭔지 하는 전두환 대통령 일대기를 만들라는 명령까지 떨어졌다. 그 시절 김지하, 황석영 같은 친구들과 어울려 매일 밤 여의도를 헤매고 다녔다. 아침에 눈을 뜨면 술집 화장실에 쪼그리고 앉아 있는 나를 발견하곤 했다.

회사를 그만두기로 결심했지만 그것도 쉽지 않았다. 세 번인가 사표를 냈는데 그때마다 반려됐다. 회사에서는 부장으로 진급시킬 테니 조금만 기다리라는 회유도 있었다. 내 인생에서 가장 힘들었던 때였다. 당시 KBS 이원홍 사장과 직접 대면했을 때 나는 거짓말을 해야 했다. "프로그램 만들면서 사비로 진행비를 써서 집에 월급을 제대로 가져다주지 못했습니다. 빚이 너무 많아 갚으려면 퇴직금이 필요합니다."

꼭 거짓말도 아니었다. 다큐멘터리에 빠져들면서부터 가정생활은 계속 엉망이었다. 한 달 중 집에 들어가는 날이 열흘이 채 안 되어서 아이들이 꼬마일 때는 "낯선 아저씨가 왔다."며 나를 멀리할 정도였고, 얼마 안 되는 월급도 제작비로 날려먹기 일쑤였다.

이 사장은 "그렇다면 퇴직 발령을 내줄 테니 계약직 사원으로 일하라."고 했고 나는 고개를 끄덕였다. 하지만 사표가 수리되자마자 일본으로 건너가 버렸다. 그렇게 해서 10년 가까이 몸담았던 KBS와 결별했다. 반대로 다큐멘터리는 내 삶 속에 더 깊이 파고들고 있었다.

방송계에서 나는 '일본통'으로 통한다. 내가 만든 다큐멘터리들은 한국뿐 아니라 일본 TV를 통해서도 자주 방송되고 있으며, 아예 일본 방송을 우선 염두에 두고 만드는 것들도 있다. 방송계뿐 아니라 각계에 지인들도 꽤 많다.

1982년 일본으로 건너갈 때까지 나는 일본을 싫어하는 편이었다. 반일 감정에다가 약간의 콤플렉스도 섞여 있었다. 6개월간 일본인에 둘러싸여 일본말을 배우면서도 그 감정을 떨쳐 버리지 못했다. 그러나 시간이 지나면서 내 일본관은 완전히 바뀌었는데 결론적으로 말하면 우리는 예로부터 '같은 동족'이라는 것이다. 우리 민족이 바다를 건너가 가장 성공한 경우가 바로 일본이라고 공공연히 말할 정도다. 괜한 말이 아니다. 여러 편의 다큐멘터리를 만들면서 추적해 낸 사실들이 이미 증명하고 있다.

KBS PD 시절 NHK와 공동으로 〈신라의 신비 - 대왕암〉을 만들었을 때 나는 제2의 대왕암을 찾아냈다. 석굴암의 불상이 향하고 있는 동남동 35도 각도를 따라가다 대왕암을 발견하고 거기서 다시 동남동 35도 각도로 선을 그어 일본에 또 다른 대왕암이 있음을 밝혀 낸 것이다. 먼 옛날 한국과 일본은 별개의 나라가 아니었다.

일본에 방송된 나의 다큐멘터리 중에는 그들에게 뼈아픈 것들도 많다. 일본에 강제징용 갔다가 전범으로 사형당한 한국인 포로감시원의 이야기를 다룬 〈남태평양의 원혼들 - 포로 감시원〉, 해방 후 한국에 남은 일본 여인들의 이야기 〈애환의 반세기〉, 일본을 태평양전쟁에서 구한 한국계 〈최후의 외무대신 도고 시게노리〉 등.

:: 1996년 여름, NHK가 뽑은 아시아 다큐멘터리 대표작가로 선정되었을 때. 당시 백령도에서 〈망향의 섬들〉을 제작 중이었다.

나는 이런 작품들을, 아픔을 함께 나누는 심정으로 만들었다. 일본이라는 나라는 이런저런 규정을 내릴 만큼 대단한 대상이 아니다. 함께 21세기를 열어 나갈 동반자일 뿐이다.

백두산 천지를 최초로 카메라에 담다

지난 10년간 다섯 차례나 가 본 백두산. 1988년 여름, 서울올림픽 개막식에 쓸 천지 촬영을 위해 첫 등정에서는 중국 안전부 요원 눈을 피해야 했다. 지금도 가슴에 남는 아쉬움은 백두산 아래 북한 땅 모습이다. 이젠 일반인들도 쉽게 오를 수 있는 산이 되었지만 처음 백두산에 오를 때의 마음고생과 우여곡절은 이루 말할 수 없었다.

1988년 여름, 백두산을 향할 때 내겐 두 가지 목적이 있었다. 하나는 〈중국 기행 - 아리랑 환상곡〉이라는 다큐멘터리를 만드는 것이었고 또 하나는 천지를 촬영하는 것이었다. 올림픽 개막 행사에 애국가가 울려 퍼지는 동안 전광판 영상에 뭘 담을까 고민하다가 내린 결론이었다. 백록담도 좋고 무궁화도 좋지만 그보다 더 강한 것이 필요했다. 안기부와 일본 NHK 방송국까지 다 뒤졌지만 마땅한 천지 필름이 없었다. 직접 가서 촬영할 수밖에 없었다.

우여곡절 끝에 중국 비자를 받았을 때 나는 먼저 한라산 백록담에 올랐다. 백록담 돌을 가져다 백두산 천지에 옮겨 놓을 생각이었다. 돌을 주워 가방에 담으려는데 한 스님이 "젊은 사람이 왜 자연을 훼손하는 거야." 하시며 야단을 쳤다. 자초지종을 설명했더니 고개를 끄덕였다.

"맞아, 한라산은 우리 할머니고 백두산은 우리 할아버지지."

스님은 '이왕이면 잘생긴 것을 가져가야 할아버지가 좋아하신다.'며 직접 돌을 골라줬다.

비자는 받았지만 베이징 가는 길은 쉽지 않았다. 동행한 일본인 카메라맨은 도쿄에서 가뿐하게 날아갔는데 나는 홍콩에서 기차를 타고 상하이를 거쳐 3일 만에 베이징에 도착했다. 백두산에 올라가겠다고 하자 중국 당국은 허락할 수 없다고 했다. 결국 안전부 요원의 눈을 피해 백두산으로 향했다.

옌지에서 백두산을 향하는 길목에 송강이라는 곳이 있다. 거기 웬 할머니가 감을 팔고 있었다. 말을 걸었더니 할머니가 깜짝 놀라면서 "서울에서 왔느냐."고 물었다. 중국에 온 뒤로 서울 말씨를 처음 들어본다며 자신도 고향이 남쪽이라고 했다. 그러면서 감 3개를 싸 주셨다. 돈을 드렸으나 절대 받지 않으려 했다. 그때 할머니의 눈은 신비할 정도로 따뜻하고 애절했다. 나도 모르게 눈물이 핑 돌았다.

5시간을 걸어 올라간 백두산. 정상에 다다르자 30여 개의 봉우리에 둘러싸인 천지가 모습을 드러냈다. 그날은 마침 8월 15일이었다. 한라산에서 가져온 붉은 돌 5개를 백두산 정상에 올려 놓고 나는 감상에 빠져들었다. 그리고 할머니가 주신 감을 먹었는데 그렇게 맛있을 수가 없었다.

올림픽 개막식 날. 애국가와 함께 백두산 천지가 그 신비롭고 장엄한 위용을 드러냈다. 나는 백두산 천지 촬영에 성공한 최초의 저널리스트가 됐다.

그해 겨울 백두산에 다시 찾아갔다. 여름에 갔을 때 찍었던 〈아리랑 환상곡〉 관련 필름을 중국 세관에 압수당했기 때문이다. 그 다음 해 겨울 다시 백두산에 올랐다. 그때는 〈중국 기행, 송화강 한인의 숨결〉을 만들기 위해서였다. 처음 백두산에 올랐을 때 68미터의 거대한 장백폭포를 보면서 백두산 천지 물을 따라가 그 유역에 살고 있는 우리 동포를 만나고 싶었다. 그래서 기획한 다큐멘터리였다.

백두산은 9월부터 이미 입산 금지였다. 관리사무소를 찾아가 사정하며 돈도 조금 찔러준 끝에 겨우 허락을 받았다. '등산 중 사고가 나면 스스로 책임진다.'는 각서를 쓰고 관리사무소 직원의 안내로 새벽부터 산에 올랐다. 온통 눈이 쌓여 있고 돌풍이 불어댔으며 기온은 영하 30도를 오르내렸다. 중간에 미끄러져 굴러 떨어지기도 하면서 정상에 도착하니 이미 저녁 무렵이었다.

이젠 백두산의 풍경이 낯익지만 그래도 매번 가슴이 설렌다. 한편으로는 아쉬움도 커 가고 있다. 중국이 아닌 북한 땅을 통해 백두산에 오르고 싶은 바람 때문이었다.

역사는 인간을 통해서 존재한다

최승희를 처음 알게 된 것은 1984년 일본에 있을 때였다. 에드가 스노우(『붉은 별』의 저자)의 부인이자 작가인 님 웨일즈가 민족주의적 사회주의 독립운동가 김산과 함께 쓴 『아리랑의 노래』와 다카시마 류사브로가 쓴 『최승희』는 나의 민족관에 큰 자극을 주었다. 그 두 권의 책을 들고 서울에 들어왔는데, 중앙정보부로부터 주의를 받았다. 금서였기 때문이다. 그 일로 해서 한때 도청도 당한 적이 있다. 그런 일이 있을수록 김산과 최승희에게 더욱 매력이 느껴졌다. 그 후 10년에 걸쳐 〈최승희〉를 완성, 얼마 전에 일본 아사히 TV와 KBS를 통해 방송되었다. 나는 〈최승희〉에서도 그랬지만 〈태평양전쟁 최후의 외무대신 도고 시게노리〉에서도 인간을 통해 역사를 보아야 한다고 역설하고 싶었다. 역사가 먼저 있는 것이 아니고 인간이 먼저이며 인간을 통해서만이 역사는 존재한다고 믿게 되었다.

다큐멘터리 작가는 응시자이며 감시자이자 기록자이며 고발자이다. 또한 지구의 일을 있는 그대로 자기의 별에 보고하는 '우주에서 온 스파이'이기도 하다. 그러나 그런 일을 하기에는 내 자신이 얼마나 부족한지를 매번 뼈저리게 느낀다. 한 가지 믿는 게 있다면 카메라 렌즈는 거짓말을 하지 않는다는 것이다. 그 믿음을 근거로 나는 렌즈가 대상을 볼 때 지켜야 하는 세 가지 시선을 곧잘 이야기한다.

첫째는 대상에 대한 따뜻한 시선이요, 둘째는 대등한 시각이요, 그 셋째가 인내심 있는 태도다. 언젠가 일본에서, 유명한 프랑스 다큐멘터리 감독과 술자리를 같이한 적이 있다. 그는 아프리카를 소재로 한 작품을 많이 만든 사람이다. 그런데 그의 카메라는 늘 아프리카 사람들을 거만하게 내려다보고 있었다. 나는 술자리에서 "당신이 무슨 자격으로 아프리카 사람들을 아래로 보느냐."고 호통을 쳤다. 그런 류의 다큐멘터리를 나는 가장 싫어한다.

인내심 있는 태도는 내가 가장 중요하게 생각하는 부분이다. 예를 들어 새가 날아가는 장면을 찍는다고 하자. 처음에는 급한 마음에 나무 위에 앉아 있는 새를 향해 돌을 던진다. 그러면 놀란 새가 푸드덕 날고, 나는 그 장면을 카메라에 담는다. 그러나 시간이 지나면서 돌을 던지면 안 된다는 것을 깨달을 것이다. 돌을 던져서 날아가는 새와 스스로 날아가는 새의 모습은 다르다. 리얼리티를 그대로 살리기 위해서는 상황만 설정해 두고 몇 날 며칠을 기다릴 줄 알아야 한다.

아직도 대표작을 쉽게 꼽지 못하는 나는 정말 작심하고 작품을 만들고 있다. 〈동아시아 격동 100년사〉. 총 13부로 기획된 대작이다. 지나간 100년 역사를 정리하는 다큐멘터리의 헤게모니를 한국인이 쥐게 된다는 것만으로도 신나는 일이다. 그러나 아직껏 제작비를 보조해 줄 스폰서를 찾지 못해 고통이 이만저만이 아니다.

이제 내 나이 60세이지만 내 이름으로 등기된 집 한 칸이 없으며 일 년의 반 이상을 길바닥에서 보낸다. 나그네이자 집시 같은 생활이다. 촬영에 들어가면 카메라맨과 함께이지만 혼자일 때가 더 많다. 고독한 작업이다. 한참 예민했던 젊은 시절 한밤중 혼자 공원에 올라가 혈서를 쓴 적이 있다. '나에게 행복과 안락을 거두어 가시고 고독과 방황만 남게 하소서.' 젊음의 치기였지만 가끔 그 때문에 내 운명이 이렇게 흘러가는 건가, 반추할 때도 있다.

언젠가 만주 벌판의 그 삭막하고 끝없는 풍경 속을 며칠 동안 차를 몰고 달린 적이 있다. 아무것도 눈앞을 가로막지 않았고 하늘은 그지없이 밝았다. 차가운 별빛 아래서 나는 생각했다. '나는 현장에서 죽을 것이고, 다시 태어나도 역사와 문화와 민족을 담는 다큐멘터리스트가 될 것이다.'라고. 그리고 울었던 것 같다.

　내가 쉬지 않고 달렸던 것은 고독을 이기기 위해서였다. 아니, 먹고 살기 위해서였을지도 모르고 자신의 존재를 확인하기 위해서일지도 모른다. 이유가 무엇이건 간에 나는 다시 나그네가 되어 머나먼 고독의 여행길을 떠나려 한다. 다음 행선지는 어디로 삼아야 할까. 우주에서 파견된 스파이로서 나의 별에 돌아갈 때까지.

하늘을 지붕 삼아
땅을 이불 삼아

| 최삼규 |

MBC 시사교양국 부장대우. 1984년 MBC에 입사해 〈아침을 달린다〉 〈PD수첩〉 등을 연출했다. 1992년 〈곤충의 사랑〉을 시작으로 〈어미새의 사랑〉 〈황새〉 〈팔색조의 여덟 가지 비밀〉 〈야생의 초원 세렝게티〉 등 총 20여 편의 자연 다큐멘터리를 기획 혹은 제작했다. 한국방송대상 TV부문 최우수상, ABU특별상, 방송위원회 대상, Japan Wildlife Festival(세계 야생생물 영상제) 아세아 오세아니아 대상, 백상예술대상 등을 수상했다.

자연 다큐멘터리 프로그램을 제작하는 PD를 한마디로 표현하자면 '기다림의 미학을 추구하는 사람'이라고 하겠다. 자연 속에 숨어 있는 오묘한 비밀과 신비로운 생명의 법칙을 영상화하는 작업이 그렇게 쉽게 이루어진다면 누구나 다 할 수 있을 것이지만 이러한 것은 쉽게 그 모습을 드러내지 않기 때문에 끈질긴 기다림과 인내심은 필수 불가결한 요소인 것이다.

자연과학을 전공하지도 않았거니와 자연에 대해 별로 관심도 없었던 내가 자연 다큐멘터리 프로그램을 처음 시작하게 되고, 또 그 이후 자연 다큐멘터리 프로그램에 천착하게 된 경위는 정말 드라마틱하다.

내가 대학 생활을 할 때는 한국 사회의 부조리와 비리를 예리하게 파헤쳤던 KBS의 〈추적 60분〉이 센세이션을 일으켰다. 당시 대학생들에겐 이런 프로그램을 만들 수 있는 PD가 선망의 대상이었고, 물론 나도 예외는 아니었다. 그래서 기자가 되고픈 꿈을 접고 그해 MBC 신입사원 공채에 PD직을 지원했고 문화체육관을 가득 메웠던 경쟁자들을 물리치고 정말 운 좋게 합격이 되었다. 설레는 맘을 안고 6개월에 걸친 신입사원 연수 후 드라마 PD를 하면 어떻겠냐는 유혹을 뿌리치고 오로지 〈추적 60분〉 같은 시사 프로그램을 제작해 보고 싶다는 일념으로 교양 PD의 길을 걷기로 했다.

처음 현업 부서에 배치되어 주부 대상의 아침 생활 정보 프로그램인 〈차인태의 아침살롱〉의 조연출을 시작으로 이런저런 프로그램의 조연출을 하게 되었다. 그러나 드라마 왕국 MBC에는 내가 꿈꾸었던 시사 프로그램이 만들어질 날은 정녕 오지 않을 것 같았다. 그런데 1987년 6.29선언 이후 사회에서 민주화 운동이 활발히 전개되면서 아울러 방송사에서도 공정 방송, 민주 방송의 염원을 담은 방송 민주화 운동이 활발히 전개되었다. 이에 힘을 얻어 다큐멘터리 〈인간시대〉에 이어 드디어 시사 고발 프로그램인 〈PD수첩〉이 생겨났다. 나도 일 년 반 동안 〈PD수첩〉 제작에 참여하게 되었다.

평소 환경 문제에 관심이 많았던 나는 환경 관련 아이템을 주로 다루었다. 그러나 전국 각지를 돌아다니며 산업 폐기물을 불법으로 매립하는 현장을 고발하고, 탈법 및 불법이 자행되는 현장을 보여 줘도, 개선하고자 하는 시도나 반응은 별로 없었다. 그저 빈 골을 되돌아 나오는 메아리뿐. 우격다짐을 해 가며 별로 환영 받지 못하는 곳으로 쫓아 들어간다든지 인간 같지도 않은 사람들로부터 볼썽사나운 협박을 받으며 일 년 반을 보내다 보니 몸과 마음은 만신창이가 되어 버렸다. 하루는 몸이 너무 피곤해 병원에 가서 초음파 진찰을 해 보니 의사가 "도대체 무슨 일을 하고 다니냐."면서 당장에 휴직하고 무조건 쉬라는 것이 아닌가. 이 상태로 더 이상 일을 한다는 것은 자살 행위나 마찬가지라는 것이다. 건강 검진 결과 간 기능도 현저히 약화되어 있었다.

가뜩이나 빈 메아리를 외치는 것 같아 시청자들 볼 면목도 없으려니와 부끄럽기도 한 차였다. 담당 부장님을 찾아가 〈PD수첩〉만 아니라면 다른 어떤 프로그램이라도 하겠다고 했다. 부장님은 의자 밑을 한참 뒤적이다 간신히 기획안 하나를 찾아내어 "이거 한번 만들어 봐." 하며 내던져 주었다.

자연에 동화되고 자연에서 배운다

새로운 프로그램을 맡는다는 기쁨에 무언지도 모른 채 받아들고 내 자리로 돌아와 비로소 읽어 보니 다음과 같은 자연 다큐멘터리 기획안이었다.

제목 : MBC 자연 다큐멘터리 〈곤충의 사랑〉

기획 의도 : 자연 상태에서 암컷과 수컷의 곤충들이 어떻게 만나 짝짓기를 이루어 종을 번식시키는가의 생태를 보여 줌으로써 생명의 신비와 자연의 아름다움을 보여 주고자 한다.

처음엔 이 기획안을 읽으면서 참 황당했다. 곤충이라면 그저 노랑나비, 흰나비, 메뚜기, 매미 정도나 알까. 생물학을 전공한 것도 아니고 그렇다고 자연에 관심이 있었던 것도 아닌데… 나중에 알고 보니 이미 이 프로그램을 제작할 것을 주문 받은 여러 PD들이 그런 프로그램을 어떻게 만들 수 있겠느냐면서 자신이 없어 못하겠노라고 버티는 바람에 부장님 책상 밑에서 사장되다시피 낮잠을 자고 있던 기획안이라지 않은가. 기가 막혔다. 하지만 〈PD수첩〉 제작할 땐 전국의 별의별 험악한 곳을 돌아다녔는데 어떤 프로그램인들 못 만들까 싶었다. 나는 흔쾌히 프로그램을 제작하겠다고 나섰다. 그날 이후 배낭 메고 스태프들과 함께 풀숲으로, 산자락으로 곤충을 찾으러 돌아다니기 시작했다. 이렇게 해서 자연 다큐멘터리와 인연을 맺게 되었다.

처음에는 아무리 돌아다녀도 곤충들이 보이지 않아 얼마나 당황했던지. 그나마 어렵사리 발견한 곤충들의 이름조차 몰라 곤충도감을 찾아보며 이름부터 외워야 했다. 별 희한하고 재미있는 곤충도 많았다. 나는 이렇게 곤충들의 이름을 외워 가며 녀석들과 친해지기 시작했고, 녀석들의 움직임과 날갯짓 하나하나가 그냥 막연한 것이 아니라 뭔가 의미가 있는, 하늘로부터 부여 받은 자연의 법칙에 따른 행동이란 것을 알게 되면서 자연 속으로 빠져들게 되었다. 이렇게 서서히 자연에 빠져들면서 〈PD수첩〉을 제작하느라 만신창이가 된 몸도 서서히 회복되었고 세상사에 찌그러져 있던 얼굴도 본래의 모습을 되찾았다.

무엇보다 좋았던 것은 느긋한 마음을 가질 수 있다는 것이었다. 격주로 프로그램을 제작하느라 항상 쫓기듯 긴장과 스트레스에 쌓여 생활하던 리듬이 봄부터 겨울까지 사계절을 담으며 오랜 기간을 작업하다 보니 몸은 고단해도 마음은 풍요로웠다. 여유를 가지고 자연을 대하니 그동안 보면서도 못 보았던, 아니 볼 수 없었던 자연이 그제야 보이는 것이 아닌가. 봄이면 싹이 트고 여름이면 녹음이 우거지고 가을에 단풍이 곱게 든 후 자신이 만든 잎을 땅으로 떨어뜨려 내년에 필요한

양분을 스스로 마련하고 깊은 동면에 들어가는 나무들. 인간이 자신을 훼손하거나 가지를 꺾어도 화를 내거나 항의하지 않고 아무 말 없이 서 있는 나무들. 그렇지만 홍수나 가뭄 때 그들의 필요성을 온 몸으로 보이며 인간에게 말 없는 응징을 하고야 마는 나무들. 비록 우리 눈에는 움직이지 않는 것으로 보이지만 조용히 살아 꿈틀거리는 나무의 모습을 보면서 자연의 생명력을 느끼게 되었다. 산은 또 어떤가. 꿈쩍도 하지 않고 변화가 없는 것 같지만 사실은 끊임없는 변화하고 있는 산. 지구가 존재하는 한 끝없이 버티어 갈 이런 곳을 다닐 수 있어 좋았고 산이 주는 의미와 교훈을 느낄 수 있어 행복했다.

노랑나비 흰나비만 알았다가 그동안 볼 수 없었던 별 희한한 나비를 관찰하면서 얼마나 희열을 느꼈는지…. 나비 암컷들의 날개에는 동종의 수컷만 알아볼 수 있는 자외선을 방출하는 인자가 있어 수컷들이 멀리서도 암컷을 찾아온다. 처음에는 암컷이 본능적으로 수컷을 떼어내려고 도망치려고 하고 수컷은 뒤떨어질세라 열심히 쫓아다닌다. 이렇게 하면서 암나비는 수컷이 쫓아오는 모습을 보면서 이 녀석이 튼튼한지 부실한지를 본능적으로 알게 된다. 그래서 튼튼한 녀석일 경우 꽃잎에 사뿐히 내려앉아 날개를 내리면 수컷도 암컷 옆에 내려앉아 더듬이를 부비다 교미를 하게 된다.

'이른봄애호랑나비'는 교미를 끝낸 후 암컷이 더 이상 다른 수컷과의 교미를 할 수 없게 하기 위해서 마치 중세의 십자군 기사들이 원정을 떠날 때 아내들에게 정조대를 채우듯이 수태판을 만들고, '모시나비'는 수태낭을 만들기도 한다. '큰줄흰나비' 암컷은 교미가 끝난 후 다른 수컷이 접근해 오면 나무 끝에 앉아 꼬리를 90도로 치켜올리는데 이때 수컷은 지체 없이 물러난다. 오로지 강한 유전자를 받아들여 튼튼한 종을 번식시키려는 자연의 명령에 충실하게 살다 가는 것이다. 이러한 신비한 자연 현상과 생명의 비밀을 알게 되면서 나는 더욱 더 자연에 빠져들게 되었다.

처음으로 자연 다큐멘터리를 만들다 보니 시행착오도 많았다. 살아 움직이는 작은 곤충들을 접사렌즈로 확대하여 촬영을 하려니 포커스를 쉽게 맞출 수 없다거나, 피사체가 촬영이 끝날 때까지 가만히 기다려 주지 않고 이리저리 움직이는 통에 영상이 마구 흔들리거나 금방 날아가 버린다거나 하는 등 제대로 촬영되는 것이 없었다. 한 달 동안 속으로만 끙끙 앓던 카메라맨이 망연자실하며 더 이상 도저히 못하겠다고 했을 정도였다. 간신히 카메라맨을 설득해 촬영을 계속하기는 했지만 그땐 무척 당황스러웠다.

나비의 우화(번데기에서 탈피하여 성충이 되는 것) 장면을 촬영하기 위해 사흘 밤을 뜬눈으로 꼬박 새기도 하였는데 나중에 곤충들이 우화하는 시기는 해 뜨기 직전의 이른 아침이라는 것을 알게 되었다. 갓 우화한 곤충은 날개가 젖어 있어 마음대로 날 수 없기 때문에 날개가 마를 때까지 꼼짝없이 기다려야 하는데, 바로 이때가 천적들에게 무방비로 노출되어 있는 가장 위험한 순간이므로 천적인 새의 활동이 가장 뜸하면서도 날개를 말릴 수 있는 이른 아침 해 뜰 무렵에 우화를 하는 거라고 한다. 그런 줄도 모르고 우화 시기와는 전혀 상관없는 밤을 뜬눈으로 새고 있었으니… 무지가 만들어 낸 생고생이었다.

당시 우리 집 아파트 베란다는 졸지에 곤충들의 사육장이 되었다. 녀석들 모두를 현장에서 관찰할 수가 없었기에 베란다에다 각 곤충들의 먹이가 되는 숙주나무들을 심어 놓고 나비, 사슴벌레, 사마귀 등을 기르면서 촬영하였다. 어떤 날은 아주 귀한 '왕오색나비'가 번데기에

서 우화하여 방안을 날아다니는가 하면, 또 어떤 날은 시커먼 사슴벌
레가 방으로 날아와 잠자던 아이가 놀란 적도 있었다.

이런저런 우여곡절 끝에 〈곤충의 사랑〉이 방송된 후 나는 자연을
기록하는 작업이 얼마나 중요한지를 깨닫게 되었다. 자연 다큐멘터리
프로그램을 제작하는 일이야말로 아주 중요한 환경 운동이라는 내 나
름의 생각도 갖게 되었다. 자연을 이해하고 사랑하게 되면 그 누가 자
연을 보호하라고 외치지 않더라도 누구나 자연을 보호하는 마음이 저
절로 우러나올 것이 아닌가. 나는 자연 다큐멘터리 프로그램에 천착하
기로 마음먹었다.

못 찾겠다 뻐꾸기 뻐꾸기 뻐꾸기

〈곤충의 사랑〉 제작 과정 동안 현장을 돌아다니면서 관찰했던 경험
과 나름대로의 자신감을 바탕으로 기획한 프로그램이 바로 〈어미새의
사랑〉이었다. 이 프로그램을 제작한 후 과분하게도 국내외적으로 많은
상을 받고 평단의 과찬도 받은 바 있지만, 나는 오로지 촬영을 담당한
훌륭한 카메라맨을 잘 만난 덕이라고 생각한다. 그리고 한 가지를 더
들라면 '뻐꾸기'라고 해야 할 것이다.

처음 이 프로그램을 기획할 때 그동안 국내 TV 프로그램에서 볼 수
없었던 영상을 세 가지 정도는 만들어 보리라 맘먹었다. 그 첫 번째 아
이템이 바로 자기가 직접 알을 품지 않고 남의 둥지에 알을 낳아 번식
을 하는 뻐꾸기의 번식 생태를 담아 보는 것, 두 번째로 원앙 새끼가
알에서 갓 깨어난 후 하루 동안 어미로부터 점프 교육을 받은 후 다음

날 아침 무려 7~8미터나 되는 고목나무 둥지 꼭대기에서 땅으로 번지점프하는 모습을 담아 보는 것, 그리고 셋째로 물총새가 나뭇가지 위에서 시냇물 속으로 뛰어들어 물 속의 고기를 사냥하는 순간을 담는 것. 생각만 해도 재미있는 영상이 될 것 같았고, 이 정도 영상이면 시청자의 관심도 얻을 수 있겠다 싶었다.

어떻게 하면 이런 영상을 담을 수 있을까? 고민이 시작됐다. 관건은 이런 장면을 어떻게 촬영할 수 있는가였다. 카메라맨이 소니 사에서 만든 XC-999라는 소형 감시용 카메라를 구해 와 녹화용 VCR에 연결해 촬영해 보았는데 다행히 꽤 괜찮았다. 그리고 수중 하우징에 넣어 물 속에서 촬영해 보니 그런 대로 쓸 만해 보였다.

일단 카메라는 준비되었는데 뻐꾸기가 탁란하는 둥지를 어떻게 찾는단 말인가. 이후 촬영 팀의 화두는 오로지 뻐꾸기뿐이었다. 생태 사진 자료를 찾아보니 개개비 둥지에 뻐꾸기가 알을 낳은 사진이 실려 있어 이리저리 개개비 둥지를 수소문했다. 퇴촌에 있는 한강 상수원 보호구역에 있는 갈대밭에서 개개비가 많이 번식한다는 정보를 입수한 나는 고무보트를 타고 개개비 둥지를 뒤지고 다녔다. 가슴까지 올라오는 고무장화를 입고(가슴까지 올라오는데 '신는다'는 표현은 우습지 않은가) 사람 키보다 훨씬 큰 갈대숲을 헤치며 다니자니 더위에 숨이 턱턱 막혔다. 거머리는 왜 그렇게 많은지. 그래도 뻐꾸기가 탁란한 둥지를 찾아야 한다는 일념으로 이런 고통을 참고 한 달 동안을 뒤져 보았지만 통 찾을 수가 없었다. 여기서 포기할 순 없었다. 뻐꾸기가 우는소리를 따라 전국 방방곡곡을 돌아다녔다. 거의 3개월을 쫓아다녔다. 이제는 정말 진이 다 빠져 둥지 찾기를 포기할 무렵 충북 청원에서 기적 같은 일이 일어났다. 묵은 까치 둥지에서 번식하는 파랑새를 촬영하는 도

중 '뻐꾹뻐꾹 뻑뻐꾹' 다급하게 우는 수컷 뻐꾸기 소리에 근처에서 날아온 뻐꾸기 암컷이 숲 속으로 날아 들어가는 것을 오디오맨이 보았고, 그 근처 숲 속을 뒤진 끝에 개나리 덩굴 속 붉은머리 오목눈이 둥지에 뻐꾸기가 방금 알 하나를 낳아 놓은 것을 발견한 것이 아닌가.

우리는 파랑새 촬영하던 것을 멈추고는 부랴부랴 시내에 나가 백반을 사서 붉은머리 오목눈이 둥지 근처에 뿌렸다. 혹시나 뱀이 와서 그 둥지 속의 알을 물어가기라도 하면 정말로 큰 낭패이기 때문이다. 다행인 것은 둥지 근처 가까이 민가가 있어 문간방을 한 달간 임대할 수 있었다. 그곳에서 기거하며 둥지 위에 꼬마 카메라를 설치하고 모니터 라인을 문간방까지 끌어 와 뻐꾸기 새끼가 부화하고 차례로 붉은머리 오목눈이 알을 밀어 내고 안방을 차지하고 앉아 의붓어미가 물어다 주는 곤충들을 먹으며 성장하는 전 과정을 촬영할 수 있었다. 또 매일 일정한 시간에 찾아와 제 새끼가 잘 크고 있나 확인하는 낳아 준 부모를 따라 날아가 버리는 뻐꾸기 생태의 모든 비밀을 성공리에 담아낼 수가 있었다.

〈어미새의 사랑〉을 처음 기획했을 때 촬영하려고 했던 원앙 새끼의 번지 점프와 물총새의 물 속 사냥 장면도 담아낼 수 있었다. 정말 운이 좋았다고 해야 할 것 같다.

우리가 만든 야생동물 이야기, 세렝게티

자연 다큐멘터리에 천착하면 할수록 외국 프로그램에서나 볼 수 있는 아프리카의 열대성 야생동물에 관한 자연 다큐멘터리를 제작해 보고

:: 〈야생의 초원, 세렝게티〉 제작을 위해 탄자니아와 케냐 국경 부근을 사전 답사 중인 필자 최삼규 PD(맨 왼쪽).

싶은 생각이 들었다. 아이들이 좋아하고 많은 관심을 가지고 있는 아프리카 동물들에 관한 프로그램이 모두 수입 일색으로 외국에서 제작된 것이라는 사실을 환기할 때마다 너무도 마음이 아프고 부끄러웠다.

2002년 초, 드디어 고대하던 프로그램 제작의 기회가 왔다. 사내의 우려와 격려를 동시에 받으며 2002년과 2003년에 걸쳐 약 일 년 동안 아프리카에 가서 '사자'와 '누우', '치타'에 관한 자연 다큐멘터리 프로그램 〈야생의 초원, 세렝게티〉를 제작, 방송하여 커다란 호응을 받았다.

이 프로그램이 방송되기 전까지 오랜 기간 야생동물에 관한 자연 다큐멘터리 프로그램을 제작하고 전 세계에 판매해 온(지금도 판매하고 있는) BBC와 내셔널 지오그래픽(National Geographic)이라는 무거운 짐을 양 어깨에서 내려놓을 수가 없었다. 이들 제작사에서 만든 프로그램보다 더 우수한 프로그램을 만들 수는 없겠지만 어떻게 해서든 어깨를 견줄 정도는 돼야 한다는 부담이 너무나 컸다. 나는 프로그램 완성도에 대한 부담을 차별화로 극복하기로 했다. BBC와 내셔널 지오그래

:: 〈야생의 초원, 세렝게티〉의 한 장면. 하이에나가 가젤을 사냥하고 있다.

픽에서 만드는 프로그램과 색깔을 달리하기로 마음먹었다. 즉 단순히 아프리카 야생동물에 관한 생태만을 촬영하는 것이 아니라 사자와 치타 가족 중에 이야기 '꺼리'가 있는 한 가족을 정해서 새벽부터 해가 질 때까지 집중적으로 쫓아다녔다. 세렝게티까지 와서 제작하는 것이니, 두 명의 카메라맨과 함께 HDTV 카메라 두 대를 가지고 다큐멘터리를 제작하는 틈틈이 6밀리 디지털 카메라로 제작진의 모습을 담은 '제작기'도 함께 만들었다. 방송이 나간 후 쏟아진 시청자들의 열화와 같은 호응과 격려는 두 어깨를 짓눌렀던 커다란 짐을 덜었을 뿐 아니라 '우리도 하면 된다.'는 자신감과 자부심까지 얻었다.

자연 다큐멘터리 PD들은 하늘을 지붕 삼아 땅을 이불 삼아 지내는 시간이 많다. 끼니를 거르며 위장막 속에서 밤을 꼬박 새고, 몇 날 며칠 풍찬노숙을 해야 하는 고된 생활은 기본이다. 촬영하고자 하는 대상을 끈질기게 찾고 또 그것을 촬영하려면 끊임없이 기다려야 한다.

자연 다큐멘터리 PD가 되고 싶은가. 인내심과 느긋한 마음가짐이 우선이다. 그러나 가장 필요한 것은 자연을 사랑하는 마음이다. 사실 자연 다큐멘터리를 찍다 보면 자연을 저절로 사랑하게 되지만.

'끼' 많고 별스러운 '또라이'

| 유수열 |

프리랜서 PD. 1969년 MBC에 입사해 〈웃으면 복이 와요〉 〈폭소대작전〉 〈비둘기가족〉 등의 코미디 프로그램을 연출했다. TV제작국장, 제작본부장, 춘천 MBC사장, MBC프로덕션 사장을 역임했다.

방송사에 입사한 PD 중에는 "나도 코미디나 한번 해 볼까." 하는 사람들이 종종 있다. 그러나 코미디는 '한번 해 볼까' 하는 가벼운 마음으로 시작할 수 있는 쉬운 장르가 아니다. 독한 마음을 먹고 '너 죽고 나 죽자'는 각오로 덤벼도 힘든 것이 바로 코미디 장르다.

코미디 PD는 무엇보다 웃음에 대해 잘 알고 있어야 한다. 웃는 것과 웃기는 것은 다르다. 내가 웃는 것과 방송을 통해 프로그램을 통해 남을 웃기는 것은 전혀 다른 차원이다. 나는 남을 울리는 것보다 남을 웃기는 것이 더 어렵다고 생각한다. (실제 일상생활에서 친구들과의 대화에서도 그렇지 않은가.) 웃음은 억지스러운 상황에선 절대 나오지 않으며, 또 그 절묘한 타이밍을 조금만 놓쳐도 '닭살'이 돋는다. 나는 웃기가 민망해서 오히려 창피할 때 주로 '닭살'이라고 표현하는데, 만약

이 글을 읽는 독자들 중 코미디 프로그램을 보다가 공연히 '창피한 적'
이 있었다면 그때가 바로 '닭살'이 돋은 때다. 코미디를 만드는 사람들
이 착각하는 쉬운 것이 바로 '닭살'이 돋는 것을 코미디인 양 생각하는
것이다. 이런 프로그램이라면 공연히 시청자만 피곤하게 한다.

희로애락의 감정은 타고난 본능이기에 남녀노소와 동서양의 구별이
없다. 즉 '부모님이 돌아가셨다.'는 사실은 동서양 남녀노소를 불문하
고 누구에게나 슬프다. 그러나 코미디에서 웃음을 유발하려면 느낀 그
대로 표현해서는 곤란하다. '부모님이 돌아가신' 슬픈 상황에서도 웃
음은 발생해야 한다. 손가락이 바늘에 찔려 아프다고 하자. 바늘에 찔
린 손가락이 아파서 '아얏' 하는 비명과 함께 울음이 터질 수밖에 없
다. 찔린 손가락을 통해 아픈 것 이외에 어떤 다른 느낌을 가질 수 있
겠는가. 이것이 본능적인 감정이다. 그러나 코미디에선 손가락이 찔린
순간에도 웃음이 나오게 해야 한다. 그러려면 조건이 부여되어야 한다.
그 순간에 비명소리에 놀라 사람이 넘어진다든지, 찔린 사람이 비명
이외에 재치 있는 말을 던진다든지 하는 다른 상황과 연결이 되어야
비로소 웃음이 발생한다. (더구나 누구나 웃을 수 있는 보편적인 웃음이
어야 한다.) 때문에 웃음을 유발하는 작업은 복잡하고도 어렵다. 나는
웃음은 '경험'에 기초하고 눈물은 '본능'에 기초한다고 후배 PD들에
게 강조하곤 한다.

프랑스의 연출자 학교인 이에크(IHEC=Institude des Hautes
Etudes Cinematographique)에 합격한 학생들을 사람들은 즐겨 'on
foux'라고 부른다. '그들은 미쳤다.' 정도의 뜻이다.

코미디 PD는 웃음에 미쳐야 한다. 자기 자신의 생활을 잊어버릴
정도로 미쳐야 한다. 세계 역사를 보면, 미친 사람들이 일을 만들어 냈

다. 에디슨도 아인슈타인도 미친 사람이다. 백남준도 피카소도 미친 사람이다. 채플린도 미친 사람이다. 손정의도 빌 게이츠도 박찬호도 미친 사람이다. 송창의(<남자 셋 여자 셋>을 시작으로 <세 친구> <연인들> 등 성인 시트콤 영역을 개척한 코미디 PD)도 미친 사람이다. 미친 사람들이 세계를 이끌어 간다. 만일 진시황이 미치지 않았으면 만리장성이 있었겠는가. (폭군을 옹호하는 말이 아니니 오해 없기를.)

코미디 PD에겐 나를 잊고 온전히 일에 몰두하는 전력투구가 요구된다. 프로그램을 기획·제작하는 동안에는 아파서도 안 되고, 아플 권리도 없는 사람들이다. 이는 코미디 PD뿐 아니라 다른 분야의 PD들도 똑같다. 사생활을 버려야 한다. 방송 생활에만 몰두해야 한다. 친한 친구와도 점점 만남이 소원해지다 결국 멀어지고, 동창회 참석은 꿈도 꾸지 못한다. 친구들은 방송사에 들어가더니 건방져졌다고 오해를 하곤 하지만. 애인과도 만날 수 있는 시간적 여유가 없다. 신혼의 단꿈에 젖어 있지도 못한다. 결혼식 올리고 신혼여행을 다녀오자마자 출장을 떠나 짧게는 일주일에서 한 달을, 해외 로케이션의 경우 3개월, 심지어는 6개월씩 집에 들어갈 수가 없다. 결혼 전 'PD랑 결혼한다'고 좋아라고 친구들에게 자랑했다가 결혼한 다음날부터 제작 현장에서 밤을 새며 집에 한 달씩 들어오지 않는 PD 남편의 실체에 실망해 '이런 게 PD냐.'며 이혼한 사례도 드물지 않게 접한다. 정시에 퇴근해 RV 승용차 타고 자녀들 뒷좌석에 태우고 오순도순 패밀리 레스토랑에서 외식하기를 즐기는 PD 치고 소위 '히트 친' PD가 없다는 방송계의 속설은 과연 속설일 뿐일까?

PD는 작가와 밤을 새며 아이디어를 만들고, 개그맨들과 함께 연습실에서 연습해야 한다. 새벽 두세 시까지 병든 병아리처럼 꾸벅거리면

:: 유수열 PD가 연출했던 〈웃으면 복이 와요〉. 〈웃으면 복이 와요〉는 1969년부터 1990년대까지 그 명성을 지켜온 정통 코미디 프로그램이다.

서도 개그맨들과 함께 아이디어 회의를 하는 후배 PD를 볼 때마다 마음이 아픈 적이 한두 번이 아니다. 시청자는 코미디 PD가 폭소클럽의 한 코너의 아이디어를 만들기 위해 며칠 밤을 새우고 있다는 사실을 과연 알고 있을까. 혹 알고 있다 하더라도 그 노력을 감안해서 웃어 주는가. 이런 어려움을 극복하기 위해서라도 코미디 PD는 코미디에 미쳐야 한다. 한 분야에 미칠 수 있다는 것 자체가 또 대단한 축복이다.

'또라이'가 뭐가 나빠?

도대체 '끼'란 무엇인가. 주변과 독특한 관계를 맺는 능력, 연예 분야에 대한 타고난 재능, 속칭 바람기나 화냥기처럼 속에 맺혀 있다 발산되는 들뜬 기운, 타고난 재주를 발휘할 수 있는 기질이 아닐까.

코미디 PD는 프로 개그맨 이상의 끼가 있어야 한다. 끼가 없다면 후천적으로 끊임없이 계발해야 한다. 속칭 '또라이' 기질! 자유로운 외양(머리 모양, 옷차림새)의 PD가 있어도 너무 비웃지 말기를. 수염을 기르거나 튀는 모자를 쓰고 다닌다고 해서 이상한 사람이라고 흉보지 말자. 이 모두가 자신의 끼를 발휘하기 위한 변화의 몸부림이니. 나는 사람들이 나를 보고 '또라이'라고 말하는 것이 좋다. 혹 드물게 '좋은 사람'이니 '점잖은 사람'이니 하는 말을 들으면 화가 난다. 왜? 평범하다는 말과 같기 때문이다.

코미디 PD는 평범해선 안 된다. 외양보다는 정신적인 영역이 더 중요하긴 하지만, 남보다 뭔가 튀어야 한다. 어찌 보면 신들린 인간이어야 한다. 색깔이 있는 인간이라야 한다. 물에 물 탄 듯, 술에 술 탄 듯 무미건조하고 몰개성적인 인간이기를 거부해야 한다. ('튀는'이라는 말에 성격이 괴팍하다거나 인격 파탄자의 의미는 없다. 오히려 그런 성격은 PD 직종이 맞지 않는다. 전체를 조절하고 아우르는 것이 PD의 기본적인 역할이기 때문이다.) 일에 놀랄 만큼 집중력을 보이고 심취하며, 어딘지 신기와 광기가 있는 듯한 사람, 신명에 겨워 일하는 그 별스러움이 바로 코미디 PD에게 요구된다.

코미디 PD는 때로 답답한 일상에서 탈출, 파격적인 행위로 사람들을 놀라게 할 줄도 알아야 한다. 사고의 폭이 넓고 유연해야 기발한 아이디어도 내는 법이다. 선입관 없이 유연하게 사물을 보는 것, 바꿔 보는 것, 이것도 코미디 PD의 끼 중 하나다.

세상에 많은 직업이 있지만 적어도 내게 있어 PD만큼 재미있는 직업은 없다. 아무리 신나게 놀아도, 아무리 재미있는 놀이라도 며칠씩 밤샐 수는 없을 것이다. 나도 그렇다. 그러나 며칠씩 밤을 새면서 촬영하고, 편집하고, 녹화하는 것은 괜찮다. 견딜 수 있다. 이는 나뿐 아니라 대부분의 PD가 그럴 것이다. 왜 그럴까? 프로그램을 연출한다는 것이 그만큼 창조적이고, 제작 후 성취감은 PD들을 강하게 만족시켜 주기 때문이다. 코미디 PD에게 코미디 프로그램 제작이 곧 취미이자 직업이다. 코미디 PD의 스트레스 해소법? 바로 자신이 만든 프로그램이 만족스러울 정도로 재미있으면 된다. 나는 MBC에서 PD 생활을 하다 퇴직했다. 그러나 나는 죽을 때까지 코미디 PD다. 다만 MBC 소속에서 프리랜서 PD로 소속만 바뀌었을 뿐이다. 나는 이 취미가 직업이 된 즐거움을 버릴 생각이 없다.

좋은 코미디를 만드는 몇 가지 조건

좋은 코미디를 만들기 위해선 몇 가지 조건이 필요하다. 우선 의식적인 연출을 감춰라. 억지스러운 상황은 금물이다. 시청자는 바로 리모컨의 채널을 돌린다. 어떤 상황이든 자연스럽게 흘러야 웃음이 나온다. 코미디의 내용은 보편적이면서, 경험적이어야 한다. 웃음의 타이밍을 면밀히 계산해야 하되, 그 계산은 철저히 숨겨야 한다. 코미디는 치밀한 기획과 준비를 통해 만들어진, 고도의 연출이 필요한 프로그램이지만 그 연출이 들키는 순간 코미디는 웃음의 포인트를 잃는다.

슬픔을 충분히 경험하라. 노래도 잘하고, 무용도 뛰어났던 다재다능한 여류 코미디언 캐롤 버넷(Carol Burnett)은 "Comedy is tragedy plus time."이라고 말한 바 있다. 우리말로 풀면 "코미디는 비극에 인생을 더한 것이다." 쯤이 되겠다. 코미디 PD들끼리 '코미디는 비극 위에 있다.'고 종종 얘기하곤 하는데, 이는 슬픔을 경험한 다음에야 진정한 희극이 나온다는 뜻이다. 더 자세히 의미를 풀면 인생의 희로애락,

그 감정의 흐름을 깊이 이해해야 진정한 코미디를 만들 수 있다는 뜻
이다. 공감할 수 있는 코미디, 모두를 웃길 수 있는 코미디는 여기서
비롯된다. 직간접적인 PD의 다양한 경험은 코미디를 튼실하게 한다.

웃음 속의 풍자도 필요하다. 무작정 웃기기만 하는 코미디는 허탈
하다. 웃음 뒤에 남는 것이 없기 때문이다. 그래서 의미 있는 웃음을
강조하기도 한다. 베르그송은 "웃음을 이해하기 위해서는 웃음을 사회
라고 하는 본래의 영역에 되돌려 놓아야 한다."고 말했다. 이것이 바로
웃음 속에 풍자가 있어야 하는 이유다. 풍자는 웃음 그 자체이자 강한
호소력을 가진 교훈이 되기도 한다. 코미디는 인간의 어리석은 행동,
실수, 약점, 악덕을 비틀거나 비판하고, 현실 사회를 통렬히 고발하고
풍자할 때 더 큰 호소력을 가진다.

"All of the literatures comedy has the biggest appeal."이라는 말
이 있다. "문학 중에서 코미디가 가장 큰 호소력을 가지고 있다."는 뜻
이다. 같은 소재라고 해도, 다른 장르에 비해 코미디는 강한 자극을 줄
수 있어 깊은 인상을 남긴다. 보통의 소재라도 코미디를 통하면 자극성
은 깊어진다. 코미디가 저질 프로그램의 대표로 치부되는 것에는 이런
이유도 한몫 한다.

방송 평론가의 입장에서 보면 코미디는 만만하다. 뉴스는 사실보도
니 평하기가 어렵고, 드라마는 우리네 인생살이를 보여 주는 것이고,
교양 다큐멘터리는 교육적이고, 쇼 프로그램은 음악이 있으니, 결국
코미디를 '잡을 수밖에' 없는 것이다.

평론가의 펀치를 맞는 것이 전부는 아니다. 코미디 PD가 정말 힘
들어하는 것은 바로 소재 개발이다. 코미디의 소재가 되면 사람들은 바
로 자신이 조롱당한 것처럼 여긴다. 오죽하면 코미디의 소재로 등장해

도 항의하지 않는 직업군은 '거지'와 '도둑' 밖에 없다고 자조하겠는가. 사회가 민주화되면서 이런 소재의 제약은 없어졌다고는 하지만 여전히 금기는 있는 법이다.

그래도 코미디는 존재가치가 충분하다. 울적한 사람들의 기분 전환을 돕고, 무료한 사람에게 재미를 주고, 피로한 사람에게 편안한 휴식을 주고, 울화통이 치미는 사람의 울분도 살살 달래 준다. 그래서 오늘도 코미디 PD는 머리를 쥐어뜯으며 코미디를 만든다.

요즘은 잘생긴 남자보다 유머 감각이 있는 남자들이 여성들에게 더 인기라고 한다. 유머 감각이 없으면 맞선에서도 딱지를 맞는다니 과연 '웃음'은 시대의 화두다. 방송 프로그램도 이런 시류를 잘 반영한다. 주말 연속극이나 일일 연속극을 살펴보면 신파보다는 코믹 터치가 훨씬 인기 있다. 웃음은 코미디를 넘어 전 프로그램의 성패를 좌우한다고 해도 과언이 아니다. 그렇다면 이렇게 보편화된 코미디를 만드는 사람들은 과연 누구인지 잠시 소개해 보자.

무대 코미디를 텔레비전으로 옮기다 – 고 김경태 PD

한국 방송사에 텔레비전 코미디를 정착시킨 PD다. 과거 명성을 떨쳤던 〈웃으면 복이 와요〉가 그의 작품으로, 당시 그는 무대에서 활동하던 구봉서, 배삼룡, 송해, 박시명, 이대성, 임희춘, 신소걸, 이순주 등을 스튜디오로 데려와 무대 코미디를 텔레비전으로 옮기는 데 성공했다.

모 통신사 CF에서도 패러디한 바 있는, 지금도 우리의 기억에 선명한 원형직 무대 코미디 "배수한무 삼천갑자 동방삭 …"도 그때 나왔다. 김경태 PD는 SBS 〈코미디 전망대〉 진행을 맡아 무대 뒤가 아닌 무대 앞에서도 재능을 발휘했다.

남이 한 것은 안 한다 – 송창의 PD

송창의 PD는 적지 않은 나이에도 청바지와 장발이 잘 어울리는 사람이다. 인디언 계통의 백인과 같은 외모에 잘생긴 미남이다.

송창의 PD는 남이 한 것은 절대 안 하는 사람이다. 먼저 시작하고 다른 사람이 따라오면 안정적인 프로그램을 버리고 새로운 것을 시작한다. 청춘 시트콤이라는 새로운 장르를 개척한 〈남자 셋 여자 셋〉은 송창의 PD의 작품으로 송승헌을 비롯해 수많은 청춘 스타를 배출한 스타 산실의 장이었다. 이후 각 방송사마다 비슷한 청춘 시트콤이 우후죽순으로 생기자 안정적인 시청률에 안주하지 않고 〈세 친구〉 〈연인들〉 등 성인 시트콤이라는 새로운 장르를 개척했다.

웃음에 공익을 더하다 - 김영희 PD

한국 방송사에 공익 버라이어티라는 새로운 장르를 만들어 냈다. 조연출 시절 전부를 코미디 프로그램에 바쳤던 그는 웃음의 공식을 체험하며, 자신이 연출하는 프로그램에 한마디씩 거드는 감초 역할로 PD로는 드물게 얼굴을 내밀어 일찌감치 '쌀집 아저씨'라는 별명을 얻었다. 김영희 PD는 단순한 웃음이 아니라 공익성을 가미한 코너 개발에 발군의 실력을 보였는데 내 주변 이웃의 따뜻함을 느끼게 해 준 '칭찬합시다', 차를 몰다가도 횡단보도 앞 정지선에 자동적으로 서게 만들었다는 〈이경규가 간다〉를 기획, 제작했다. 영국 유학 후 그가 기획한 〈느낌표!〉는 서점의 베스트셀러 리스트를 바꾸는 영향력을 발휘하고 있다.

한 길 코미디 인생 - 김웅래 PD

김웅래 PD는 KBS의 대표적인 코미디 PD로 한국 방송 사상 최초로 개그 프로그램을 만든 이다. 〈살짜기 웃어예〉라는 프로그램으로 시작해 〈유머 1번지〉에서 활짝 꽃을 피웠다. '잘 돼야 할 텐데…'라는 유행어를 창조하며 승승장구했던 '회장님 회장님 우리 회장님'을 직접 기획, 개발했던 그는 정치 풍자 코미디 분야를 개척하기도 했다. 김웅래 PD는 시청자와의 교감을 중요시한다. 직접 홈페이지를 운영하며, 각종 코미디 자료를 모으고, 코미디를 하고자 하는 연기자 지망생이나 예비 코미디 PD들에게 조언을 아끼지 않는다. 무척 학구적인 성향으로 정통 연출론 『코미디 연출법』에서부터 개그집에 이르기까지 그가 집필한 책도 이미 12권이니 과연 그 열정은 놀라울 정도다. 코미디에 미쳤다는 말은 그에게 정말 꼭 들어맞는다.

캐릭터 창출의 귀재 – 김병욱 PD

〈순풍 산부인과〉를 보면서 뒤집어지도록 웃지 않은 사람이 있을까. 이렇게 사람을 뒤집어지게 웃게 만드는 이가 바로 김병욱 PD다. 그는 상황 중심의 시트콤이 아니라 출연자들에게 캐릭터를 부여하고 그 캐릭터를 통해 웃음을 유발하는 시트콤을 만들어 왔다. 흔히 자신이 만든 프로그램 제목이 일반 명사처럼 쓰인다면 그 PD는 성공한 것이라는 방송계 속설이 있는데 그런 의미에서 김병욱 PD는 〈순풍 산부인과〉〈웬만해선 그들을 막을 수 없다〉〈똑바로 살아라〉 등 제작하는 프로그램 제목 모두를 일반 명사처럼 만들어 왔다.

기발한 캐릭터에, 도저히 어울리지 않을 것 같은 연기자를 캐스팅해 그들도 몰랐던 자신의 끼를 펼칠 멍석을 펴 준 것도 김병욱 PD다. 신구, 박영규, 노주현, 배종옥 등은 김병욱 PD의 프로그램을 통해 연기 영역을 넓혔다. 가족이라는 따뜻함만 가득할 것 같은 작은 소집단이 찬바람 부는 사회와 마찬가지로 배신과 음모와 모략이 있다는 것을 보여 준 것도 그만의 풍자다.

김지미를 속인 섭외력 – 배상석 PD

배상석 PD는 연예인의 아픔을 잘 이해하고 대변하는 마음 따뜻한 사람이어서 코미디언뿐 아니라 영화배우, 가수, 탤런트 섭외력도 상당했다.

연말 특집으로 진행되는 〈10대 가수 가요제〉에 당시 최고의 인기를 구가하던 배우 김지미 씨를 섭외하라는 특명을 받았다. '10대 가수 가요제'는 대개 12월 31일 저녁 9시부터 시작해 보신각 타종으로 연결되는 것이 상례인데, 가요제에 출연하는 10대 가수들에게야 무한한 영광이지만 심사위원에겐 그냥 그런 프로그

램 중의 하나이니 쉽게 응낙할 리가 없을 터. 그때나 지금이나 인기 스타를 섭외

하기 어려운 건 마찬가지였다.

그런데 배상석 PD는 섭외에 성공했다. '역시 배상석이야…' 모두 감탄을 금치

못했는데, 막상 방송 직전 김지미 씨가 도착하고 나서 난리가 난 것이다. 김지미

는 '10대 가수'를 심사하는 어마어마하게 중요한 자리인 줄 알고 왔는데, 막상

와 보니 청백 깃발을 들고 있다가 노래가 끝나면 어디가 더 잘했는지 청백 깃발

을 선택해 들어주면 그만인 역할이었다. 김지미 씨는 매우 황당해 하며 자신을

섭외했던 배상석 PD를 불러오라고 난리였지만 정작 당사자는 이미 도망친 후였

다. 생방송이라 김지미 씨는 울며 겨자먹기로 방송을 할 수밖에 없었다. 과연 배

상석 PD가 뭐라고 말하고 섭외를 했는지 지금까지도 아는 사람이 없어 더욱 미

스터리인 이 사건은, 지금도 코미디 PD들 사이에서 회자된다.

코미디와 음악의 절묘한 조화 – 안우정 PD

안우정 PD는 기타 연주 실력이 뛰어나다. 비틀즈의 '예스터데이'를 기타를 퉁기

면서 부르는 그의 모습을 보면 음악 PD인 것 같은데, 그는 입사 후 지금까지 코

미디만 고집해 왔다. 안우정 PD는 〈오늘은 좋은날〉이라는 코미디 프로그램에서

아들 서경석과 어머니 조혜련, 작은 이쁜이 김효진이라는 절묘한 조합으로 히트

코너 '울엄마'를 만들어 냈다. 영화 〈남과 여〉 주제가 선율에 따라 서경석과 김효

진이 눈을 깜빡이는 모습은 지금도 시청자에게 각인되어 있으니, 코미디와 음악

을 잘 버무릴 줄 아는 PD이기도 하다. 안우정 PD는 '울엄마'를 서민의 애환이

깃들어 있는 콩트 코미디로 발전시켜 웃음을 한 단계 업그레이드시켰다는 평가

를 받고 있다. 시트콤 〈여자 대 여자〉를 연출했고, 지금은 〈코미디하우스〉 연출을

맡아 MBC 코미디의 수문장 자리를 지키고 있다.

아는 것도 뒤집어보는 꼼꼼한 친구들

| 김태성 |

SBS TV 제작본부 예능 담당 차장. 쇼·오락 프로그램 방송작가로 활동하다 1991년 SBS에 입사해 〈사랑은 생방송〉 〈웃으며 삽시다〉 〈TV전파왕국〉 등을 연출했다. 1996년 〈이홍렬 쇼〉를 기획·연출했고 〈이승연의 세이세이세이〉 〈이홍렬 쇼2〉 등으로 토크쇼의 내용 및 형식에 변화를 주었다는 평가를 받고 있다. 백상예술 대상 TV예능 부문 작품상을 수상했다.

한국언론재단 매스컴 용어 사전에 의하면 "토크쇼(talk show) 란 일정한 주제 혹은 포괄적인 대상을 중심으로 이루어지는 담화 프로 그램을 말하며 여기서 쇼(show)는 프로그램과 유사한 뜻을 지닌다."고 정의하고 있다. 이렇게 사전적 의미의 토크쇼는 출연자의 스피치에 중 점을 두는 것이지만, 한국 방송의 토크쇼는 오락적인 요소가 가미되어 토크쇼와 버라이어티쇼가 혼합된 이른바 '토크 버라이어티'라는 새로 운 장르라고 할 수 있다.

토크쇼는 프로그램을 대표하는 한 사람의 진행자와 한 사람의 출연 자(게스트)로 제작이 가능하다. 물론 악단이나 보조 진행자, 혹은 미리 준비한 화면이 없는 것은 아니지만 제작에 들어가는 비용(약 2500~ 3000만 원)을 합해도 단편 드라마 한 회분에 소요되는 물량(약 1억 원

:: 필자 김태성 PD가 기획, 연출했던 〈이홍렬 쇼〉.

내외)과는 비교할 수 없을 정도로 제작비가 저렴하다. 그래서 방송사는 비용 대비 효과(제작비 대비 시청률)가 좋은 토크쇼를 좋아하지 않을 수 없다.

그렇다면 시청자들이 토크쇼를 좋아하는 이유는 무엇일까?

토크쇼는 인간의 말로 이루어지는 리얼리티 프로그램으로 시청자와 친밀하기 때문이다. 드라마처럼 지속적인 시청이 필요한 것이 아니어서 시청자를 끌어들이기 쉽다는 특성도 한몫 한다. 또 토크쇼를 통해 대화 욕구를 충족할 수 있다. 세상이 고도로 산업화, 정보화되어 갈수록 사람들은 직접 대화보다는 컴퓨터를 이용한 커뮤니케이션이나 텔레비전 시청을 통해서 생활의 건조함, 대화 부족에서 오는 외로움을 달래기 마련이다.

이렇게 방송사도 좋아하고 시청자들도 좋아하는 토크쇼는 어떻게 만들어질까? 내가 기획 및 제작을 책임졌던 SBS의 〈이홍렬 쇼〉의 태동부터 찬찬히 짚어 보자.

1996년 1월 당시 수요일 밤 11시대 KBS 2 TV에서는 〈밤과 음악사이〉라는 시청률이 꽤 높은 정통 토크쇼가 방송되고 있었다. 1년 반 이상 인기를 유지해 온 그 프로그램을 타깃으로 심야 토크쇼를 기획하라는 명령을 받은 나는 조심스럽게 이홍렬 씨를 찾아가 이렇게 얘기했다.

"형님! 우리 토크쇼 한번 만들어 볼까요? 조금 특이하게요."

이홍렬 씨는 흔쾌히 수락했고, 우리는 그 자리에서 머리를 맞대고 아이디어를 모으기 시작했다. 토크쇼에서 가장 중요한 MC가 캐스팅된 것이다.

PD가 잘나가는 연예인을 찾아가 "이런 프로그램을 만들어 볼까요?" 한다고 해서 어느 출연자가 바로 그러마 하겠는가. 이홍렬 씨가 내 제안을 쉽게 받아들인 것은 이미 서로 간에 신뢰가 쌓여 있었기 때문에 가능했다.

나와 이홍렬 씨는 일을 통해 친해졌다. 1995년 하반기, 당시 〈TV 전파왕국〉이라는 주말 버라이어티 프로그램의 한 코너였던 '빈방 있수' 촬영차 나와 이홍렬 씨는 빈번하게 해외 출장을 함께 다녔다. 필리핀의 팔라완 섬, 대만의 마지막 미개 섬 란유, 뛰면 불이 난 줄 알고 주민들이 놀란다는 가이드의 당부가 아직도 기억나는 평화스러운 남태평양의 섬나라 피지 등. 함께 촬영을 하면서 서로를 깊이 이해하고 친밀감도 깊어졌다. 〈이홍렬 쇼〉는 그때 이미 잉태된 셈이다. 사실 PD와 연기자는 서로 내면의 이야기를 주고받을 정도로 친밀감이 생길 때 비로소 서로를 더 발전시킬 수 있는 그들만의 아이디어를 배출할 수 있다. 연기자는 PD를 깊이 신뢰하게 되고 PD는 연기자의 감춰졌던 또 다른 매력과 능력을 발견하게 되기 때문이다. 연기자와 친해지는 방법은 PD마다 제각각이지만 주로 연기자의 취향과 기호에 따라 아이템이 정해지는 편이다. 술자리를 통해 가까워지는 편이 가장 일반적이지만 취해서 주사라도 부리면 오히려 원수가 될 수도 있다. 안전하고 건전한 방법은 서로 취미를 함께 하는 것이다. 바둑을 두기도 하고 공을 차기도 하고. 물론 취미 활동 뒤에도 술자리가 따르지만 그땐 이미 어느새 친구가 되어 있다.

생활 속에서 아이디어 찾기

MC도 정해졌고, 시간대도 정해졌으니 우선 편성 시간대를 분석하는 것이 급했다. 당시만 해도 밤 11시는 주변 시간대로 광고 판매가도 A급이 아닌 B급이었다. 게다가 심야라는 수식어가 붙어 있었다. 외화 시리즈, 보도 기획, 정통 토크쇼 등이 그 당시 방송 3사의 밤 11시 편성이었다. 우리는 발상의 전환을 하기로 했다. 잠자리를 준비해야 할 고요하고 적막한 시간이 아니라 아직 하루 일과가 끝나지 않은 마지막 활력의 시간으로, 20~30대의 젊은 문화가 왕성한 생기를 풍기는 활동의 분위기로 시간대의 해석을 달리했다. 실제로 자체 조사를 해 본 결과, 학원에 다니는 청소년과 회식을 마친 가장이 귀가하는 현실적인 가족 시간대이며 대학생과 젊은 주부들이 시청할 프로그램을 필요로 하고 있다는 것을 알 수 있었다. 〈이홍렬 쇼〉의 성공 이후 지금까지 평일 밤 11시대는 활기찬 성인 오락 프로그램으로 편성되고 있으며, 광고 판매 급수도 A급으로 높아졌다. 어떤 장르의 프로그램이든 기획 단계에서 편성 시간대의 연구와 분석은 필수적이며 결과가 정확할수록 프로그램의 성공 확률은 높다.

편성 분석이 끝나면 작가를 비롯한 스태프를 조직하고 구체적인 기획과 내용을 결정하는 1차 구성 작업에 착수한다. 〈이홍렬 쇼〉는 크게 두 코너로 구성했다. 이미 톱의 위치에 오른 스타 연예인들을 출연시켜 궁금했던 속내를 풀어내는 '밀착 토크'와 젊고 참신한 연예인들이 격의 없이 수다를 떨며 음식을 만드는 쿠킹 토크 '참참참'이 그것이었다. '참참참' 기획은 밤만 되면 출출해 라면을 끓여 먹었던 MC 이홍렬 씨의 야식 습관과 당시 독신이었던 PD, 작가의 '뭘 먹을까' 고민하던 실생활의 고충이 배어 있는 것이었다. 참참참 코너를 기획했을 때 주변에선 우려가 많았다. 그때까지만 해도 무엇을 먹으면서 떠드는 것이 오락 프로그램에서 성공한 적이 없었기 때문이다. 결과는 다행이도 성공이었다. 오히려 '참참참'이 〈이홍렬 쇼〉의 대명사가 되어 프로그램의 인기를 견인할 정도였다. '참참참'이라는 제목에는 깊은 뜻을 숨겨 놓았다. 미래를 위해 스탠드 불빛으로 밤을 지새우는 수험생과 어머니의 사랑으로 만드는 '밤참', 가족의 행복과 국가 발전을 위해 야근하는 가장들이 찾는 '야참', 김매고 고기 잡던 우리 부모와 조상들이 나누던 정 많던 '새참'. 이 세 가지 '참'이 모여 '참참참'이란 말을 만든 것인데 실제로 시청자들에겐 '허참, 거참, 나 원 참'의 약자로 회자되었다. 프로그램의 기획과 제작은 PD의 몫이지만 해석하고 즐기는 것은 시청자의 몫이라는 걸 다시 한 번 깨달았다.

1차 구성이 완료되면 PD는 기술, 조명, 음향 등 각 분야별 스태프를 선임·조직하고 미술 감독과 함께 비주얼 컨셉트에 대해 고민한다. 어떤 미장센을 만들까? 현실적으로 접근할까, 상징적으로 접근할까?

밝게 할까, 어둡게 할까? 고전적으로 할까, 현대적으로 할까? 소품의 주제는 동양적으로 할까, 서양적으로 할까? 등 고민은 끝이 없다. 토크쇼의 미술적 주제와 컨셉트는 여타 오락 프로그램보다 더 중요하다. 프로그램의 구성 자체가 단순하므로 시청자들은 첫눈에 들어오는 세트의 느낌으로 토크쇼의 성격과 분위기를 판단한다. 그래서 토크쇼 PD들은 이 부분에 많은 시간과 노력을 들인다.

〈이홍렬 쇼〉의 세트 컨셉트는 큰 저택이었다. 이전의 〈자니윤 쇼〉나 〈주병진 쇼〉의 세트는 책상과 소파, 악단석 등 전형적인 모습이었다. 그러나 〈이홍렬 쇼〉는 얼핏 부족해 보이는 MC의 카리스마를 보완하기 위해 그를 여유 있고 성공한, 큰 저택의 주인으로 설정했다. 거실에는 아름다운 야경이 보이는 유리창이 있고 거실로 등장하는 나선형의 계단이 있으며, 복도를 지나면 시원하고 세련된 부엌이 있다. 전체적으로 안락하면서도 기품이 있어 보이도록 신경을 썼다. 초대 손님은 현관으로 등장해 마치 내 집으로 찾아오는 가까운 사이처럼 친밀감을 만들고, '딩~동~' 하고 울리는 현관 벨소리는 경박스럽지 않도록 약간 묵직하게 해 간접적으로 프로그램의 격을 높이도록 했다. MC의 의상 컨셉트도 중요한 포인트인데, 큰 저택의 주인답게 모던한 턱시도로 결정했다.

〈이홍렬 쇼〉 역시 처음엔 보조 MC가 있었다. 미스코리아 출신 모 여자 탤런트로 결정했는데 녹화 3일 전 갑자기 맹장수술을 하게 돼 결국 이홍렬 씨가 단독으로 진행할 수밖에 없었다. (지금 생각해 보면 전화위복인 셈이다.)

갑자기 단독 진행이 결정되자 이홍렬 씨는 몹시 당황했다. 가뜩이나 자신의 이름이 걸린 토크쇼에 대한 부담과 불안감으로 초조해 하던 그에게 파트너의 사고는 마치 프로그램이 실패할 조짐인 양 느껴졌던 모양이다. 위기가 찾아올 때 PD는 나이와 상관없이 그 팀의 최고 연장자인 양 포용하고 설득하는 자세를 갖춰야 한다. 토크쇼에서 MC가 흔들리면 그 쇼는 볼 것도 없다. MC가 의지할 출연자가 다른 오락 프로그램보다 적기 때문이다.

그래서 나는 첫 회 출연자(초대 손님)를 이홍렬 씨의 오랜 친구인 개그우먼 이성미 씨와 이경실 씨로 결정했다. 불안해 하는 사람에게 가장 큰 위로가 되는 것이 바로 친한 친구의 격려이기 때문이다. 이렇게 발로 뛰며 완성한 기획이 녹화 스튜디오로 갈 때까지 프로그램은 온갖 풍파를 겪게 마련이다.

드디어 첫 회 방송이 나갔다. 예상보다 반응이 더 좋았다. 그러나 처음 목표했던 경쟁사 프로그램을 시청률에서 앞서기까지는 꼬박 3개월이나 걸렸다. 첫 방송 후 PD들은 열심히 피드백을 모아 기획과 구성을 수정하고 보완한다. 이때 가급적 겸손하게 쓴소리를 귀담아들어야 프로그램이 발전한다. 프로그램은 마치 살아 있는 유기체와 같아서 녹화 및 방송이 반복되면서 스스로 변화하고 진화한다. 우연히 지나가던 스태프에게서 기발한 아이디어가 나온다든지, 게스트의 순발력 있는 애드리브가 인기 아이템으로 자리 잡기도 한다. 이렇게 프로그램의 성장이 플러스 방향으로 진행될 때 소위 대박의 길로 가는 것이다. ‘참참참’의 뽕 망치는 작가들과의 회식 자리에서 찾은 아이디어이고, 요리 재료를 소개할 때 게스트가 뒤에서 코믹한 댄스를 선보이는 코너는 잠시도 가만있지 못하는 김건모의 즉흥 댄스였는데 반응이 좋아 고정 아이템이 됐다. 한때 장안의 화제였던 ‘맞아 맞아 베스트 5’는 당시 TV만 틀면 보이던 인기 스타 최진실 씨의 토크를 특별하게 구성하고자 만들었다가 대표적인 아이템이 된 케이스다. 첫 번째 '맞아 맞아 베스트 5'의 내용은 그녀의 이름에서 주제를 따왔는데 '남자와 여자, 그 화려한 거짓말들' 이었다.

〈남자가 여자에게 하는 거짓말〉

5위 : 첫눈에 반했어.

4위 : 전화하니까 통화중이던데.

3위 : 왕년에 운동 좀 했지.

2위 : 아까 그 여자? 몰라, 기억 안 나는데….

1위 : 넌 꼭 최진실 닮았어.

〈여자가 남자에게 하는 거짓말〉

5위 : 우리 그냥 친구 사이로 지내자.

4위 : 삐삐? 안 찍혔던데….

3위 : 일찍 가야 해. 부모님이 엄하셔서.

2위 : 뽀뽀? 술 취해서 기억 안 나는데.

1위 : 이홍렬보다 니가 더 좋아!!

자지러지던 최진실 씨의 모습이 지금도 생생한데 '삐삐'란 단어가 세월을 실감케 한다.

지금은 일반화된 방송용 차트를 가리는 3M 메모지 역시 〈이홍렬 쇼〉에서 처음 선보였던, 이홍렬의 트레이드 마크였다. 이홍렬 씨는 차트를 덮어놓지 않으면 시청자가 이미 내용을 알고 있기 때문에 위트와 반전이 있는 개그가 성립되지 않는다고 지적했다. 그 의견을 적극 수용해 차트를 가린 것이 바로 3M 메모지, 일명 '3M 칙칙이'의 시작이었다.

호평을 받은 많은 아이디어는, 더 효과적으로 메시지를 전달하는 방법이 무엇일까를 고민한 결과인 셈이다. 장르에 상관없이 시청자에게 사랑 받는 프로그램은 정성을 다한 프로그램이라는 것을 새삼 깨닫게 된다.

토크쇼와 스타가 찰떡궁합인 까닭은?

흔히 토크쇼에는 스타들이 진행자나 게스트로 캐스팅된다. 정확한 발음으로 말 잘하기로 치자면 아나운서를 따라올 수 없을 텐데 왜 굳이 스타를 선택하는 것일까? 그 이유는 다음과 같다.

첫째, 스타가 갖는 경제적 가치로 인해 프로그램의 안정성을 확보할 수 있다. 토크쇼의 성패는 치밀한 사전 기획, 완벽한 제작진과 함께 무엇보다도 진행자의 퍼스낼러티에 의해 좌우된다. 토크쇼는 진행자를 중심으로 말을 소재로 내용을 구성해 나가는 프로그램이라는 특성 때문이다. 따라서 진행자가 보조 진행자나 게스트들과 함께 시청자늘에게 얼마나 친근하고 일상적으로 다가설 수 있느냐가 무엇보다도 중요하다. 그래서 일반적으로 방송사들은 프로그램의 안정적인 시청률을 확보하기 위해 스타를 기용한다.

둘째, 스타라는 전문성으로 인해 프로그램 제작이 용이하고 제작자는 창조적 아이템이 없어도 단지 스타의 인지도 효과 때문에 프로그램 제작에 별 어려움이 없다. 그리고 스타가 프로그램을 이끌어 가기 때문에 스타를 중심으로 한 고정 팬 확보도 쉽다.

셋째, 스타의 이미지에 대한 시청자들의 반응을 보면 시청자들은 스타와 자신을 동일시함으로써 편안함을 느끼고, 다가가는 데 거의 장애를 느끼지 않는다. 이로 인해 상당 정도의 시청률 확보가 용이하다.

넷째, 경제적 측면에서도 스타가 출연할 경우 방송의 광고 협찬이 용이하다는 점을 간과할 수 없다. 대기업과 전속 계약으로 연계된 스타가 등장할 경우 그 기업 관련 광고 섭외가 쉽고, 이로 인해 방송사의 경우는 제작비 차원에서 부담을 덜 수 있기 때문에 이를 선호한다.

토크쇼의 성공 여부는 출연진이나 이야기의 내용만큼이나 MC가 가진 퍼스낼러티에 달려 있다. 소재나 출연진의 한계가 있더라도 MC의 역량에 따라 감동과 재미를 주는 프로그램이 될 수 있다. 따라서 토크쇼는 진행자의 역량에 크게 영향을 받으므로 퍼스낼러티에 따라 프로그램의 포맷도 차이를 보인다고 할 수 있다.

1992년부터 1999년 사이에 방송된 SBS의 대표적인 토크쇼를 통해 그 차이점을 살펴보자.

〈자니윤 쇼〉(1992)는 성(性)을 소재로 한 미국적 유머와 국제 감각을 가진 게스트, 시청자들의 자발적인 참여 등이 포맷이었는데, 미국에서 활동하던 자니윤의 개성과 장점을 반영한 셈이다. 〈주병진 쇼〉(1993)는 TV에서 화제가 되는 인물을 스튜디오에 초대하여 이야기를 듣고, 해외 토픽란의 이색 외국인을 출연시키기도 하는 등 직간접적인 방법으로 시사 문제를 가십화한 포맷으로, 카리스마 강한 진행자의 개성을 돋보이게 했다.

이와 비교해 〈이홍렬 쇼〉는 여러 면에서 색달랐다. 이전의 토크쇼가 데스크식 진행 등 형식의 변화 없이 내용적인 차별화에 중점을 두었다면, 〈이홍렬 쇼〉는 아예 진행 데스크를 없앴다. 요리를 하면서, 칵테일을 마시며, 심지어 함께 드라이브를 즐기며 이야기하는 등 방법과 장소를 과감하게 변화시켰다. 내용 면에서도 삶의 일화를 중심으로 '맞아 맞아 베스트 5', '충격고백 ○×' 등 에피소드를 재가공하는 참신함을 선보였다.

〈이홍렬 쇼〉는 이후 등장한 많은 토크쇼에 영향을 끼쳐 미국적 포맷으로 시작한 한국 방송의 토크쇼 포맷을 새로운 개성의 포맷으로 바꾸고 정착시키는 계기가 되었다는 평가도 받았다. 이러한 프로그램의 성공 이면에는 진행자 이홍렬의 개성과 특징이 큰 역할을 했다. 탁월한 순발력과 재치는 요리, 운전 등 복잡한 상황에서도 토크를 가능하게 했고, 외모에서 풍기는 친밀감과 편안한 이미지가 다소 복잡한 포맷을 거부감 없이 시청자에게 전달했다.

〈김혜수의 플러스 유〉(1999)는 그런 면에서 〈이홍렬 쇼〉의 계보를 잇는다고 할 수 있다. 특히 여성 진행자라는 독창성을 포맷에 그대로 반영하여 다정한 데이트를 연상시키는 '밀착 토크'와 노변정담식의 수다 형태는 마치 시청자가 게스트들 사이에 섞여 있다는 느낌을 줄 정도로 친밀감을 전달했다. 또한 맵시와 멋을 강조하여 글래머 미인만의 장점을 특화시킨 면도 엿볼 수 있다.

발상의 전환이 토크쇼를 살린다

최근 토크쇼의 인기는 과거에 비해 퇴조하고 있다. PD들은 그 현상에 대해 여러 진단을 한다. 강한 카리스마와 전 세대에 걸쳐 호감을 받고 있는 새로운 스타 진행자가 없고, 인터넷의 확산으로 토크쇼의 주요 출연자인 스타 연예인들의 시시콜콜한 일상을 실시간으로 전해 듣기 때문에 정작 토크쇼에서 듣고 싶은 궁금증이 없다고도 하며, '참참참'이나 '토크박스' 같은 참신한 토크쇼 구성 및 가공에 관한 아이디어가 개발되지 않고 있기 때문이라고도 한다.

그럼에도 불구하고 토크쇼는 이제 우리 방송에서 없어서는 안 될 중요한 장르가 된 지 오래다. 토크쇼에 애정을 갖고 있는 PD의 한 사람으로서 10여 년간 지속적으로 형태를 바꾸며 발전되어 왔던 가볍고 쉬운 말잔치가 이제 시청자를 지치게 하는 건 아닌지 걱정스럽다. 그렇다면 이제 발상의 전환을 해야 하는 것이 아닐까?

멋진 토크쇼를 만들고 싶은 PD 지망생이여, 그대들은 어떤 아이디어를 갖고 계신지? 그대가 정말로 토크쇼를 잘 만들고 싶다면 반드시 갖춰야 할 것이 있다. 첫째, 친화력이 중요하다. 사람을 만나고 사귀는 것을 귀찮아하지 말아야 한다. 특히 스타들은 잘 안 만나준다. 둘째, 남의 말을 잘 들어 주고 상대방을 배려할 줄 알아야 한다. 아무리 재미있는 내용도 출연자가 손해 볼 수 있다면 편집에서 과감하게 잘라내야 한다. 그를 또 만나야 한다는 것을 명심하라. 셋째, 꼼꼼하고 세심해야 한다. 말을 편집하는 것은 그림을 편집하는 것보다 훨씬 어렵다. 넷째, 그래픽에 대한 감각도 있어야 한다. 토크쇼의 비주얼은 단순해서 자막이나 부호 등도 중요한 연출적 요소가 된다. 다섯째, 인내심이 필요하다. 아무리 거만한 스타라도 열 번 찾아가면 출연시킬 수 있다.

이제 참신한 후배들을 만나고 싶다.

1950년대 초 미국 NBC 텔레비전의 편성 책임자였던 실베스터 위버 주니어 (Sylvester L. Weaver, Jr.)가 〈Broadway Open House〉를 구성하여 그 유명한 〈Tonight Show〉의 효시가 된 이래로 토크쇼는 미국인들이 가장 좋아하는 장르로 지금까지 꾸준히 이어져 오고 있다.

이에 비해 우리나라 토크쇼의 역사는 상대적으로 매우 짧다. 1988년 서울올림픽 후 방송된 〈자니윤 쇼〉(1989, KBS-2TV)는 퍼스낼러티 토크쇼의 최초라고 할 수 있다.

1991년 서울방송의 개국을 기화로 토크쇼가 본격적인 인기 장르가 되었고 지금까지 완벽히 독립된 장르로써 변화, 발전되어 오늘날에 이르고 있다.

독자의 기억 속에 있는 토크쇼를 더듬어 보자. 1989년 〈자니윤 쇼〉 이후 KBS는 〈밤으로 가는 쇼〉 〈조영남 쇼〉 〈밤과 음악사이〉 〈토크쇼 회전목마〉 〈노영심의 작은 음악회〉 〈이문세 쇼〉 등을 만들었다. MBC는 〈세상사는 이야기〉 〈이숙영의 수요 스페셜〉 〈김한길과 사람들〉 〈주병진의 나이트 쇼〉 〈김농선의 델레비안 나이트〉 등을 제작했다. 91년 SBS가 개국하면서 KBS의 〈자니윤 쇼〉가 PD의 이동으로 인해서 SBS에서 새롭게 신설된 이후 〈주병진 쇼〉 〈스타와 이 밤을〉 〈투맨쇼〉 〈두 남자와 만납시다〉 〈깊은 밤, 전영호 쇼〉 〈이홍렬 쇼〉 〈이주일 쇼〉 〈김혜수의 플러스 유〉 등이 방송됐다.

2000년 이후로 토크쇼는 아침방송의 핵심 띠 편성 프로그램이 되었다. KBS의 〈행복 채널〉, MBC의 〈임성훈과 함께〉, SBS의 〈한선교 정은아의 좋은 아침〉에 이르기까지 토크쇼는 이제 비중 있는 프로그램 장르로 자리를 잡았다.

이렇듯 토크쇼는 당시의 시대 상황, 특히 경제적 수준에 따라 그 성격을 변화시켜 왔다. 또한 텔레비전 시청률을 의식해 토크쇼 진행자의 성격을 달리함으로써 토크쇼 프로그램의 형식도 자연스럽게 변화해 왔다. 또 프로그램 제목이 진행자의 이름을 명기한 '누구누구의 쇼'로 명명되는 추세도 일반화되었다. 〈서세원 쇼〉가 그렇고, 〈주병진 쇼〉 〈이홍렬 쇼〉 등이 그렇다. 이러한 사실은 토크쇼에서 진행자의 역할이 얼마나 중요한가를 말해 준다. 말을 주재료로 구성하는 토크쇼에서는 진행자의 분위기에 따라 프로그램의 색깔이 규정된다고 할 수 있다.

꼴통 PD, 카메라를 들다

| 김인중 |

경인방송 PD. 91년 제일기획 Q채널에서 일했다. 이때 만든 〈아시아 리포트〉는 1인 제작 시스템과 6밀리 카메라에 대한 관심을 불러일으키며 '비디오 저널리스트'라는 새로운 이름을 만들어 냈다. 97년 경인방송(iTV)으로 옮겨 와 〈경찰 24시〉 〈르포 시대공감〉 〈리얼드라마 댄스불패〉 〈크라잉 넛 말달리다〉 시리즈 등을 6밀리 카메라로 촬영까지 겸하며 연출했다. 2001년 민주언론상, 엠네스티 인권상을 수상했다.

촬영을 잘할 수 있을까? 1996년 7월, 필리핀으로 향하는 비행기 안에서 나는 내내 그 걱정만 했다. PD로 6년차. 하지만 카메라를 잡아 본 적은 한 번도 없었다. 괜한 짓을 하는 건 아닌지, PD가 촬영까지 한다는 게 미친 짓은 아닌지 불안한 맘에 손에 든 6밀리 디지털 카메라만 만지작거렸다.

Q채널에서 시사 다큐멘터리 〈아시아 리포트〉를 기획했을 당시 주위의 시선은 차가웠다. PD가 촬영한다는 것 때문이었다. 좋은 화질이 담보된 양질의 프로그램을 제작해야 한다고 믿었던 많은 동료 카메라맨과 PD들에겐, PD가 혼자 카메라 한 대 달랑 들고 촬영을 떠나겠다는 것 자체가 당시로선 불쾌한 충격으로 받아들여졌을 것이다.

이런 주변의 시선에 대해 충분히 공감하면서도 〈아시아 리포트〉

:: 〈아시아 리포트〉 '악습으로 죽어가는 인도 여성' 편을 촬영 중이다. 인도에서는 다우리(결혼 지참금 제도)로 한 해 평균 2000명 이상의 여성이 남편과 그 가족들에게 죽임을 당하고 있었다.

PD들이 6밀리 카메라를 들고 혼자 촬영을 떠난 데는 그만한 이유가 있었다. 6밀리 카메라는 기존 방송용 카메라에 비해 기능은 떨어지지만 현장 중심의 다큐멘터리를 촬영하는 데는 장점도 많기 때문이었다. 우선 장비에 따른 많은 스태프가 필요치 않다는 것, 가볍고 작동이 간단하다는 것이다. 이런 6밀리 카메라의 특성으로 인해 촬영 대상과의 거리를 좁히고, 현장의 움직임에도 빠르게 대처할 수 있어 오히려 다큐멘터리의 본질엔 더 충실할 것이라고 판단했다.

주변의 우려와 불만을 뒤로 한 채 〈아시아 리포트〉 제작은 시작되었고 다섯 명의 PD가 6밀리 카메라 하나만 달랑 들고 각자의 촬영지로 향했다. 비행기에 오르긴 했지만 한국에서의 불편한 시선들이 맘에 걸렸다. 형편없는 촬영에 프로그램도 엉망이라면 한국엔 우릴 비웃어 줄 사람이 엄청나게 많을 것이다. 대한민국 최초로 '1인 제작 시스템'으로 제작된 〈아시아 리포트〉는 출발부터 그렇게 부담스러웠다.

비디오 저널리스트라 불리다

내가 처음으로 간 곳은 수천 개의 섬으로 이루어진 필리핀에서 네 번째로 크며 사탕의 섬이라고도 불리는 네그로스 섬이었다. 이 섬은 이름처럼 그리 달콤한 곳은 못 된다. 사탕수수 밭이 많아 사탕의 섬으로 불리었을 뿐, 수많은 사탕수수 노동자들이 핍박 받고 희생당한 곳이었다. 스페인 독립 투쟁 100주년, 마르크스 독재 정권을 몰아낸 지 10년째를 맞아 네그로스 섬에서 대대적인 혁명 기념일 행사가 개최될 예정이었다. 나는 혁명 기념일을 계기로 아직도 생존을 위해 싸우고 억압과 착취에 대항한다는 이곳 주민들의 삶의 모습과 그들의 이야기를 카메라에 담고 싶었다.

네그로스 섬은 반군인 NPA, 즉 신인민군의 거점이기도 했다. 우리는 필리핀의 사회주의 혁명을 위해 30년 가까이 무장 투쟁을 벌이고 있는 NPA의 거점인 칸라온 산으로 향했다. 칸라온 산으로 가는 길은 험했다. 비포장도로를 몇 시간 달렸고 또 차량이 들어갈 수 없는 곳은 트라이시클을 타고 갔다. 트라이시클은 모터사이클과 손수레를 합쳐 놓은 듯한 필리핀의 대중 교통수단으로 보통 너댓 명이 정원이다. 교통수단이 많지 않은 시골이어서 우리는 정원의 세 배가 넘는 인원이 포개어지고 매달려서 이동해야 했다.

정신 없이 이동하는 가운데서도 현지 안내를 담당한 바클란 신부는 주변의 경계를 늦추지 않았고 카메라를 든 내가 눈에 띄지 않도록 각별히 신경을 썼다. 1시간 가량 더 달려 도착한 곳은 칸라온 산 기슭에 위치한 부팔로 마을, 지주로부터 124헥타르의 땅을 빼앗아 '코뮌'을 만든 신인민군의 해방구였다.

부팔로 마을엔 십여 채의 농가가 있었다. 이 마을 사람들은 오랜 가난 때문에 극단적인 투쟁 방법을 사용할 수밖에 없다고 했으며 이곳에서 분쟁이 일어난다면 자신들이 정부의 첫 번째 목표물일 거라 애기했다. 그래서인지 취재 조건이 까다로웠다. 농민 대표의 인터뷰를 제외한 일체의 촬영을 거부했다. 마을 사람들의 신변보호는 물론 마을의 위치가 드러나는 걸 극도로 꺼리는 눈치였다. 아쉬움을 누르면서 농민 대표의 인터뷰를 준비해야 했다.

날이 저물고 온 마을에 어둠이 깔렸다. 부팔로 마을은 전기가 들어오지 않는 곳이었다. 정말 창피스런 기억이지만 그때 내겐 조명이 없었다. 6밀리 카메라를 구입하면서 조명을 함께 구입하지 않았던 것이다. 힘들게 찾아와 어렵사리 얻어 낸 인터뷰 기회가 조명 때문에 날아가는 순간이었다. 별 수 없이 집집마다 켜 놓은 작은 호롱불을 조명으로 활용하기로 했다. 농민 대표의 얼굴 가까이에 호롱불을 비추고 인터뷰를 시작했다. 호롱불 조명은 안내를 담당했던 바클란 신부가 맡았다. 바람이 불 때마다 호롱불도 흔들렸고 그때마다 조명을 받은 얼굴의 그림자도 심하게 흔들렸다.

어려운 상황 속에서 진행된 인터뷰였지만 꿈에 대한 그의 마지막 인터뷰가 아직도 잊혀지지 않는다.

"꿈이요? 국민을 위한 민주적인 시스템이 비 오듯이 내렸으면 좋겠습니다. 그래서 모든 사람이 평등하게 살았으면 좋겠습니다."

그날 나는 부팔로 마을에서 밤을 보냈다. 마을 사람들은 원두막같이 생긴 한 농가에 잠자리를 봐 주었다. 새벽녘 모두가 잠든 시각, 갑자기 굵은 빗줄기가 쏟아졌다. 스콜(열대 지방에서 내리는 세찬 소나기)이었다. 엄청난 빗줄기가 양철지붕을 거세게 두들겼다. 수십 명이 한꺼번에 망치로 양철을 두드리는 듯한 소리에 놀라 잠이 깼다.

눈을 떴지만 아무것도 보이지 않았다. 암흑과 거대한 소리, 진공 상태의 먹먹함이 나를 꼼짝도 못하게 했다. 필리핀에서 수천 개의 섬 중에 하나인 네그로스 섬, 네그로스 섬에서 가장 험하고 신인민군의 근거지인 칸라온 산, 그리고 해방구인 부팔로 마을. 나는 갑자기 두려워졌다. 도대체 내가 왜 여기에 있는 것일까? 혼자서 무얼 하는 것일까?

빗줄기는 세찼다. 가끔 천둥소리 후에 번쩍 하는 날카로운 빛이 곁에 누운 사람의 형체를 어렴풋이 비추었다. 그리고 그 옆으로 내 카메라도 보였다. 나는 무엇엔가 이끌리듯 더듬어 카메라를 찾았다. 그리고 테이프를 되돌려 플레이 버튼을 눌렀다. 빛이 새어 나오는 뷰파인더에 눈을 갖다대니 낮에 촬영한 그림들이 보였다. 사탕수수 밭, 소에 올라 탄 아이, 벼 베는 농부들…. 내가 촬영한 그림들을 보니 마음이 편안해졌다. 그것은 마치 전혀 예상치 못했던 곳에서 소중한 것을 대할 때 전해져 오는 따뜻함이었다.

다음날 하늘은 개어 있었다. 칸라온 산이 한층 더 가까워 보였다. 농민 대표에게 NPA를 만날 수 있냐고 물어봤지만 그는 고개를 가로저었다. 다만 혁명 기념일에는 자신도 행사장에 나갈 것이며 행사 인파 속에는 NPA도 있을 거라고 했다.

필리핀 각지에서 모여든 수천의 인파가 거리를 가득 매운 채 혁명 기념일 행사가 진행됐지만 아쉽게도 나는 그곳에서 NPA를 만나지는 못했다. 촬영을 다 끝마쳤을 때 바클란 신부가 나를 허름한 술집으로 안내했다. 술집에는 유난히 눈이 반짝거리는 청년 한 명이 보였다. 바클란 신부는 칸라온 산에서 온 친구라고 소개했다. 청년은 자신들의 처지에 관심을 보여 준 한국의 방송에 감사를 표했다. 인터뷰를 해도 되겠냐고 물었지만 상부의 지시가 없었다며 거절했다.

우리는 맥주 한 잔을 마시며 이런저런 얘기를 나누었다. 나도 한국에서 군 생활을 한 적이 있으며 폭파병이었다고 하자 청년은 두 눈을 더 반짝거리며 자신들의 조직에선 나와 같은 사람이 필요하다고 말했다. 진지한 표정에서 농담이 아님을 알고 당혹해 했던 기억이 난다. 하지만 그날 무엇보다도 날 당황하게 한 사람은 바클란 신부였다. 촬영이 다 끝나고 나서야 바클란 신부 자신도 NPA였음을 밝힌 것이다.

96년 8월, 돌아오는 비행기 안에서 그동안 듣지 못했던 한국의 뉴스가 흘러나왔다. 연세대 사태였다. 특히 뉴스는 한총련의 이적성 여부에 관해서 열을 올리고 있었다. 그러던 중 한총련이 해외의 NPA와 접촉했을 가능성이 있다는 기사까지 나왔다. 순간 아찔했다. 전혀 예기치 않았던 상황이 발생한 것이다. 나는 비행기 안에서 내내 가슴 졸이고 있었다. 한국에 돌아왔을 때 다행스럽게도 내가 NPA를 만나고 왔다는 사실에 아무도 관심을 갖지 않았다. 하지만 많은 언론들은 '1인 제작 시스템'에 관해서 관심을 가졌고 기사화했다. 외국의 사례를 들며 우리를 '비디오 저널리스트'라 이름 붙여 놓은 기사도 있었다. 이제껏 PD로 지냈던 내게 비디오 저널리스트라는 생경한 호칭이 붙는 순간이었다.

아무튼 외부로부터의 지나친 관심과 환대에 힘입어 〈아시아 리포트〉의 제작엔 힘이 붙었다. 아시아 각국을 제 집처럼 드나들었고 그때마다 작은 시행착오를 하나씩 줄여 나갔다.

나쁜 아이들에게 길들여지다

'나쁜 아이들' 상규와 재경이를 만난 건 iTV 경인방송(당시 인천방송)의 개국을 한 달 남짓 남긴 1997년 9월이었다. 그 당시 iTV는 공중파 방송사 최초로 6밀리 카메라로 제작되는 프로그램을 기획, 주 5일 동안 띠로 편성하고 있었다. 월요일은 범죄 발생에서 범인 검거까지 형사들의 모습을 담아내는 〈경찰 24시〉, 화요일엔 삶과 죽음의 최전선인 의료 현장을 보여 주는 〈생명 전선〉, 수요일엔 현장 중심의 시사 다큐멘터리 〈밀착 현장르포〉, 금요일엔 중국의 밑바닥 사회를 들여다보는 〈차이나 스페셜〉. 각각 소재는 달랐지만 이들 프로그램에는 공통점이 있었다. 범죄라는 소재, 병원이라는 공간, 그리고 기동성을 요구하는 현장. 당연히 커다란 카메라나 강한 조명은 어울리지 않는다. 오히려 기존 촬영 방식보다는 6밀리 카메라 촬영을 전제로 한 1인 제작 시스템이 이들 소재에 대해 더 깊이 있는 내용을 담아낼 것이라 여겼다.

문제는 목요일이었다. 목요일 편성될 프로그램의 기획과 제작은 내게 주어진 과제였다. 무엇을 어떻게 만들어야 할지 한참 고민일 때, 한 TV 프로그램이 내 시선을 붙잡았다. TV 속에는 건들거리며 '불량기'를 온 몸으로 토해 내는 십대 소년 둘이 보였다.

"춤으로 상대에게 지면 기분이 어떤가요?"

PD의 질문에 어디서 이렇게 불량한 애들을 섭외했을까 싶을 정도로 인상을 박박 써 대던 아이 하나가 대답했다.

"춤으로 씹히면요… 우후… 으흐… 죽고 싶죠."

아이들의 표정과 대답이 적나라했다. '이 친구들이다. 이 친구들이라면 뭔가 해 볼 만하겠다.' 그때 TV에서 본 친구들이 바로 상규와 재경이었다.

비록 한 편 밖에는 출연하지 못했지만 상규와 재경이는 영화배우였다. 그 당시 비행 청소년들을 소재로 하고 실제 인물들을 주인공으로 출연시켜 화제가 됐던 장선우 감독의 〈나쁜 영화〉가 상규와 재경의 유일한 출연작이었다. 또래에게 주먹잡이로 통했고 고등학교 1학년 때 제적당한 상규, 가지고 싶은 것이 있으면 수단을 가리지 않고 손에 넣고야 마는 중학교 2학년 중퇴의 재경. 아이들은 이미 몇 번씩이나 소년원을 들락거렸고 비행 청소년이라 낙인찍혀 도무지 내일이라곤 없어 보였다.

나는 상규와 재경이를 주인공으로 한 프로그램을 기획했다. 하지만 아이들을 어떻게 등장시켜야 할지, 시청자들이 아이들에게 거부감을 느끼지는 않을지 고민이었다. 그리고 그 고민의 결과가 아시아 횡단이었다. 여행을 통해서 또 다른 세계에 접할 수 있는 기회를 제공하고 이 기회를 통해 아이들이 계도될 수 있는지, 여행의 경로와 아이들의 변화를 시청자와 함께 지켜보자는 것이었다. 문제는 아이들이 나의 생각에 동의할 것인가였다.

아이들의 주생활 무대인 이태원에서 상규와 재경이를 만났다. 9월 초인 데도 재경이는 반바지를 입고 나타났다. 집 나온 지 며칠이 됐다더니 그 당시 반바지를 입고 집을 나왔나 보다. 아시아 횡단을 제안하자 그냥 가겠다고 했다. 쉽지 않을 거라 얘기해 줬지만 "형, 나 이래 봬도 겪을 건 다 겪었다구요. 아무려면 아시아가 소년원보다 힘들라구. 안 그러냐, 상규야?" 하며 상규에게 동의를 구했다. 사람을 똑바로 쳐다보지 않던 상규는 날 째리듯 쳐다보더니 재경이의 말에 고개만 끄덕거렸다. 이렇게 해서 〈특명, 나쁜 아이들의 아시아 횡단〉이 시작됐다.

"이번 여행을 통해서 아이들이 개과천선했으면 좋겠습니다."

아시아 횡단을 떠나기 전 상규 아버님이 간절한 표정으로 내게 말했다. 내 맘도 그랬다. 이 색다른 여행을 통해 나쁜 아이들 상규와 재경이가 좋은 아이들은 아니더라도 보통 아이들과 같아지기를 희망했다. 그리고 나는 이 여행길에서 상규와 재경이를 단지 촬영의 대상자로만 인식하지 않으리라 생각했다. 좋은 이야기도 들려주고 아이들의 못된 버릇도 고쳐 주면서 여행을 순조롭게 이끌어 가는 큰 형이 되리라 맘을 먹었다.

그렇게 여행이 시작됐다. 아이들은 과연 나를 실망(?)시키지 않았다. 숙박 명부의 성별 난을 보고 깜짝 놀란 재경이가 작은 눈을 치켜뜨며 "SEX가 뭐야? 여기 뭐라고 적어?"라고 하거나, 경비를 마련하기 위해 시계를 팔 때 "형, 빅 세일 할 때 빅(BIG)이 비 아이 씨(BIC)유? 비 아이 케이(BIK)유?" 하기도 했다. 태어나서 처음 맞닥뜨린 문화적 충돌에 아이들은 속수무책이었다. 아이들이 언어와 문화의 거대한 장벽에 부딪혀 수없이 난감해 할 때마다 PD인 나는 카메라를 든 채 속으로 웃었다. 시청자들이 재미있어 하겠구나 생각하면서.

하지만 아시아 횡단이 시작되고 며칠 지나지 않아 위기가 닥쳤다. 진행비를 넣어둔 작은 가방에서 100달러 지폐 3장이 없어진 것이다. 가방엔 지폐가 수십 장 있었는데도 100달러 지폐 3장만 없어진 것으로 미루어 내부자의 소행으로 짐작됐다. 사건은 상규와 내가 숙소를 비운 사이에 발생했고, 그때 숙소에선 재경이가 혼자 빨래를 하고 있었다.

재경이가 소년원 생활을 떠올리며 하던 말이 생각났다.

"거기선 뭔가 없어지기만 하면 절도로 들어온 나만 의심해. 아주 환장한다니까요."

:: 〈특명, 나쁜 아이들의 아시아 횡단〉 촬영 여정을 마치고 인천항에서 아이들과 함께 포즈를 취했다. 맨 왼쪽이 나, 내 뒷통수 위로 손을 번쩍 들어 장난치는 아이가 상규, 그리고 그 옆이 재경이다. 방한을 목적으로 중국에서 구입해 입고 있던 인민복이 아이들의 유일한 전리품이었다.

　의심하긴 싫었지만 나는 재경이를 유심히 관찰했다. 사건 이튿날 돈이 있을 리 없는 재경이가 손목에 스와치 시계를 차고 들어왔다. 그 다음날은 나이키 운동화를 신고 들어왔다. 게다가 선심 쓴다며 상규한테 티셔츠까지 사 주었다. 이제 어찌해야 하나? 프로그램보다 더 큰 고민이 나를 가로막았다. 이제껏 방송에 등장시킬 출연자로서의 나쁜 아이들이 실제 생활 속에서의 나쁜 아이들로 현실화되는 순간이었다. 이런 순간에 내가 택할 수 있는 방법은 두 가지뿐이었다. 첫째는 재경에게 사실 확인을 하고 사과를 받은 후 다시는 같은 사건이 재발되지 않도록 하는 것이고 둘째는 그냥 모른 척 하는 것이다. 나는 비겁하게도 두 번째 방법을 선택했다. 첫째 방법을 선택할 경우 재경이가 어떻게 나올지도 모르겠고 뒷감당할 자신도 없었기 때문이다.

여행은 계속됐다. 물론 여행 도중에 돈 가방을 몸에서 떼 놓는 실수를 다시는 하지 않았다. 우리는 인도네시아에서 말레이시아로 말레이시아에서 태국으로 이동을 했다. 그리고 아이들은 주어진 특명을 하나씩 완수해 나갔다. 태국에서는 에이즈 환자들을 돌보았고 캄보디아에선 지뢰도 제거했다. 그리고 베트남에선 빈민가에 사는 맹인 소녀의 눈도 치료해 주었다. 최소한의 경비만으로 단순히 관광이 아닌, 각 나라의 사회 문제를 관통하는 여행이 아이들에겐 쉽지 않았다. 여행 내내 싸움은 계속 되었다.

"형, 이게 뭐야? 이런 게 아시아 횡단이야? 도대체 우리보고 어떻게 하라는 거야?"

불만이 터져 나왔다.

"형, iTV엔 형 같은 '꼴통' PD밖에 없수?"

재경과 상규의 불만 정도가 심해지면 나도 내 인생을 거쳐 간 모든 욕설들을 동원했다. 하지만 싸움의 끝은 이랬다.

"제발 나잇값 좀 하슈."

아이들과 함께 보냈던 아시아에서의 120여 일, 남들이 보기엔 아시아 7개국 횡단이 화려해 보일지 모르겠지만 막상 여행의 한가운데 그 시간들은 동남아의 뜨겁고 긴 태양만큼이나 지루했다. 꼴 보기 싫어도 형벌처럼 늘 붙어 다닐 수밖에 없었고, 말하기 싫어도 욕이라도 해 주려면 입을 벌릴 수밖에 없었다. 그러는 사이 자연스럽게 아이들에 대해 알게 되었다. 무슨 노래를 좋아하는지, 여자 친구가 몇 명인지, 왜 가출을 시작했는지, 본드를 불면 어떤지, 어디에 있는 소년원이 군기가 세고, 어떤 소년원이 편한 곳인지….

아이들의 얘기를 듣다 보면 여행 초기에 아이들을 잘 이끌어 가겠다고 도덕책 읽듯 훈계하던 내 자신이 초라해졌고, 아이들에게 들이댔던 나의 알량한 도덕적 잣대가 부끄럽게 여겨졌다. 서울을 출발한 이후 줄곧 아이들을 길들이려 했던 내가 어느 틈엔가 아이들에게 길들여지고 있었던 것이다.

사실 상규와 재경이는 처음부터 나쁜 아이들이 아니었을지도 모른다. 다만 '나쁜 아이들'이라고 이름을 붙이고, 아시아 횡단을 하자고 꼬드겨서 특명을 주어 가며 몰아대던 PD가 나빴을 뿐이다.

'꼴통' PD

나쁜 아이들과 나는 베트남을 지나 중국에서 인천항으로 향하는 여객선에 오름으로써 아시아 횡단의 종지부를 찍었다.

"형, 아시아 횡단을 통해서 사람들도 많이 만나 봤지만, 참 별의별 PD들도 많이 겪어 본 것 같아요."

객실에서 재경이가 던진 말이 두고두고 가슴에 남는다. 나는 재경이에게 어떤 PD로 기억될까? 싸울 때면 항상 얘기하곤 했던 꼴통 PD는 아닐까?

96년에 처음 6밀리 카메라를 잡은 이후 지금껏 늘 머릿속에서 떠나지 않는 것이 있다. 카메라와 대상(출연자)과의 관계다. 나는 카메라와 출연자와의 간격이 신뢰로 채워졌을 때, 대상에 대한 실체적 접근이 가능하다고 생각한다. 그리고 대상에 대한 실체적 접근이 전제되어야 카메라로 투영된 출연자들의 삶이 제대로 담겨진다고 믿는다.

〈특명, 나쁜 아이들의 아시아 횡단〉이 끝나고 나서도 상규와 재경이는 1년 정도 더 카메라 앞에 섰다. '나쁜 아이들' 국내편이 제작된 것이다. 후속편이 나올 정도로 시청자들의 반응은 뜨거웠지만 고백하건대 내게 있어 〈특명, 나쁜 아이들의 아시아 횡단〉은 실패한 프로그램이다. 여행길에서 좌충우돌하며 웃음을 선사하는 아이들 모습과 특명을 완수하기 위해 땀 흘리는 대견한 아이들의 모습이 프로그램에 담기긴 했지만 지루한 여행길에서 카메라를 들지 않았을 때 마주할 수 있었던, 아이들의 실체적인 내면의 모습은 담아내지 못했다. 나름대로 고생도 많이 했고 애정도 많이 가는 프로그램이지만 내 스스로 실패한 프로그램이라 규정하는 이유는 바로 여기에 있다.

아이들과 아시아 횡단을 끝낸 지 6년이 지났다. 그 사이 나는 카메라를 통해 수많은 사람들을 만났다. 권투선수, 행자승, 마술사, 양심수, 가출 소녀, 시민운동가, 밤무대 쇼걸, 차력사, 형사…. 최근엔 청계천에서 노점상을 하는 아주머니를 만났지만, 이들 중에 나를 '꼴통' PD라고 부른 사람은 아직까지 하나도 없다.

스물셋, 청년이 된 상규는 공익근무를 서면서도 가끔씩 찾아와 소주잔을 건넨다. 재경인 3년 전, 스무 살이 되던 해에 사고로 목숨을 잃었다. 나를 '꼴통' PD라고 불렀던 재경이가 가끔은 그립다.

정보의 바다를 탐험하는 조타수

| 정찬형 |

MBC 라디오본부 부장. 1982년 MBC에 입사해 〈마이크 출동〉 〈푸른 신호등〉 〈특급 작전〉 〈지금은 라디오 시대〉 〈여성시대〉 〈손석희의 시선집중〉 등 라디오 교양 프로그램을 주로 기획하고 연출했으며, 〈2003년 가을 세계는, 그리고 우리는〉을 연출하고 있다. 노조위원장, 사장 비서실장을 역임했으며 한국방송PD상, ABU 상 등을 수상했다.

라디오 교양 PD라는 직업이 궁금하다면 MBC 라디오본부에서 일하고 있는 몇몇 PD의 생활 속 단면을 잠시 들여다보는 것이 어떨까. 당신이 MBC 라디오의 교양 PD라면, 이번 가을 다음 몇 가지 모습 중 하나였을 가능성이 크다.

새벽 4시 30분 출근해 방금 아침 시사 정보 프로그램 〈손석희의 시선집중〉 생방송을 끝낸 김현수 PD와 김재희 PD. 아침 식사를 마치고 숨을 돌리는 것도 잠시, 이제 곧 MBC 7층 라디오 정보 센터에서 스태프들과 기획 회의를 해야 한다. 내일 방송할 내용을 결정하는 이 회의는 1시간 남짓 걸릴 것이다. 회의에서 결정된 아이템에 따라 취재, 인터뷰 대상자 섭외, 질문서 작성, 큐 시트 작성 등의 작업들이 오늘 밤까지 계속될 터이다. 언제라도 더 중요하거나 더 새롭거나 더 급박한 일이 발생하면 기획안은 바뀌기 마련. 내일 생방송이 끝나는 8시까지도 이 가변성은 유효하다. 김재희 PD는 내일 이 프로그램에 삽입될, 자신이 맡은 코너 '60초 풍경' 녹음 취재를 위해 오늘 오후 반나절을 몰입해야 할 것이다. 〈손석희의 시선집중〉 팀은 매일 새벽 3시 30분에는 일어나야 한다. 때문에 밤의 문화와는 거의 담을 쌓고 사는 중이다. 시원한 밤바람에 소주 한 잔 기울이는 여유가 없는 것이 억울하기도 하지만, 의미 있는 일을 하고 있다는 자부심과 청취자의 폭발적인 반응 때문에 일하는 맛을 많이 느끼며 산다고 한다.

〈여성시대〉 주승규 PD와 스태프들은 지금 7층 스튜디오에서 방송을 하고 있다. 이 프로그램 앞으로 인터넷, 팩스, 육필 편지를 포함해서 매일 300~400여 통 이상의 청취자 편지가 도착한다. 주승규 PD는 청취자들의 생활이 진솔하게 묻어난 이야기 중 시의성이 있는 내용으로 7편쯤 고른다. 사실관계 확인이 필요한 것은 사전에 전화 취재를 하기도 하고, 편지를 읽고 난 후 진행자가 멘트를 할 때 필요한 자료를 작성해 첨부하기도 하고, 혹 편지 내용과 관련해서 전문가나 관계자 인터뷰가 필요하다면 그것까지 섭외를 마쳐야 방송 준비가 끝난다. 생방송이 끝나면 평가 회의를 한 뒤 내일 방송 준비를 해야 한다. 얼마 전 이 프로그램에서 가족 단위로 청취자를 초대해 요리를 함께하는 대규모 행사를 가졌는데 집안일에 무관심하던 남편이 가족을 위해 직접 요리하는 모습을 보고 눈물을 적시는 아내도 있었다고 했다. 지난 9월까지 이 프로그램을 담당했던 김현경 PD는 이혼율이 급증하는 세태 때문이라도 가족의 소중함을 강조하는 오프라인 행사를 하나 더 마련해야 하는 것이 아닌가 생각을 했다고 한다.

신설 정보 프로그램 기획을 맡은 다른 PD는 큰 부담을 안고 이 궁

:: 라디오 프로그램 장면. 필자가 기획·연출하는 라디오 정보 프로그램 〈2003 가을 세계는 그리고 우리는〉 인터넷 웹사이트.

리 저 궁리 중이다. 10월 가을 개편 때 퇴근하는 청취자들을 대상으로, 기존의 가벼운 프로그램 대신 본격 정보 프로그램을 편성하기로 방침이 정해졌다. 현재 방송되고 있는 프로그램의 청취율이 꽤 높음에도 불구하고 과감하게 정보 프로그램으로 바꾸려 하다니, 쉽지 않은 결정이다. 그러니 지금의 것과는 전혀 다른, 앞서가는 정보 프로그램을 만들어야 한다는 부담감이 얼마나 크겠는가. 프로그램의 방향 설정도 만만치 않고 진행자를 물색하는 일도 어렵다. 그 때문인지 요 며칠 얼굴색이 어둡더니 오늘은 함께 일할 한재희, 김빛나 PD와 회의도 하고 여기저기 전화를 돌려 약속도 잡는 걸 보니 뭔가 가닥이 잡힌 모양이다. 그 PD의 컴퓨터 모니터에 이런 메모가 있었던 것 같다.

〈기획안〉 가제 : 2003년 가을, 세계는 그리고 우리는…

1. 방송 시간 : 오후 6:10-8:00 (7시 종합뉴스 20분 제외)

2. 왜 이 프로그램인가

- 우리 삶의 국제 사회 연동은 심화되어 간다. 97년 외환위기 때 우리의 의지나 판단보다 국제 시장의 보이지 않는 손이 더 무섭다는 것을 이미 체험한 바 있지만, 최근 국내 경제의 급격한 요동도 환율과 유가라는 국제 시장 변수의 영향이다. 이라크 파병론으로 인한 사회적 혼돈 역시 부시 행정부로 부터 기인한 것이다. 작아 보이는 국제 사회의 변수라도 대중과 그들이 속한 가정과 직장에 직접적으로 영향을 주는 경우가 늘어간다. 또 국내 변수만 고려해서는 해법 찾기가 불가능한 난제도 늘어날 것이다.

당연히 대중들의 국제 정보에 대한 수요는 커질 수밖에 없다. 글로벌라이제이션, 기러기 아빠, 해외 유학 열풍, 해외여행 경험자 증가, 기업 활동의 탈 국경화 등의 키워드를 상기해 보면 수긍이 갈 것.

해외 언론은 국제 사회의 흐름에 비중을 두고 차원 높은 정보 서비스를 제공하고 있는 데 비해 국내 언론은 이런 인식이 약하다. 국내 거주 외국인들이 '한국 언론 보도만으로는 국제 사회는 물론 한국 사회의 정확한 흐름을 알기 어렵다.'고 지적한 것은 사뭇 충격적이다. 몸이 가벼운 라디오로 이 틈새시장을 개척해 보자. 국내와 국제 뉴스의 유기적인 연결 재무제표를 만들어 문제를 크고 넓게 보자.

기존 시사 프로그램이나 국제 정보 프로그램, 뉴스 매거진들이 다소 경직되어 있다면, 이번에는 부드럽게, 청취자의 눈높이에 맞춘 시사 프로그램으로 다가설 것이다.

3. MC : 개그 우먼 김미화

전통적 앵커 이미지가 아닌 사람 냄새 물씬 나는 '눈높이' 시사 프로그램.

인터넷 신문 국제 전문기자 등 각 분야 전문가들이 패널로 출연, 전문성 보완.

4. 어떻게 내용을 채우나

국내외 어떤 정보든 좋다. 크거나 뜨겁거나 중요하거나 유익하거나 재미있거나.

어떤 아이템이든 그 사안만을 독립적으로 다루는 것을 지양. 국내외의 유기적 상관관계를

주목하고 협소하지 않은 관점으로 접근.

아이템 사례 … (중략) …

5. 기타 착안 사항

'남의 나랏일' 이라고 격하되던 월드 뉴스를 바로 '나와 당신의 일' 로 치환.

'장님 코끼리 다리 만지듯' 하는 사람들이 전해 준 해외 정보의 미신을 타파.

막막하지 않게, 호기심을 자극하는, 이야기꾼으로서의 정보 프로그램.

아마 프로그램 윤곽은 대강 나온 듯하다. 10월 20일 월요일 저녁부터 방송될 모양인데 새로운 라디오 정보 프로그램 상품으로 시장에서 인정을 받으려면 아마 서너 달 가량 몸 고생, 마음고생이 심할 것이다.

멀티미디어 시대, 라디오로 무엇을 할꼬

개인용 컴퓨터가 맹렬한 속도로 보급되던 1994년. 한 라디오 방송에서 '지금은 라디오 시대' 라면서 대대적인 캠페인 성 행사를 벌이더니 같은 이름의 라디오 프로그램을 하나 만들었다. 그때 고개를 갸웃하는 사람들이 꽤 있었다. 라디오 시대? 텔레비전 시대나 컴퓨터 시대, 혹은 디지털 시대가 아니고? 저물어 가는 라디오의 모습에 대한 역설

:: 라디오 프로그램 제작 장면. 필자 정찬형 PD(맨 앞쪽)가 스튜디오에서 진행자에게 큐 사인을 주고 있다.

적 표현, 혹은 그런 상황을 거부하기 위한 자기 암시나 최면처럼 보이는 도발적인 간판이었다.

이 프로그램은 음악을 위주로 진행하는 것도 아니었고, 잘나가는 연예인을 초대해 우스갯소리를 나누는 오락 프로그램도 아니었다. 시사 문제에 대해 감 놔라 배 놔라 지적도 하고, 현안에 대해서 전화 인터뷰도 하는, 이른바 정보 매거진이었다.

일면 딱딱할 법한 이 프로그램은 '웃음이 묻어나는 편지' 라는 코너를 쿠션으로 만들어 청취자들이 일상에서 겪은 재미있는 얘기들을 소개했고, 점차 이종환, 최유라의 구성진 진행 솜씨까지 더해져 오후 시간을 흔들어 놓았다. 전문 작가가 쓴 글이 아니라 어눌한 문투로 경험을 적어 보낸 보통 사람의 진솔한 사연들이 어떤 오락 프로그램보다 더 사람들을 즐겁게 한다는 사실에 PD들도 놀랐다고 한다. 그리고 얼마 후 이 프로그램은 엄청난 청취율을 기록하며 소위 '대박 상품' 이 되었다. 10년이 지난 오늘도 오후 4시 5분이 되면 고래고래 지르는 목소리가 여전하다. '지금은 라디오 시대!' 라고.

손숙, 김승현이라는 이름으로 이미 청취자들의 사랑을 한껏 받아 오던 〈여성시대〉는 여성들이 써 보낸 일상의 애기들을 읽어 주는 우물가 정담, 혹은 미용실 수다 같은 느낌을 주는 정감 있는 프로그램이었다. 그런데 1997년 가을 무렵부터 이 프로그램에 미세한 변화가 있었다. 아기자기한 일상의 사연들 사이로 경제적 어려움을 호소하는 사연들이 하나 둘 소개되는가 싶더니, 언젠가는 '불황이 가정에 끼치는 영향'이라는 이름으로 2시간 내내 그런 편지만 집중적으로 방송하기도 했다. 실직, 해고, 부도, 그로 인한 가정의 붕괴, 이혼, 자살 충동, 생계형 범죄에 이르기까지 바로 우리들의 문제를 하루도 거르지 않고 다루었다.

환율이 급등하면서 경제가 크게 휘청거렸지만 정부에선 '경제는 안전하다.'고 강변하던 시기였는데, 유독 〈여성시대〉에서는 연일 가정 및 산업 현장의 힘겨움이 집중 부각되었고, 경제 전문가 인터뷰 등을 통해 당국의 대처를 강조하는 목소리가 커져 갔다. 그러다가 '국난'이라고까지 일컬어지던 외환 위기와 IMF로 어려운 시기를 맞게 되자, 〈여성시대〉의 방향은 지속적인 경제 위기 속에서 희망의 끈은 무엇인지, 어떤 방향으로 시스템 개혁을 해야 하는지 등에 대한 문제제기를 하는 쪽으로 변화해 갔다. 여성들의 투고 편지도 미용실 한담에서 벗어나, 시국 문제와 정치·경제·사회 현안에 대한 현장의 생생한 목소리로 변해 갔다. 단순한 불만이나 토로하는 수준을 넘어 본격적인 문제제기는 물론 처방까지 제시하는 수준에 이르렀다. 이후 이런 변신에 대해 어색해 하던 청취자들도 자연스럽게 받아들이고 또 즐거이 동참하게 되었다.

1998년 〈여성시대〉는 한 해 동안 소개된 청취자 사연을 분석해서 경제 위기 이후 가족 해체와 생계형 범죄 증가 추이 등 걱정했던 일들이 현실화되는 과정을 사례 연구를 통해 생생히 들려주었다. 〈벼랑 끝에서 하늘을 보다〉라는 제목의 이 프로그램은 98년 10월 중국 상해에서 열렸던 아시아태평양방송연맹(ABU)에서 대상을 수상했으며, 여론과 학계로부터 라디오 저널리즘의 전형으로까지 평가 받았다.

특히 〈여성시대〉는 어려운 환경의 청취자들에게 구호로서의 희망이 아닌, 근원적인 희망의 방정식을 제시하려고 애썼다. 여성들이 겪는 현실 문제들의 근원에 천착해 해법을 찾고, 제도 개혁에 대한 관심을 지속적으로 환기하고자 애썼다는 격려도 많이 받았다.

2000년 가을. 사람들이 아직 잠이 덜 깼을 법한 아침 6시, 〈손석희의 시선집중〉이라는 시사 정보 프로그램이 선을 보였다. 아침 정보 프로그램은 방송사마다 하나씩 있었지만 이 프로그램은 좀 달랐다. 진행자인 손석희 아나운서의 해박하고 탁월한 진행 솜씨가 청취자들의 신뢰를 듬뿍 얻었을 뿐 아니라, 아이템 편집과 배열 또한 중요도와 정보의 흐름에 따라 배치하는 등 기본 구성부터가 달랐다. 인디 리포터, 직격 인터뷰, 미니 인터뷰 등의 코너를 통해 기존 라디오 정보 프로그램이 쉽게 접근하지 못했던 아이템들을 대범하게 다루었다. 이 프로그램 역시 엄청난 탄력을 받았고, 시사 프로그램의 또 다른 전형을 만들었다고 평가 받는다.

애기가 너무 길었나? '멀티미디어와 디지털 시대에 아날로그 라디오라니! 더구나 음악이나 가벼운 이야기로 삶의 여백을 메워 주는 아기자기한 프로그램도 아니고, 듣기만 해도 머리가 아플 것 같은 교양 프로그램이라니!' 라고 묻는 독자들에게 위에서 풀어낸 어수선한 경험담이 참고가 되었으면 한다.

이타적인 사람이 필요하다

경계가 모호한 퓨전의 시대다 보니 정의하기가 쉽지 않지만, 라디오에서 얘기하는 교양 프로그램이란 음악 중심, 오락성 재담 위주로 구성되는 프로그램이 아닌 프로그램을 말한다. 보도 프로그램을 제외하고 정보 매거진, 토론이나 대담 등의 토크 프로그램, 비교적 진지한 편지 사연을 소개하는 프로그램, 퀴즈 프로그램, 다큐멘터리 프로그램, 스포츠 정보 프로그램 등이 그런 부류에 속한다.

이런 프로그램들을 기획하고 연출하는 사람이 바로 라디오 교양 PD다. 방송사에서 라디오 교양 PD라는 이름으로 따로 채용하는 경우는 드물다. 그냥 라디오 PD라는 직종으로 채용되어 적성이나 업무의 필요에 따라 프로그램이 배당된다. PD 중에는 입사 전부터 라디오 교양 프로그램을 만들고 싶어서 방송에 투신한 사람이 있을 수 있지만 흔한 경우는 아니다.

라디오 하면 먼저 음악이 떠오르듯, 라디오 PD라면 먼저 음악 PD가 연상된다. 음반 자료실에서 음반을 골라 디제이에게 건네주고, 작가와 원고를 놓고 상의하고, 약간 어두운 조명 아래 스튜디오에서 혹은 조정실에서 상념에 젖은 모습으로 음반 재킷을 뒤적이고, 혹은 디제이와 눈을 맞추면서 큐를 주는 라디오 PD의 모습. 흔히 영화나 드라마에서 보는 라디오 PD의 모습, 그것이 일반인들이 알고 있는 라디오 PD의 모습 아닌가?

나 역시 그랬다. 20년 전 직장을 선택할 때, 딱히 이 바닥에 대해 정확한 정보도 없었고 기자니 PD니 직종을 선택할 때도 어떤 분명한 목표 의식이 있었던 것도 아니었다.

　수습 기간 동안 여기저기를 돌면서 연수를 받을 때 〈마이크 출동〉이라는 프로그램이 매력적으로 보였다. 매일 아침 7시 50분에 방송되는 10분짜리 사회 고발성 프로그램으로, 현장 취재를 통해 관계자들 목소리를 녹음하고 스튜디오에서 다시 나레이터 더빙으로 재구성하는 형식이었다. 이 프로그램을 통해 '취재 구성'에 대해 배우고, 녹음과 편집 기술을 익혔다. 하지만 막상 취재를 나가 보니 실수가 많았다. 나의 전문 지식이 모자라 질문이 핵심을 비켜 가거나 문제의 본질을 이해하지 못하는 경우가 종종 생겼다. 나는 그때부터 석 달 가량 커리큘럼을 짜서 혼자 공부했다. 사회 현안과 관련된 각 학문의 개론서 중심으로 하루 한 권씩 책을 읽는 것. 쉽진 않았지만 일단 읽고 나니 전문 용어에 주눅 들지 않고 문제에 접근할 수 있게 되었다.

　교통 전문 프로그램 〈푸른 신호등〉을 연출하면서 특정 청취층을 대상으로 하는 정보 프로그램의 맛을 알게 됐다. 연극배우 최주봉 씨와 함께 가요 프로그램도 기획하고 만들기도 했는데 별로 신이 안 나서 '난 역시 교양 프로그램 체질인가 봐.'라며 멋있어 보이는 음악 PD의 모습은 포기했다. 이후 본격적으로 교양 프로그램에 뛰어들어 〈특급작전〉〈지금은 라디오 시대〉〈여성시대〉〈손석희의 시선집중〉 같은 정보 시사성 프로그램들을 기획 혹은 연출해 왔다.

　음악 및 오락 프로그램은 청취자들에게 즐거움을 줄 뿐만 아니라 만드는 제작자 입장에서도 신날 것 같다. 음악을 좋아하는 사람이 취미를 직업으로 삼아 다른 사람에게 위안과 기쁨을 주는 일을 한다는 것, 행복 아니겠는가.

　그런데 인간의 호기심과 정보 욕구를 충족시키는 일도 큰 즐거움이라는 사실을 놓치면 곤란하다. 옛 선현들이 배움의 즐거움을 강조한 것도 이런 연유일 것이다. 정보나 지식을 간추리고 요약하고 분석 종합해 청취자에게 전달하고 사회적 의제를 제시하고, 현안에 대한 해법을 모색하는 것도 여간 신나는 일이 아니다. 인터넷에서 검색 엔진이 왜 그리 인기가 있는지 되짚어 보라. 사람들은 누구나 궁금증을 해소하고 싶은 욕망을 갖고 있다. 게다가 많은 사람들이 사회적 현상의 한 측면만 보면서 비슷한 얘기들을 하고 있을 때, 또 다른 측면을 찾아 사람들에게 보여 주고 바른 판단 자료를 주는 일! 생각보다 훨씬 유쾌하지 않은가?

그렇다면 라디오 교양 PD는 누구나 할 수 있는 것인가? 그렇다. 하지만 아무나 할 순 없다.

우선 상당한 긴장을 견뎌야 한다. 매일 매일 정시에 무슨 일이 있어도 방송은 나가야 한다. 그것도 생방송으로!(교양 프로그램은 생방송이 많다.) 무수히 쏟아져 나오는 정보들을 취재하고 사실을 확인하고 종합하고 간추리고 분석하는 능력도 필요하다. 이 중에서 정말 필요한 것들을 선별하고 배열하는 정보 편집 능력과, 똑같은 정보라도 맛깔스럽고 색다르게 조리하고 포장하는 기술과 창의적 발상법도 익혀야 한다. 이런 자질은 후천적인 훈련으로 배양할 수 있지만 쉬운 일은 아니다. 그래서 아무나 할 수 있는 건 아니라고 한 것이다.

이런 기술적 측면 외에 더 중요한 것 한 가지, 품성이 좀 이타적일 필요가 있다. 아니 이타를 개인적 만족으로 변환시킬 수 있는 사람이면 훨씬 좋다. 타인의 삶에 대해 무한한 애정을 가지고 있어야 한다. 사회 환경 감시 프로그램을 맡게 될 가능성이 많으니까 저널리스트로서의 사명감과 자질을 갖추고 있다면 더욱 좋다. 이런 일에 필요한 덕목들이 특별한 어떤 것은 아니다. '상식과 균형 감각'이라는 간단한 말로 정리

될 수 있는 지극히 평범한, 그러나 만만하지는 않은 덕목이다.

요즘의 한국 사회처럼 격변기라면 빠르고 유익한 정보의 올바른 전달을 통해 바른 판단을 할 수 있도록, 그래서 불필요한 개인 비용과 사회적 비용을 줄일 수 있도록 기여하는 것이 바로 라디오 교양 PD다. 매력적이지 않은가?

지금도 라디오는 유효하다

여러 차례 위기가 있었음에도 불구하고 변신을 통해 거듭 왕성한 매체 역할을 맞게 된 라디오의 역사를 감안한다면, 라디오는 만만치 않은 매체임이 분명하다. 1920년대 후반 방송을 시작한 라디오는 제2차 세계대전 전후에 가장 강력한 매체력을 발휘했지만 50년대와 60년대를 거치면서 '보이는 라디오'라는 별명으로 불렸던 텔레비전에 위축되었다. 특히 70~80년대 컬러 TV의 등장과, 90년대 이후 위성 방송 및 케이블 방송, 컴퓨터와 인터넷의 보급으로 인해 과연 라디오가 설 자리가 있을지 의문을 갖는 사람도 많았다. 미디어의 백가쟁명 시대에 가장 오래되고 일면 낡은 매체가 되었으니 소멸까지도 걱정할 수 있는 일이다. 그러나 라디오는 매번 살아났고 단언컨대 앞으로도 살아남을 것이다.

이렇게 확신하는 것은 라디오가 가진 독특한 특성 때문이다. 매체 중 유일하게 멀티태스킹이 가능한 매체라는 것. 다른 일을 하면서 동시에 라디오를 들을 수 있으니 이 강점을 따라올 매체가 또 있을지. 자동차를 운전하면서, 혹은 업무를 하면서, 설거지를 하면서 도대체 어떤 다른 매체를 즐길 수 있겠는가. 사람들이 이동하면서, 일을 하면서 라디오에서 재미있거나 유익한 정보, 아니면 음악을 듣기를 원하는 한 라디오 시대는 계속된다. 음악이건 재담이건 시사 정보건 간에 멋지게 가공하고 청취자의 욕구를 정확히 반영하는 콘텐츠를 만들기 위한 고민이 계속된다면.

이번 가을, 새로운 시사 프로그램을 선보이는 작업을 하면서 나는 몇 가지 가설의 타당성을 검증하고 있는 중이다. 외환 위기 이후 5~6년 사이에 20:80의 경제 불균등이 심화된 것은 정보 불균등에 기인한 바 크다. 우리 사회 보수와 진보의 과장된 갈등도 진실을 드러내 보여 주는 차분한 노력을 통해 조정할 수 있다. 라디오로 무엇을, 그리고 어떻게 할 것인가.

우리의 소리를 찾아서

| 최상일 |

MBC 라디오본부 특임CP(부장). 1981년 MBC에 입사해 라디오국에서 음악 프로그램을 연출하다 1989년부터 '한국민요대전' 사업 및 동일한 제목의 라디오 프로그램을 시작해 지금까지 계속하고 있다. 민요 관계 프로그램으로 ABU상, 한국방송대상, 한국방송프로듀서상 등을 수상했으며, 저서로 『우리 소리를 찾아서』가 있다. 민요에 관한 홈페이지(www.urisori.co.kr) 운영자이기도 하다.

나는 민요 PD다. 분야로 보면 음악 PD의 한 사람이고, 매체로 보면 라디오 PD에 속한다. 내가 하는 일이 시골구석으로 돌아다니며 나이 든 어른들로부터 민요를 끄집어내는 일이라고 하면, 사람들은 어쩌다 내가 그런 일을 하게 되었는지 매우 궁금해 한다. 민요라는 것이 너무 오랫동안 잊혀져 모두에게 생소한 데다, 민요를 찾아다닌다는 것도 흔히 볼 수 있는 일이 아니기 때문일 것이다. PD로서 이런 일을 하는 것이 매우 드문 경우임에 틀림없다. 하지만 내가 PD가 아니었다면 이런 일을 하기 어려웠을 것이라는 점 또한 분명하다.

나는 1981년에 MBC PD로 입사했다. 컬러 TV 방송이 본격화되면서 예전보다 많은 PD를 뽑을 때였다. 나는 기자가 되고 싶었으나 언론 통폐합 직후에 학생운동 경력이 있는 선배들이 신문사에서 우르르 쫓겨나는 것을 보고 대신 PD직을 택했다. 사실 나는 PD가 뭔지도 잘 모르고 입사시험을 보았다. 그때 PD 시험에 떨어졌더라면 어떻게든 기자가 되었을 가능성이 높다. 입사 당시 PD들은 라디오와 TV의 구별이 없었고 수습이 끝날 때 배정을 받게 돼 있었다. 수습이 끝날 무렵 대부분의 동기들은 TV를 택했지만 나는 차분하게 자신의 일을 할 수 있을 것 같은 라디오를 택했다. 하지만 회사는 내게 PD 발령을 내주지 않았다. 당시 문공부가 학생운동 경력을 문제 삼아 PD 발령도 내주지 마라는 블랙리스트를 돌렸던 것이다. 그래도 쫓겨나지 않은 것만도 다행이라고 할까? 나는 관리 부서로 오라는 인사부의 권유를 마다하고 당시 라디오국 FM부 산하에 있었던 레코드실에 자원했다. 직종은 사서(司書)였다. 하지만 당시 FM 부장님의 배려로 나는 사서이면서도 프로그램 연출을 맡았다. 당시 3년 동안 맡았던 프로그램이 〈한경애의 영화음악〉이었다.

레코드실에서 보낸 2년간은 내가 다양한 음악에 눈뜨게 된 전화위복의 시기였다. 나는 틈나는 대로 음악 장르를 가리지 않고 레코드실에 가득 찬 음반을 듣기 시작했다. 그때 들었던 수많은 음악 가운데 지금까지 도움이 되는 장르는 세계 각국의 민속음악이다. 그 중에는 미국 대사관에서 기증한 50장짜리 LP 전집도 있었다. 아무도 꺼내 보지 않은 채 꽂혀 있던 이 전집은 아일랜드, 영국 등에서 넘어온 미국 초기 이민자들의 민요를 수집하여 담아 놓은 것이었다. 미국처럼 짧은 역사를 가진 나라가 민요를 수집했다는 사실을 알고 나는 꽤 놀랐다. 우리 민요를 수집해야겠다는 생각은 아마도 이때부터 싹트기 시작했을 것이다.

입사 3년 만에 나는 정식으로 라디오 PD가 되어 음악 프로그램을 만들기 시작했다. 민요 수집에 나서기 전까지 7년 동안 클래식, 팝, 가요, 영화음악 등 거의 모든 음악 프로그램을 해 보았다. 그러는 동안 머리 한구석에서는 우리 민요를 수집해야 한다는 생각이 자라나고 있었다. 때마침 '뿌리깊은 나무'사에서 '팔도소리'라는 제목으로 10여 장의 구전 민요 LP 전집을 내놓았다. 한창기 사장의 혜안으로 탄생한 이 음반들은 이미 알려진 전국의 토속 민요 팀들을 불러 모아 스튜디오에서 녹음한 것이었다. 사실은 이것이 본격적으로 민요 프로젝트를 기획하게 된 계기였다고 할 수 있다. 1988년 초부터 작성하기 시작한 민요수집 기획안은 거의 1년을 끌다가 겨우 결재가 났다. 드디어 사라져 가는 민요의 발굴 기록 작업이 시작된 것이다.

예나 지금이나 민요 PD는 매우 드물다. 프로그램을 통해 민요를 방송하는 PD들은 국악방송을 비롯해 몇몇이 있지만, 민요를 찾으러 돌아다니는 PD는 거의 없다. 1960~70년대에는 국악 PD 몇몇이 한동안 민요 취재를 다닌 적도 있지만, 그분들이 대학으로 간 이후에는 방송계에서 민요 취재 작업이 활발하게 이어지지 못했다. (한양대학교 국악과 권오성 교수, 영남대학교 국악과 이해식 교수 등이 PD 시절에 민요를 수집한 바 있다.) 80년대에 방송 PD로서 민요 수집에 나섰던 사람으로 지역 방송사 PD 두어 명과 공영방송사 PD 한 명이 전부로 제주 MBC 한승훈 PD, 마산 MBC 전정효 PD, KBS PD였던 김영환 등이 그들이다. 지역 방송사 PD들은 지리적인 여건상 민요를 수집하기에 유리하지만, 제작 여건상 개인적으로 특별한 노력을 하지 않는 이상 민요 수집에 뛰어들기가 쉽지 않다.

1년에 절반을 시골구석으로 돌다

대체 민요가 무엇이기에 PD가 시골구석으로만 돌아다니며 취재를 해야 하는지 궁금할 것이다. 내가 말하는 민요는 흔히 TV에 한복 입은 여자 민요 가수들이 나와서 몸을 흔들며 세련된 창법으로 노래하는 그런 민요가 아니다. 그런 노래들도 민요이기는 하지만 넓은 범위의 민요 중 극히 일부분에 지나지 않는다. 민요란 전통 사회에서 백성들이 일하고 놀고 의례를 치르면서 일상생활에서 부르던 모든 노래를 말한다. 민요는 가수가 아닌 일반인들의 노래이며, 일부러 배운 노래가 아니라 마을 어른들과 함께 일하면서 자연스럽게 배워 익힌 노래다. 작사 작곡자도 없고 무대나 청중도 없이 마을 안에서 자급자족적으로 전해져 내려오는 노래가 민요다.

우리 민요는 고대 사회로부터 자연발생적으로 생겨나 시대에 따라 수천 년 동안 생성과 소멸을 거듭하다가 20세기에 들어 일제의 침략으로 정체기를 맞았고, 해방 후에는 서양 문화의 급속한 유입과 산업사회의 진전으로 전통 사회의 기반이 사라지면서 급속히 소멸의 길로 접어들었다. 예를 들면, 논에서 잡초를 제거하면서 부르던 논매는 소리는 제초제가 나오면서 사라지고, 노 젓는 소리는 동력선이 나오면서 사라졌으며, 농촌 인구가 급감하면서 풍물패가 사라지고 이어 지신밟기가 사라졌다. 서양식 음악 교육이 표준화되면서 학교에서는 전통음악을 거의 가르치지 않았고, 방송은 일본과 서양에서 들어온 대중음악을 확산시키는 데 전념했다.

민요는 백성들의 자급자족적인 노래로서 외래 문화로부터 거의 영향 받지 않은 토종 음악 유전자를 가지고 있다. 지금은 외래 음악과 그 영향을 받은 음악들만 넘쳐나고 있지만, 우리 토종 음악 유전자들을 잘 간수하고 연구한다면 언제 다시 멋진 꽃으로 피어날지 아무도 모르는 일이다. 눈을 돌려 보면 인도나 아랍이나 아프리카의 여러 나라들처럼 자기네 민족음악만으로도 풍족한 음악 생활을 영위하는 민족이 얼마든지 있다. 우리가 다시 옛날로 돌아갈 수는 없다 하더라도, 한복을 개량하여 생활 한복을 만들어 입는 것처럼, 한국의 냄새가 물씬 풍기는 멋진 음악을 만들어 우리도 즐기고 외국에 내놓을 수도 있다. 민요 찾기가 중요한 이유는 여기에 있다.

민요는 이미 40~50년 전부터 실생활에서 사라져 노인들의 기억 속에만 남아 있게 되었다. 문화방송의 민요 찾기가 시작되었을 때 민요를 기억하는 세대는 이미 평균 70세를 넘기고 있었다. 평균수명을 겨우 몇 년밖에 남겨 놓지 않은 노인들이었다. 그래서 민요 수집 기간을 마냥 길게 잡을 수가 없었다. 1년에 한 개 도를 마친다 해도 남한만 9년이나 걸리기 때문이다. 나를 포함해 도합 10여 명의 라디오 PD들이 연차적으로 동원되어 민요 수집을 마치기까지 결국 7년이란 세월이 걸렸다. 취재 팀은 농번기를 피해 1년에 거의 절반 동안 지방 출장을 다녔다. 잦은 출장이 가정생활에 지장을 줄 정도여서, 1~2년이 지나면 다른 부서로 가는 PD들이 많았다.

민요는 애초 예상보다 훨씬 많이 남아 있어서, 지역에 따라서는 민요가 많은 마을만 골라서 취재를 다닐 정도였다. 민요를 부르지 않은 지 40~50년이 지났는데도 민요가 그만큼 많이 남아 있었다는 것은 구전의 힘이 매우 강하다는 증거다.

민요는 문자를 모르는 분들이 더 많이 알고 있는 경우가 많다. 문자를 사용하기 시작하면 기억할 필요가 없어지고 따라서 민요도 기억 속에서 사라진다. 남자 어른들은 술과 담배 때문에 기억력과 호흡기가 나빠져, 민요 제보자로서는 대체로 여자 어른들보다 못하다. 하지만 남자들의 집단 노동요가 우리 민요의 핵심이기 때문에, 될수록 남자 어른들의 노래를 찾으려고 애쓴 것도 사실이다.

문화방송의 민요 찾기 사업은 상당한 경비와 인력을 지속적으로 투입하여 일정한 성과를 거둔 대표적인 공익 사업이다. 이 사업의 결과로 200여 종 1만 4000여 곡의 민요가 수집되었으며, 이 가운데 5분의 1 가량이 선곡되어 도합 103장의 음반(CD)과 9권의 해설집으로 만들어져 대학교, 도서관 등에 무상 기증되었다. 자료가 출판된 이후 민요를 다루는 논문에는 거의 빠짐없이 문화방송의 자료가 인용되고 있으며, 제6차 교육과정으로 개정된 초등학교 음악 교과서에는 문화방송이 발굴한 민요가 상당수 들어가 있다. 내가 1999년에 개설하여 운영 중인 웹사이트 '우리의 소리를 찾아서'(www.urisori.co.kr)를 통해서도 어느 정도 민요 교육 기능이 수행되고 있다.

섬세한 조율과 치밀한 계산으로 민요를 얻다

이제 민요를 취재하는 과정에서 얻은 경험들을 정리해 보기로 하자. 민요 취재의 관건은 우선 민요를 기억하는 가창자들을 찾아내는 것이다. 민요를 기억하는 노인들의 소재는 기본적으로 행정의 말단인 마을 이장들을 통해 이루어진다. 이장들은 마을에서 자치적으로 선출되어 민과 관을 연결시켜 주는 역할을 한다. 이들은 마을에 관한 각종 통계에 밝고 주민들을 동원하는 리더십을 갖고 있다. 이장이 나이가 지긋

한 분이라면 민요에 대한 이해가 높아 가창자들을 더 쉽게 찾아낼 수 있다. 지역에 따라 노인회가 활성화된 곳에서는 노인회를 통해 가창자들을 찾아내기도 한다.

한국민요대전 취재 팀은 이장님들을 대상으로 민요에 관한 설문조사를 실시하여 기초적인 자료로 삼았다. 남한 내에는 농어촌 지역을 포함한 150여 개의 시/군이 있고, 시/군별로 10여 개의 읍/면, 읍/면별로 15개 리(里), 그 아래 각각 3~4개의 자연마을이 있어서, 자연마을의 수는 대략 6~7개에 이른다. 이장의 숫자도 그와 같다. 이분들을 대상으로 설문지를 만들되, 기존의 자료를 최대한 이용해 그 지역에 있을 만한 민요를 일목요연하게 정리하여 설문에 쉽게 응할 수 있도록 하였다. 설문지의 회수율을 높이기 위해 이장님들에게 전화를 한 번씩 하기도 했다.

회수된 설문지는 한눈에 볼 수 있게 정리하여 답사 자료로 삼았다. 답사는 설문조사의 결과를 토대로 녹음에 들어가기 전에 미리 가창자들을 만나보는 과정이다. 이때 그 마을에 전승돼 온 민요의 종류를 알아내고 가창자들 수와 가창 능력을 확인한다. 이 과정에서 주민들이 취재의 목적을 이해하게 되면 자발적으로 나서서 본격적인 녹음을 위한 준비를 하기에 이른다. 이렇게 되면 취재의 절반은 이루어진 셈이다. 답사할 때는 민요에 관심이 있는 국문학과 또는 국악과 출신의 석사급 연구원을 대동하여 함께 협의한다. 연구원은 추후 자료정리 과정에서도 필요하다.

이제 PD로서의 능력을 발휘해야 하는, 민요를 끌어내는 작업이 남았다. 실생활에서 자취를 감춘 민요, 노인들의 가물가물한 기억을 되살려 노래를 재현해 내야 한다. 그래서 다른 어떤 민속 취재보다도 어려

:: 최상일 PD가 강원도 인제에서 통나무를 메고 나르는 '목도질'을 할 때 부르는 민요 '목도소리'를 채록하고 있다.

운 것이 노래를 재현해 내는 일이다. 아무리 노래를 좋아하던 분들이라해도 방송국의 녹음기와 마이크 앞에서 선뜻 노래를 부르기는 쉽지 않다. 더구나 민요는 실생활에서 부르던 노래이기 때문에, 방안에서 남들이 쳐다보는 가운데 부르기가 매우 멋쩍다. PD는 가창자들의 심정을 최대한 이해하고 심리적인 거부감을 없앨 수 있도록 세심하게 진행해야 한다. 이때 화기애애한 분위기를 만드는 것이 관건이다.

어른들은 대부분 자신들의 노래가 무슨 가치가 있는지 인식하지 못한다. 험난한 역사를 살아오는 과정에서 전통문화의 주체들이 자신들의 예술적 가치를 망각하기에 이른 것이다. PD는 민요는 결코 잊어버려서는 안 되는 중요한 문화유산이라는 점을 누누이 말해 줌으로써 가창자들을 북돋울 수 있다. 하지만 가창자들 중에는 민속경연대회 등에나갔던 경험이 있어서 스스로 인간문화재가 되고 싶어 하는 사람도 있다. 이럴 때에는 방송사가 자신들을 인간문화재를 만들어 줄지도 모른다는 기대를 갖지 않도록 주의해야 한다. 민요 연구자 중에는 이런 어른들에게 책임질 수 없는 거짓말을 하는 경우가 간혹 있다.

남자와 여자가 한데 모여 있을 경우 여자들이 노래를 안 하는 수가 있다. 남녀를 가르는 조선 시대의 관습이 아직도 남아 있기 때문이다. 더구나 여자들 노래 중에는 시집살이 노래처럼 남자들이 들어서는 곤란한 내용도 있다. 여자들이 노래를 할 듯 하다가도 자꾸 뒤로 빼는 기색이 보이면 여자들만 따로 모아 진행해 보는 것이 좋다. 양반과 상민이 대립하던 마을에서도 곤란한 상황이 발생할 수 있다. 민요는 상민들이나 부르는 노래라는 생각에 양반 티를 내는 사람 앞에서는 상민 출신들이 민요를 부르려 하지 않는다. 이럴 때는 세심하게 판단하여 양반의 후예가 배제된 자리를 다시 만들어야 한다. 하지만 이런 경우는 매우 드물다.

가창자들이 노래의 대가를 요구하는 경우도 난처하다. 겨울에도 일하러 간다고 하면서 노래하는 대가로 하루 일당을 요구하는 사례도 많다. 실제로 겨울철에도 비닐하우스 농사 등으로 일을 하러 가는 경우가 많다. 돈 때문에 가창자를 잡아둘 수 없는 이런 경우가 모든 취재 과정에서 가장 큰 골칫거리다. 품삯을 보전해 줄 제작비가 있으면 되겠지만, 그 많은 가창자들에게 줄 돈이 있을 리 없다. 이럴 때는 취재의 목적이 방송사의 이익을 위한 것이 아니라 가창자 자신들의 문화를 기록 보존하는 데 있다는 점을 강조하는 한편, 마을 대표로 하여금 민요 취재를 마을 행사로 여겨 모두 의무적으로 참여하도록 하는 것이 좋다. 실제로 민요 취재가 진행되면 가창자들 스스로 재미를 느끼게 되고, 모두들 옛날로 돌아가 흥겨운 마을 잔치가 된다. 이럴 때는 취재진도 점심밥 한 끼 제대로 얻어먹을 수 있다.

민요가 나오기 시작하면 PD는 민요 가사와 가창 상황을 기록하면서 가창자들의 움직임을 주의 깊게 관찰한다. 노래가 한 곡 끝나고 왁자지껄하게 떠드는 순간에도 가창자들끼리 하는 말을 귀담아 듣고 노래와 가창자들에 대한 추가적인 정보를 수집해야 한다.

PD가 자신의 계획대로만 진행하려고 해서도 안 된다. 노래를 가장 잘 아는 것은 가창자들이므로, 만약 가창자들이 스스로 만족하지 못하는 기색을 보이면 잘못된 것으로 판단하고 다시 시도해 볼 필요가 있다. 가창자들 중에는 노래를 잘 못하면서도 나서는 사람이 있는가 하면 노래를 잘하면서도 뒷전에 숨어 있는 사람이 있으므로, 필요할 때마다 가창자들의 자리 배치를 조정하도록 한다.

연구도, 출판도 PD의 일이다

민요는 땅에서 생겨난 노래다. 어느 마을이든 그 지역에 공통적으로 분포하고 있는 것과 비슷한 민요가 나오기 쉽다. 그래서 그 지역에 대체로 어떤 민요가 분포하고 있는지를 숙지하고 들어가야 진행하기가 쉽다. 하지만 민요에는 마을마다 특성이 있는 것 또한 사실이다. 예를 들어, 국가 무형문화재로 지정돼 있는 '예천 통명농요'의 모 심는 소리 '아부레이수나'는 경북 지역뿐 아니라 전국을 통틀어서도 유례가 없는 독특한 노래다. 물론 이런 경우는 아주 드물다.

노래 자체는 비슷하지만 민요 분포상의 특징을 가진 마을도 있다. 예를 들면, 마을 앞에 저수지가 있는 마을에서는 저수지 둑을 쌓는 과정에서 부르는 가래질소리와 달구질소리가 나올 가능성이 많다.

우리 민요에는 노동요가 아주 많고 그 중에서도 농요가, 농요 중에서도 벼농사를 지으면서 부르던 노래가 가장 많다. 그래서 적어도 논갈이 - 논삶기(써레질) - 모찌기 - 모심기 - 논매기 - 벼베기 - 벼타작 등 벼농사의 과정을 알아야 어른들과 대화가 이루어진다. 그 밖의 많은 노동요들도 그 일의 내용과 과정을 알아야 민요를 제대로 이해할 수 있다. 그래서 결국 민요를 이해하려면 전반적인 전통문화를 알아야 한다.

한국민요대전 사업을 통하여 발굴된 민요는 그 수를 헤아리기 어려울 정도로 많다. 아무도 돌보는 이 없이 사라져 가던 이 땅의 노래가 뒤늦게나마 좋은 음질로 녹음되어 보전할 수 있게 된 것은 다행스런 일이 아닐 수 없다. 흔히 이런 일은 국가가 해야 할 일이라고들 하지만, 실은 국가 기관이나 학자들보다 방송사가 하는 것이 가장 효율적이다. 방송사에는 숙달된 엔지니어가 있고 차량과 운전사가 있으며 인터뷰와 연출에 익숙한 PD가 있다. 게다가 방송사라는 공신력이 있어서 개인적으로 민요 수집에 나서는 사람들에 비하면 PD들은 별 어려움 없이 민요를 취재할 수 있다.

방송은 재미를 추구하는 가운데에서도 공익성을 저버려서는 안 되며, 공영방송이라면 더욱 그러하다. 문화방송은 광고를 주 수입원으로 하는 방송사이면서도 공익재단이 대주주인 공영방송으로서, 다행이도 인력과 비용을 들여 민요 수집 작업과 같은 공익 사업을 지속적으로 수행할 수 있었다. 나는 PD 인생의 절반 이상을 이 일에 투자한 것에 후회가 없다. 내가 후배 PD들이나 PD 지망생들에게 교훈을 줄 수 있다면, PD라고 해서 방송 프로그램을 만드는 일만 자신의 영역으로 삼을 필요는 없다는 것이다. 귀한 자료를 발굴하고 출판하고 연구하는 일

또한 PD가 할 수 있는 일이다. PD들이 창조적인 사고와 꾸준한 실행력을 유지하는 한, PD에게 할 수 없는 일이란 없다.

넓고 얇게 사랑해야 하는 숙명

| 윤선원 |

KBS 라디오2국 제2FM PD. 1994년 KBS에 입사해 〈이본의 볼륨을 높여요〉 〈서세원의 가요산책〉 〈이무영의 팝스월드〉 〈황정민의 FM대행진〉 〈이재후의 사랑해요 FM〉 등의 프로그램을 연출했으며, 현재 〈박준형, 김다래의 라디오 천하무적〉을 연출하고 있다.

70년이 넘는 역사에 걸맞게 라디오 음악 프로그램도 참으로 다양한 장르가 존재한다. 클래식 음악을 전문적으로 틀어 주는 프로그램에서부터 최신 히트 곡 위주로 방송되는 청소년 대상의 저녁 프로그램, 출퇴근 시간에 맞춰 여러 가지 정보와 함께 음악이 제공되는 포맷의 프로그램도 있고, 한바탕 출근 전쟁을 치른 직장인과 주부들을 위해 우아한 음악들을 소개하거나, 흘러간 팝송이나 가요들만 방송하거나, 팝 혹은 트로트만 전문으로 하는 프로그램 등 그 종류는 매우 다양하다.

요즘은 '보이는 라디오'라고 해서 스튜디오의 풍경이 인터넷을 통해 중계되는 일이 많아져서인지 의외로 우리 스튜디오의 풍경을 쉽게 상상할 수 있는 청취자들도 많은 것 같다. 게다가 영화나 드라마 등을 통해서 음악 프로그램 스튜디오의 풍경이 낭만적으로 그려지고(영화 '접속'이 그렇지 않은가), 멋진 PD와 미녀 작가들이 하도 자주 등장하는 통에 청취자들은 감미로운 커피 향에 멋진 음악이 흐르는 선남선녀들이 사는 곳이라 착각할지도 모르겠다.

하지만 실제 프로그램 제작 현장은 그리 멋진 곳이 아니다. 영화에서처럼 노래 한 곡에 사색에 빠져 드는 PD들의 모습도 잘 찾아볼 수 없다. 감미로운 커피 향보다는 김밥이나 피자, 프라이드치킨 냄새가 진동하는 스튜디오가 더 많다. 라디오 음악은 낭만적일 수 있어도, 라디오 음악 PD는 결코 낭만적인 직업이 아니다. 이곳도 냉엄한 사회의 일부이며, 자신의 아이디어와 판단과 그 결과물이 냉정하고 준엄하게 비판 받는 경쟁의 장이다. 라디오 음악 PD들은 어떻게 살고 있을까? 내 생활을 통해 한번 엿보자.

나는 밤 12시부터 새벽 2시까지 생방송으로 진행되는 심야 프로그램을 연출하고 있다. 그러니 퇴근은 아무리 빨라야 새벽 2시 30분쯤이다. 출근은 오후 5시쯤 한다. 소위 올빼미인 셈이다. 이것을 시차근무라고 부르는데 라디오 PD들 대부분은 자신이 맡은 프로그램의 시간대에 따라 시차근무를 하고 있다. 새벽 5시에 출근해서 오전에 일을 마치고 퇴근하는 PD가 있고, 나처럼 오후 5시쯤 출근해서 새벽에 퇴근하는 PD도 있다. 직장 동료 간의 친분을 이야기하자면, 입사 동기에 같은 부서에 근무하는 PD들이라도 한 달 가야 얼굴 한 번 마주하지 못하는 경우가 허다하다. 게다가 매 텀(term, 방송사에서는 봄가을에 프로그램 개편을 하는데 개편과 개편 사이의 6개월 정도의 기간을 텀, 또는 학기라고 부른다.)마다 각자 맡은 프로그램에 따라 시차근무 시간이 바뀐다. 아마도 해외여행 후 바뀐 시차에 잘 적응하지 못하고 한참을 괴로워하는 스타일의 사람은 라디오 PD로 적합하지 않을 것 같다.

출근하자마자 재빨리 컴퓨터를 켜고, 사내 자료검색 프로그램에 접속한 후 오늘 방송에 쓸 곡들을 선곡한다. 1시간 방송을 위해 평균 30곡 정도를 선곡한다. 생방송 외에도 주말 방송을 위한 녹음, 프로그램 사이에 들어갈 코너 녹음들이 있기 마련이기 때문에 선곡 수는 많은 편이다. (해 보면 알겠지만 매일 30여 곡을 골라내는 것은 결코 만만치 않다.)

메일을 확인하고 작가가 보내 온 원고를 읽으면서, 오프닝에 적절한 음악을 떠올려 본다. 개인적으로 하루 중 가장 싫어하는 시간이다. 허공을 아무리 쳐다보고 있어도 적당한 곡은 쉽게 떠오르지 않는다. PD에 따라서 일하는 방법은 각자 다르다. 자신의 사물함에 미리 정리해 둔 시디에서 한 곡씩 골라내는 사람도 있고, 아예 음반 자료실에다 진을 치고 필요한 곡들을 찾아내는 사람도 있다. 요즘 내가 가장 많이 쓰는 방법은 검색 엔진을 이용하는 것이다. '가수'로 검색한 다음, 가수들의 이름을 하나하나 짚어가다 보면 문득 그 가수가 부른 어떤 노래가 연상되는 순간이 있는데, 바로 그 곡을 선곡한다. 시작이 반이라는 뻔한 소리를 하지 않더라도, 음악 프로그램에서 첫 곡이 차지하는 비중은 의외로 크다.

내가 정한 첫 곡의 조건은 들었을 때 반가워야 한다는 것, 2시간 동안 내내 이런 노래만 나올 것 같은 기대감을 주어야 한다는 것이다. 때문에 많은 사람들이 알고 있는 곡 중 '아, 이 노래!'라고 외칠 만한 곡을 골라야 한다. 프로그램에 따라 다르지만 명랑한 분위기의 프로그램이라면 신나면 신날수록 좋다.

첫 곡을 고르고 나면 끝 곡을 고른다. 끝 곡을 중요시하는 것 역시

나의 오랜 습관이다. 몇 년 전 클래식 공연을 중계 방송하러 간 적이 있다. 그 자리에서 지휘자가 오케스트라 단원들과 함께 앵콜 곡에 대해 의견을 나누는 것을 들을 기회가 있었는데, 그 지휘자의 말은 이랬다. "앵콜 곡은 오늘 온 관객들이 우리가 연주한 곡을 흥얼거리면서 집으로 돌아가실 수 있는 곡이어야 한다." 느낀 바 있어, 그 이후로 나는 프로그램을 다 들은 청취자가 끝 곡을 흥얼거리며 집으로 돌아가고, 설거지를 하고, 출근할 수 있도록 하려고 노력하는 편이다. 그래서 노래방에 가서 사람들이 자주 부르는 곡이 무엇인지 유심히 보아 두었다가 각자의 애창곡(일명 18번)들을 끝 곡으로 활용하기도 한다. 아니면 부드러운 멜로디에 따라 부르기 쉬운 곡들을 선곡하는 편이다. 나머지 곡들은 원고의 흐름에 맞게 신청곡을 섞어서 적절하게 배치한다.

6시 이전에 선곡을 모두 끝내고 필요한 시디를 찾아 놓은 후 오늘 방송에 필요한 효과들이나 사전 제작물, 출연자 등을 챙겨 가며 큐 시트라고 부르는 방송 진행표를 만든다. 이때쯤 구성작가들이 출근하고 스태프들이 모여 함께 간단한 식사를 한다. 식사 후엔 이러저러한 회의들이 이어진다. 다가오는 각종 특집물의 형식에서부터 제목까지, 출연자 결정 및 섭외까지 바로 이 시간에 결정된다. 때론 프로그램에서 손질할 부분이 없는지를 점검할 시간도 갖는다. 지난 방송의 아쉬운 점이나 개선할 점에 대한 이야기가 이어진다. 그리고 잠시 휴식. 간단히 커피를 한 잔씩 마시거나, 하루 사이에 일어난 뉴스나 정보를 교환한다. 출퇴근 시간이 달라 도무지 얼굴 볼 시간이 없는 아내와 통화하는 것도 이 시간이 유일하다. (배우자에게 욕 안 먹는 PD 없더라. 화목한 가정을 원하는 자 여의도 입성을 다시 한 번 고려하라!!)

밤 9시 30분이 되면 디제이와 출연자들이 녹음 시간에 맞춰 등장하기 시작한다. 시사 프로그램의 경우는 시의성 때문에 주말에도 대부분 생방송을 할 수밖에 없지만, 음악 프로그램의 경우 주말엔 녹음방송이 나가는 경우가 많다. 그래서 주중에는 생방송 이외에도 주말 녹음을 매일 매일 스케줄에 따라 하게 되는 것이다. 전문 라디오 디제이들이 사라지고, 그 자리를 유명 연예인들이 메운 다음부터는 복잡하게 얽히고 설킨 디제이와 출연자들의 스케줄을 뚫고 일주일 분의 녹음과 생방송을 마칠 수 있는지가 가장 큰 과제가 되었다. 초대 손님은 9시부터 10시까지 시간이 비는데 디제이가 11시까지 TV 녹화가 있다든지, 이번 주에 꼭 나와야만 하는 출연자인데 도저히 스케줄을 만들 수가 없다면, 생방송이 끝나고도 그 사람을 기다리기 위해 밤을 새고 새벽에 녹음해야만 하는 경우도 생긴다. 보통 잘나가는 가수 한 명이 음반을 내고 활동을 시작하면 홍길동처럼 동에 번쩍 서에 번쩍 살인적인 스케줄을 소화해야 한다. 하지만 그 스케줄에 따라 이리 뛰고 저리 뛰는 PD들도 매일 피가 마른다. 거의 전쟁이다.

예술은 네 돈으로 해라

한때 나와 함께 일했던 디제이 중에 지금은 영화감독이 된 사람이 있다. 이 사람은 시나리오를 쓰는 일로 영화계에 발을 들여놓게 되었는데, 음악 평론가 겸 디제이 일을 하면서도 영화감독으로 데뷔하기 위해 시나리오를 들고 제작자를 만나러 돌아다녔던 모양이다.

하루는 스튜디오로 들어오며 나에게 이런 말을 던진다. 오늘 어떤 제작자를 만났는데 시나리오를 몇 장 읽더니 이리저리 고개를 젓던 그

제작자가 이러더라는 거다.

"이 감독, 예술은 네 돈으로 해라…."

일이 잘 안 풀려 푸념으로 한 말이었겠지만, 그 말을 듣는 순간 나는 충격을 받았다. 제작자의 천박함 때문에? 아니다. 내가 프로그램을 제작하고 있는 2시간 동안 쓰고 있는 전파 역시 내 것일 리가 없지 않은가. 그럼에도 나는 내 것인 양 함부로 펑펑 써 대지는 않았는가. 스스로 예술 한답시고 까불어 댄 것은 아닌가. 사실 그전까지의 나를, 지금의 내가 채점한다면 음악 PD로서 낙제점을 주어야 했다. 청취자에 대한 배려 없이 내 고집대로, 내 취향대로, 이 음악은 좋으니(엄밀히 말하자면 내가 좋아하니까.) 그냥 들으라는 식의 태도를 보였었다. 그러면서도 누구의 비판에도 귀 기울이지 않고 나만큼 좋은 음악을 선곡할 수 있는 사람은 없다는 허무맹랑한 자존심 때문에 오히려 생소하고 대중의 귀에 쉽게 접착되지 못하는 곡들을 일부러 선곡하기도 했던 것이다. 하지만 그것은 공중파 방송 PD가 해서는 안 되는 일이었다.

이런 일도 있었다. 한 선배가 내게 공연을 보러 가지 않겠냐고 했다. "누구 공연인데요?" "응, 훌리오 이글레시아스." 어린 시절 훌리오 이글레시아스의 노래 '헤이'의 스페인 어 가사를 엉터리 한글로 적어 외워 친구들 앞에서 부르고 다닌 적은 있지만, 당시의 내 취향은 그 전에 내가 사랑하는 음악들마저 구닥다리라고 떠들고 다닐 만큼 바뀌었기에 훌리오 아저씨를 그다지 보고 싶지는 않았던 모양이다. "훌리오 이글레시아스는 좀…."이라고 무심결에 말했을 뿐인데, 의외로 선배는 정색을 하면서 내게 얘기했다. "네가 좋아하는 음악만 들어서는 안 된다. 네 취향과 상관없이 어떤 종류의 음악이든 기꺼이 들을 수 있어야 한다. 너는 이미 프로가 되었으니까."

누구나 자기가 좋아하는 음악이 최고라고 생각한다. 하지만 PD는 그럴 수 없다. 오히려 어떠한 음악이라도 싫어하는 사람이 있다는 것을 염두에 두지 않을 수 없다. 이 곡을 좋아하는 사람이 많아서 선곡하는 경우도 있지만 상당 부분 이 곡은 비교적 싫어하는 사람이 적기 때문에 선곡하는 경우가 더 많은 것이다.

한 스타일, 한 시대의 음악에 집착하고 그것만이 최고라고 생각하는 사람은 라디오 음악 PD가 되지 않기를 바란다. 인생이 불쌍해진다. 음악을 사랑했던 사람이라면 때론 자신의 독특한 취향에 허영을 갖기 쉽지만, 서서히 한 명의 PD로 성숙해 가면서 남의 취향을 인정하는 마음의 한 자리가 준비되어야 비로소 다른 사람에게 음악을 들려줄 자격을 가지게 된다.

작은 두 가지 사건(?)을 겪고 난 후 신기하게도 내가 맡은 프로그램들의 청취율 성적이 좋아졌다. 더 많은 사람들이 내가 만든 프로그램들을 좋아하게 되었고, 그만큼 더 큰 보람도 느낀다. 하지만 더 이상 순수함을 지키지 못하고 변했다고 스스로를 자책하진 않는다. 만약 누군가 사랑하는 사람이 있어 그 사람을 위해서 음악 시디를 만들어 준다고 하자. 누구의 취향이 고려 대상인가? 나인가, 혹은 상대인가. 공중파 음악 방송은 당연히 청취자의 것이며, 그들은 내가 마땅히 사랑해야 할 사람들이다. 그러므로 청취자의 취향 외에 우리가 고려해야 할 것은 없다. 방송이란 내 욕망의 분출구가 아닌 것이다.

어느 날, TV PD 한 명이 취재 의뢰를 해 왔다. KBS 다큐멘터리이고, 우리 프로그램 출연자가 주인공이기도 해서 기꺼이 허락했다. 녹음 시간에 맞춰 카메라맨 한 명과 담당 PD가 등장했다. 올해 입사한 신참이었다. 녹음 스튜디오 이곳저곳을 구경하다가 나에게 말했다. "라디오 음악 프로그램 같은 거 하면 너무 재밌을 것 같아요, 저도 꼭 한번 해 보고 싶었는데….”

“그럼 라디오를 지원하지 그랬어요?”

그 후배는 내 물음에 조금의 망설임도 없이 대답했다.

“왠지 라디오라고 하면 한직이란 생각이 들어서요.”

“그래요? 빨리 찍고 가세요….”(--);;

만약 스티븐 스필버그가 와도 라디오의 환상적인 매력을 알지 못한다면 제대로 된 라디오 프로그램을 만들 수 없다고 단언한다.

누구나 감명 깊게 읽은 책이 몇 권씩은 있을 것이다. 그 작품들 중에는 더러 영화로 상영된 작품도 있을 것이다. 원작보다 더 감동적인 영화를 본 적이 있는가? 어딘지 어설프고, 부족한 느낌을 받지 않았는가? 가만히 생각해 보라. 예전에 만화책으로 낄낄대며 읽던 작품들을 애니메이션으로 본 적이 있으리라. 책을 읽을 때보다 더 재미있던가? 역시 ‘이건 좀 아닌데….’라는 생각을 하진 않았나?

책으로 읽을 때 우리는 단순히 글만 읽는 것이 아니다. 무의식중에 우리는 상상을 한다. 주인공의 목소리를 떠올리며, 대사를 음미한다. 이것이 책의 판타지이고 만화의 판타지이다. 그러나 영화나 애니메이션으로 만들어진 작품은 아무리 배우가 훌륭해도, 성우의 목소리가 기가 막혀도 우리의 환상에 비할 바는 못 되는 것이다.

라디오도 판타지를 갖고 있다. 청취자들은 의식하든 의식하지 않든 간에 라디오 속의 디제이가 어떤 표정으로 어떤 자세로 얘기하고 있는지 상상하면서 듣게 된다. 청취자가 보낸 사연이나 원고를 읽어 주면, 그 사연을 듣는 다른 청취자들은 그것을 자신의 상황에 대입해 상상한다. 소개되는 사연이 친구에 관한 것이라면, 듣는 사람은 자신의 친구

중 한 명을 떠올리며 듣게 되는 것이다. 그런 상상이 있기 때문에 라디오에서 흘러나오는 노래가 시디로 듣는 것보다, 뮤직비디오를 보는 것보다 감동적일 수 있는 것이다. 음악은 본질적으로 사람과 사람 사이의 감정 교류이다. 친구가 내가 좋아하는 음악을 좋아할 때 나도 그 음악을 더 좋아하듯이 내가 좋아하는 노래가 내가 좋아하는 라디오 프로그램에서 나올 때만큼 그 노래가 좋을 수는 없는 것이다. 그것이 라디오의 생명이다.

라디오 PD는 이런 판타지를 잘 이해하고 있는 사람들이며, 적절하게 제작 현장에서 이것을 구사할 줄 안다. TV 제작 PD들이 좋은 그림을 구하러 다닐 때, 우리는 마음껏 상상의 나래를 편다. TV에서 비틀즈 뮤직비디오를 틀어 주며 가사 자막을 스크롤해서 보여 줄 때 존 레논 사돈의 팔촌 이야기까지 마구 '이빨'을 까 댄다. 그래서 음악이 주는 감동은 라디오를 따라올 수 없는 것이다. 청취자들의 상상이 있기 때문에. 뮤직비디오에 등장하는 예쁜 여배우들과 멋진 장면들을 구경하는 동안, 라디오 음악은 우리의 추억과 생활에 대한 얘기를 들려주고 있는 것이다. 자신이 한직에 있지 않음을 다행으로 여기고 있을 귀여운 그 후배 PD에게 하고 싶은 말은, 라디오는 TV에서 영상을 뺀 단순한 매체가 결코 아니라는 것과, 그렇게 생각하는 사람에게는 미안하지만 라디오엔 적합지 않다는 것이다.

'웰컴 미스터 맥도날드'라는 영화에서 라디오 드라마 PD가 신인 작가에게 하던 말을 옮긴다.

"라디오 드라마는 제작비가 들지 않습니다. 복잡한 컴퓨터 그래픽도 필요 없습니다. '여기가 우주다!'라고 외치면 여기는 우주가 되는 것입니다."

:: 스튜디오에서 부스 안의 디제이와 이야기를 나누고 있는 필자 윤선원 PD.

우주라고 외치면 진짜 우주가 되는 진리를 깨닫지 못하면 감히 라디오에 발을 들여놓지 않는 것이 좋겠다.

PD와 디제이, 함께 호흡하는 동반자

생방송에 들어가 디제이가 방송하고 있을 때 PD들은 무엇을 하는지 물어보는 사람들이 종종 있다. 독서? TV 시청? 수면? 결론부터 말하면 잠시라도 딴 일을 할 틈 없이 바쁘다.

우선 디제이와 끊임없이 대화해야 한다. 진행 상황에 따라 시간 체크는 물론, 디제이들의 기분까지 섬세하게 배려해야 한다. 디제이들은 막힌 공간에서 혼자 얘기하는 사람이다. 라디오 생방송 부스에 앉는다는 건 상상 외로 고독한 일이다. 일단 완벽한 방음으로 너무 조용한 큰 방에 혼자 있어야 한다. 어디서 누가 듣는지 모르는 채로 수많은 이야기들을 혼자 떠들어대야 한다. 그것도 막힘없이. (3초 이상 소리가 들리지 않으면 기술적으로 방송사고로 본다.) 새벽 3시쯤 혼자 방에 앉아 벽을 보며 이야기해 보면 그 기분을 알 수 있을 것이다.

이런 외로운 작업이기에 디제이는 달변 여부를 떠나 낙관적이고 적극적이며 정력적이어야 한다. 혼자 그 고독을 감수하고 어디선가 자신의 이야기와 노래를 듣고 있을 청취자들을 즐겁게 해 주어야 하기 때문이다. 하지만 그들도 사람인지라 매일 그런 상태를 유지하는 것은 불가능하다. 그래서 PD들은 노래가 한 곡 나갈 때마다 디제이의 상태를 점검한다. 약간 저조한 기분이라면 용기를 북돋워 주기도 하고 너무 들떠 있다면 자제시킨다. 디제이들은 자신의 기분이 어떤지 객관적으로 판단할 수 없는 경우가 대부분이므로 PD는 방송이 시작되기 전 최대한 평소의 느낌을 가지고 방송에 들어갈 수 있도록 해 주어야 하는 것이다. 이때 "힘내자!" 또는 "진정하세요!" 등의 한마디로 모든 상황이 종료된다면 얼마나 좋을까마는 밥 먹고 사는 일에 만만한 게 있던가. 때문에 PD들은 각자의 노하우와 리더십을 한껏 발휘한다.

방송이 시작되어도 마찬가지. 부스 안에서 디제이는 끊임없이 바깥쪽의 반응을 살피기 마련이다. TV처럼 방청객이 있는 것도 아니니 금방 자신이 던진 농담이 제대로 되었는지 알 수 있는 길은 유리창 너머에 있는 PD의 얼굴을 보는 수밖에 없다. 디제이가 진지하면 같이 심각해지고, 웃기는 얘길 하면 박장대소해야 한다. 훌륭한 애드리브로 위기에 대처하면 엄지손가락을 크게 치켜올리고, 방금 한 실수를 계속 신경 쓰고 있다면 부스 문을 박차고 들어가 어떻게든 그 상황을 해결해 주어야 한다. 때론 야단치고 때론 격려하며 디제이와 호흡을 같이하는 것, 때론 청취자가 되고 때론 자신이 디제이가 된 것처럼 울고 웃는 것은 PD가 해야 할 가장 중요한 일 중의 하나다.

매일 생방송 이외에도 프로그램에 관한 정보나 의견을 항상 교환해야만 한다. 디제이에 따라 달변가도 있고, 순발력이 떨어지는 경우도 있다. 달변형의 디제이에게 꽉 짜여진 구성으로 숨쉴 틈을 주지 않거나, 애드리브가 약한 디제이에게 혼자 얘기하는 시간을 많이 주는 실수를 범해선 안 된다.

디제이가 하고 싶어 하는 것을, 잘할 수 있는 것을 하게 해 주어야 한다. 이런 얘기를 하면 후배들은 그럼 PD는 뭘 하냐고 반문하곤 하는데 내 생각은 다르다. 디제이가 마음대로 할 수 있게 하기 위해서 PD는 눈에 띄진 않지만 디제이로부터 멀지 않은 곳에 반드시 있어야만 한다. PD는 디제이를 냉정한 입장에서 평가하고, 그가 하고 싶어 하는 것이 방송에 적합한지 조언하며, 디제이가 결코 생각해 내지 못했던 새롭고 근사하고 흥미로운 아이디어를 제시해 주는 사람이기 때문이다.

음악 PD를 지원하는 사람들은 대부분 두 부류로 나뉜다. 넘치는 끼와 에너지로 번뜩이는 아이디어를 앞세워 첨단 산업인 연예계에 종사하고자 하는 부류와, 내가 그랬듯이 음악은 내 삶의 반이라고 외치는 마니아 부류의 사람들.

하지만 방송사 조직은 항상 자신이 원하는 것을 손에 쥐어 주지 않을뿐더러, 하고 싶은 것만 하는 것은 PD 개인의 인생 전체를 놓고 보아도, 청취자를 위해서도 그리 바람직해 보이지 않는다.

가장 좋은 것은 위의 두 가지를 겸비하는 것이다. 음악에 대한 이해 없이 방송의 화려함만 보고 지원한 사람들은 음악 프로그램이 대중에게 제공해야 하는 본질적인 것이 '좋은 음악의 즐거움' 이라는 것을 간

과하거나 때론 무시하기 쉽고(내 생각에 그것은 범죄 행위에 가깝다.),
또한 마니아층의 태생적 편협함은 방송 안팎에서 스스로 괴로운 일들
을 만들어 낸다. 내가 하고 싶었던 것은 이런 것이 아닌데 하면서.

방송의 어원이 '넓게 알린다' 는 것에서도 알 수 있듯이 전파를 내
음악 취향에 맞춰 쓸 수도 없고, PD 개인의 취향에 치우친 프로그램일
수록 여러 벽에 부딪치기 쉽다. 그래서 그 전파가 애초의 의도와는 달
리 넓은 곳까지 퍼지지 않는다. 슬프지만, 퍼지다 말고 개편 때 없어질
확률이 크다. 넓게 펼치려면 그만큼 얇아져야 함은 감수할 수밖에 없
다. 그러므로 음악이 좋아 음악 PD를 하고 싶은 후배들에게 하고 싶은
말은, 어쩌면 음악 PD란 음악을 좋아하는 사람보다는 싫어하는 음악
을 들어도 견딜 수 있는 인내력을 가진 사람이어야 할지도 모르겠다는
것이다.

제작을 하다 보면 각종 청취자들로부터 비난을 받을 때가 많다. 그
런 쓰레기 같은 음악으로 전파를 낭비하지 마라는 것에서부터 팝송은
너무 어려우니 가요만 틀어 달라는 요구까지 다양하기도 하다. 음악 좋
아하는 것 하나로 라디오 PD가 되었고 지금도 그 사랑을 버릴 수 없는
나에게, 그래도 현실과 일부 타협하면서도 중요한 것을 놓치지 않는다
고 자위하면서도, 이런 비판들을 들어야 할 때는 이 짓을 왜 하고 있나
싶어질 때도 많다. 듣는 사람 모두를 만족시킬 수 없다는 것, 그것은
넓고 얇게 보내야 하는 공중파 음악 PD의 숙명인 것 같다.

영화, 영화인, 관객을 잇는
따뜻한 문화운동가

| 이승훈 |

EBS 정책기획실 PD. 1994년 EBS에 입사해 〈시네마천국〉〈단편영화극장〉〈한국영화걸작선〉 등을 연출했
다. 최근까지 〈세계의 명화〉〈일요시네마〉〈한국영화특선〉 등을 담당하다 한시적으로 정책기획실로 자리를
옮겼다. 1998년, 2000년 인디포럼 사전제작지원 심사위원, 서울국제청소년영화제 심사위원(1~4회)을 역임
했으며, 인권영화제 심사위원(1999~2003), 영진위 공공영상정책소위 위원 일도 겸하고 있다.

대략 4~5년 전쯤부터 신문이나 잡지에 실린 내 이름 뒤에 '영화 전문 PD'라는 꼬리표가 붙었다. 처음엔 이런 수식어가 붙는다는 것이 기분 좋기도 했지만, 갈수록 부담감과 책임감이 더 큰 무게로 나를 짓눌렀다. 프로그램을 통해 영화와 친분을 쌓기 시작한 지 벌써 8년, 결코 짧지 않은 세월의 흐름 속에서 이제는 '영화 전문 PD'를 온전히 내 일로, 내 숙명으로 받아들인다. 지금 내 일상에서 영화 혹은 영화와 관련된 모든 것들이 오래 입은 옷처럼 편안하다.

1995년 8월, EBS의 영화 전문 프로그램 〈시네마천국〉(시네마천국이 방송된 지 1년 6개월이 지났을 시점이다.) 조연출에서부터 시작한 영화 문외한 이승훈의 '영화 전문 PD 되기'는 〈시네마천국〉 연출 4년과 〈단편영화극장〉 2년, 〈한국영화특선〉 3년의 시간을 거치며 점차 숙성

되었다.

만 8년간 500편 가량의 프로그램을 제작하면서 매주 4~7편의 영화를 보았으니 그동안 본 영화만 해도 적어도 2000편, 많게는 3000편 이상이 된다. 그 때문인지 사람들로부터 가장 많이 듣는 말이 "영화 많이 볼 수 있어 좋겠어요."와 "영화 보는 거 이제 질리겠네요."다. 물론 내 마음은 전자에 더 가깝다.

영화 전문 PD가 하는 일 중 가장 큰 일은 영화를 보는 것이다. 모든 영화 프로그램(여기서 영화 프로그램이란 흔히 외화, 한국영화 등 극장에서 상영된 영화 전체를 보여 주는 것이 아니라 영화에 대한 정보를 전달하거나 영화를 재가공하는 프로그램, 혹은 특정한 기획 의도로 한시적이지 않고 일관성 있게 편성된 영화 프로그램을 말한다.)은 PD가 영화를 보는 데서 시작한다. 그러나 그보다 더 중요한 것은 영화에 대한 애정이다. 왜냐하면 영화 프로그램을 만드는 데는 엄청난 물리적 시간이 필요하기 때문이다. 좀 어려운 말로 하면 고도의 노동 집약적인 작업이고, 무식하게 말하면 시간을 잡아먹는 '노가다'인 셈이다. 따라서 영화 전문 PD는 뚝심이 있어야 한다. 또 그 뚝심은 매일 매일 깎고 다듬는 대상인 영화에 대한 무한한 애정이 없이는 지켜내기가 힘들기 마련이다.

영화 프로그램의 제작 과정을 〈시네마천국〉을 예로 들어 간단히 살펴보자.

매달 PD와 작가를 비롯한 제작진이 모여 기획 회의를 한다. 이때 주로 얘기하는 것은 한 달간 영화라는 재료를 가지고 어떤 음식을 만들 것인가를 정하는 요리법에 관한 것이다. 먼저 어떤 음식을 만들 것인가를 결정하고, 결정된 음식을 맛깔스럽게 만들기 위해 어떤 재료를 택할 것이며, 그 재료는 어떤 모양으로 자르고 분류할 것인가, 그리고 불의 세기는 어느 정도로 하고, 양념은 어떤 것을 넣을 것인지 등을 미리 계획하는 일(=기획 및 내용 구성)이 기획 회의에서 이루어진다.

이것이 결정된 후 대부분의 일은 PD의 손이 닿아야 마무리된다. 매주 짜여진 식단을 준비하기 위해 필요한 재료(=영화)를 모으고, 그 재료들을 조리할 수 있게 다듬는 일에 PD는 대부분의 시간을 투자한다. 프로그램에 쓸 적절하고도 좋은 장면을 골라 줄거리를 잡고 그에 따라 작가가 쓴 원고를 검토하고 그 내용이 출연자를 통해 시청자들의 눈과 입까지 잘 전달될 수 있도록 준비하고 요리(=촬영 및 녹화)하는 것이다. 그리고 마지막으로 최소한 하룻밤을 새며 잘 버무려야(=종합 편집) 비로소 장면 하나, 내용 하나하나가 먹을 만한 음식(=프로그램)이 되어 시청자들에게 선보이게 된다.

가끔 방송 일을 하는 동료 PD들에게조차 뭐 그리 어려운 일이냐는 애기를 듣곤 한다. 남들이 찍어 놓은 영화 장면을 편집하는 것이니 어렵지 않다는 뜻이겠지. 그럴 것도 같다. 다른 프로그램에 비해 촬영분도 상대적으로 적으니.

그러나 실상은 전혀 다르다. 자신이 촬영한 것보다 편집에 훨씬 더 손이 많이 간다. 러닝타임 90~120분 정도의 영화 한 편에서 꼭 필요한 1컷, 혹은 3~4컷의 좋은 장면을 찾기 위해 최소한 영화를 처음부터 끝까지 봐야 한다. 필요에 따라 빨리보기를 사용한다고 해도 영화 딱 한 편 보는 데 30분 이상이 걸린다. 그렇게 찾은 장면들을 모아 내가 생각하는 나름의 리듬과 이야기를 만들어 다시 편집해야 한다. 그러면서도 그 영화들이 지닌 원래의 분위기나 의미를 제대로 전달할 수 있어야 한다.

:: 2000년 7월 체코의 '카를로비 바리 영화제'에 참석한 이창동 감독(오른쪽)과 담소를 나누고 있는 필자 이승훈 PD. 당시 이창동 감독은 '박하사탕'으로 2등상인 심사위원대상을 수상했다.

따라서 영화 프로그램은 PD(와 작가)의 개인적인 역량에 프로그램의 질이 달려 있다 해도 과언이 아니다. 또 그 역량은 바로 영화에 대한 애정에서 비롯되고 그에 비례한다.

예술성과 오락성 사이의 외줄타기

영화 프로그램을 만들면서 넘어야 할 큰 산 중 하나는 바로 중심 잡기다. 영화라는 매체가 가진 양면성, 즉 예술적 요소와 오락적 요소를 조절하는, 이른바 '줄타기'. 영화에 대한 정보를 과다하게 담아도 자칫 영화를 보기 전에 관객들의 김을 빼게 되고, 충분한 고민 없이 프로그램을 만들면 특정 영화에 대한 홍보물로 전락하기도 한다. 게다가 영화를 보는 시청자들의 기호나 취향도 마니아에서 재미 위주의 영화 관람객까지 양 극단을 축으로 다양한 스펙트럼을 그린다. 이런 양 축을 적절히 충족시키고, 조절하면서 영화에 대해서도 객관적인 시각을 유지하는 것이 사실은 영화 프로그램을 만드는 PD들이 가장 어려워하는 부분이다. 가장 어렵지만 제일 중요하기도 하다.

영화 프로그램은 전문성이 각별히 요구되는 영역이다. 모든 방송 프로그램이 그렇지만 특히 영화 프로그램은 쉽게 생각하고 접근하면 양 극단의 시청자군 모두에게 외면당한다. 뿐만 아니라 영화 자체가 가진 양면성, 즉 상업성과 예술성을 적절히 버무리지 못할 경우, 공공재인 방송의 공익성을 다른 장르의 프로그램보다 더 쉽게 훼손하는 결과(직접적인 영화 홍보 효과 등)에 직면할 수 있다. 때문에 현재 공중파 방송사 영화 전문 PD들은 대부분 수년간 영화 프로그램을 연출하고 있다.

영화 전문 PD들의 전문성이 중요한 또 한 가지 이유는 매년 각국에서 생산되는 수백 편의 영화들을 놓치지 않고 보면서 해외와 국내 영화계의 흐름을 꿰고 있어야 하기 때문이다. 내가 2000~3000편의 영화들을 봐야 했던 이유도 여기에 있다. 끈기 있고 부지런한 영화 보기와 자신의 프로그램에서 다룬 자료들이 PD에게 축적되고, 또 축적된 유무형의 자료들을 종횡으로 연결해 다시 요리할 수 있는 노하우를 쌓아야 프로그램을 잘 만들 수 있다. 이런 경험과 노하우는 결코 1~2년 사이에 얻을 수 없다.

아무리 영화를 좋아해도 매주 수 편의 영화를 보고, 분석하고, 편집하고, 원고를 추스르는 일이 마냥 유쾌할 수는 없다. 더구나 영화 프로그램 제작을 오로지 '일'로만 여기고 덤벼들다간 초장에 KO패 당하기 십상이다. 애호가처럼 영화를 좋아하기만 해선 안 되는 이유가 여기에 있다.

2002년 3월 EBS 〈단편영화극장〉이 폐지되었을 때 영화인들과 시민

:: 필자 이승훈 PD는 한국에선 유일하게 2000년 7월, 체코의 '카를로비 바리 영화제' 취재를 갔다. 이 영화제는 베를린 영화제, 칸 영화제, 베니스 영화제와 함께 세계 4대 영화제에 속하는 권위 있는 영화제로 꼽힌다.

사회 단체는 프로그램 재편성을 요구하는 성명서를 발표했다. 시사 프로그램의 경우 그 주제나 소재에 따라 방송 여부에 관한 찬반 격론이 붙는 경우가 종종 있고, 오락 프로그램은 상업성이나 선정성 때문에 비판을 받은 적이 있지만, 영화 프로그램 폐지에 대해 시청자들이 재편성을 요구한 것은 최초인 것으로 알고 있다. 이는 방송 프로그램이라는 대중문화를 시청자가 능동적으로 수용하려는 의지를 적극적으로 표출한 작지만 의미 있는 사건이었다. 시청자들이 이렇게 적극적으로 행동한 것은 〈단편영화극장〉이 시청자와 함께 호흡하기 위해 애써 왔고, 그 노력을 인정받은 것이 아닌가 한다.

사회의 공기(公器)인 방송이 시청자와 함께 호흡하지 않으면 더 이상 그 역할을 할 수 없다는 것은 변치 않는 진리다. 프로그램이 시청자와 교감하고, 상호 작용하는 것은 당연한 것이지만, 지금까지 한국의 방송은 그렇지 못한 경우가 많았다. EBS는 조금 비켜서 있지만, 그간 한국 방송은 시청률이라는 거대한 벽에 막혀 시청자와의 교감을 통한 능동적 수용자군 형성에 적극적이지 못했다. 문제는 시청자와의 교감이 없으면 PD도 프로그램 제작할 때 동기 유발이 약하게 되고, 방송인의 역할을 망각하기 쉽다는 데 있다. 즉 구조의 악순환에 빠지는 것이다. 유럽 등 서구에서는 쉽게 볼 수 있는 BBC, 아르테 TV, 카날 플러스, 채널4 등 고급 교양·지식 전문 채널이 한국에도 하루 빨리 만들어져야 보다 성숙한 시민문화가 형성될 수 있다.

'영화' 세계에서 연결고리 역할을

〈질투는 나의 힘〉을 만든 박찬옥 감독이 장편영화 감독으로 데뷔하기 전의 일이다. 박찬옥 감독은 내게 "영화 프로그램을 몇 년째 계속 맡는 게 지겹지 않냐?"고 정색을 하고 물었다. 그때 나는 "사람들이 좋다. 영화가 좋다."고 웃으면서 대답했다. 그때나 지금이나 이 생각엔 변함이 없다. 영화 프로그램을 맡고 있어서 영화를 둘러싼 수많은 사람들을 만날 수 있었고, 그렇게 만난 사람들은 대부분 좋은 사람들이었다.

나는 영화 전문 PD가 영화에 대한 무한한 애정으로 프로그램을 열심히 만드는 것에 안주해선 안 된다고 말하고 싶다. 영화를 만드는 사람들, 영화를 보는 사람들, 그리고 영화에 대해 평하는 사람들, 이 세 축의 중간에서 영화 프로그램이 일정한 역할과 기능을 해야 한다. 영화 감독이나 제작자, 관객 그리고 영화 평론가 사이에서 영화 전문 PD는 때론 이 세 부류와 전혀 섞일 수 없는 국외자이면서도 때론 가장 얘기가 잘 통하는 연결고리 역할을 할 수 있다. 이것은 나의 개인적인 경험에서 획득한 진실이기도 하다.

1996년 즈음, 나는 〈시네마천국〉을 제작하면서 한국 영화를 많이 다뤘다. 요즘은 프로그램에서 한국 영화를 소개하지 않으면 시청률이 하락한다니 정말 격세지감을 느낄 정도지만, 당시만 해도 한국 영화가 관객들의 주목과 사랑을 받기 이전이어서 한국 영화를 소개하려면 낮은 시청률과 냉담한 시청자 반응을 각오해야 했다. 그 무렵 대기업 자본이 영화 시장에 투입되고, 한국 영화에 대한 투자가 조금씩 늘어나기 시작했지만 관객들은 한국 영화를 외면하는 형편이었다. 대다수 관객(시청자)은 외국 영화를 선호했고, 〈시네마천국〉 시청자들은 희귀 영화, 예술 영화가 더 많이 소개되기를 바랐다.

이런 분위기를 알고 있음에도 나는 의식적으로 한국 영화를 많이 소개했다. 영화 현장에서 만난 사람들에 대한 믿음이 있었기 때문이다. 내가 만난 한국의 영화인들은 한국 영화에 대한 엄청난 애정은 물론이고, 한국 영화를 외국 영화에 비해 손색없이 만들려고 끊임없이 노력했다. 영화를 만드는 사람과 영화를 보는 사람의 중간 위치에 있는 나는, 그들이 서로 소통할 수 있는 기회와 마당을 만들어 주어야 한다고 생각했다. 그것이 영화 전문 PD의 소임이며, 방송의 영화 프로그램이 할 일이라 여겼다.

현재 한국 영화가 40% 이상의 시장 점유율을 확보하고 관객들의 엄청난 사랑을 받게 된 이유에 대해 대부분의 사람들은 스크린 쿼터 제도를 든다. 어느 정도는 맞다. 그러나 1998년 수많은 영화인들이 스크린 쿼터 사수 투쟁에 나설 수 있었던 것은 그 이전부터 한국 영화를 잘 만들려는 노력을 기울이고 있던 영화인들이 있었기 때문이라고 생각한다. 나는 프로그램을 제작하면서 그런 영화인들을 많이 만났다. 그 사람들 덕분에 나는 더욱 용기 내어 독립 영화를 포함한 한국 영화를 소개했다. 이런 시도에 대해 시청자(혹은 관객)들이 격려해 주어(당시엔 상대적으로 소수였지만) 더욱 힘을 낼 수 있었다.

영화인(평론가를 포함해서)과 관객 사이에 내가 만든 영화 프로그램이 있고, 그들을 서로 이해하고 소통하는 데 중요한 역할을 하는 것이 바로 내가 만든 프로그램이라는 것을 확인하는 것은 사회로부터 부여받은 PD의 소임을 재확인하는 과정이기도 하다.

문화사 다큐멘터리를 만드는 심정으로

영화 전문 PD는 아티스트인가? 저널리스트인가? 개인적으로는 오래 전에 저널리스트라고 결론을 내린 적이 있다. 방송 프로그램 자체가 예술품이라기엔 무리가 있으니 원천적으로 방송 PD들은 아티스트가 아닐지도 모른다. 다만 드라마나 고급 교양물을 만드는 PD들은 아티스트에 더 가깝고, 시사물이나 취재물을 만드는 PD들은 저널리스트에 더 가깝다.

영화라는 이미 생산된 예술품 혹은 문화 상품을 소재로 2차적인 가공을 하는 영화 프로그램의 속성상 1차적 창조가 불가능하다. 그래서 영화 전문 PD는 저널리스트라고 생각한다. 영화는 '시대의 산물'이자 '세상을 보는 거울'이라는 명제를 나는 믿는다. 영화만큼 그 시대를 명확하고 구체적으로 잘 보여 줄 수 있는 문화 산물이 없다. 이런 시대 산물인 영화를 해석하는 방법을 일러 주어, 사람들이 영화를 통해 살아온 현실은 물론 스스로를 돌아보며 반성할 수 있는 단서를 찾을 수 있게 한다면 참 대단한 것 아닌가. 내게는 그 방법을 일러 주는 매개체가 영화 프로그램이다.

이것은 일종의 다큐멘터리 정신이라고 할 수 있다. 나는 매주 만드는 영화 프로그램이 영화를 주요 재료로 하는 일종의 '문화사 다큐멘터리'라고 생각해 왔다. 스타일이나 포맷, 내용은 다큐멘터리와는 전혀 상관이 없지만, 그 접근 방식이나 매주 프로그램을 대하는 나의 태도에 의도적으로 다큐멘터리 정신을 집어넣으려는 나름대로의 주술(呪術)이기도 했다.

영화 전문 PD는 영화에 미쳐야 한다. 영화라는 매체를 단지 프로그램 소재 이상의 문화 매체로 이해해야 한다. 좀 거창하긴 하지만 영화 프로그램을 만드는 일이 곧 문화 운동이라는 생각을 가질 필요가 있다. 영화를 소개하는 작업이 결국은 우리 사회의 문화적 다양성을 제고하고, 더 나아가 문화를 좀 더 윤택하고 풍부하게 하는 데 일조할 수 있어야 한다. 다른 사람에게 '너 미쳤구나.' 하는 말을 들을 때 비로소 '영화 전문 PD'가 되는 것인지도 모른다. 사실 이 정도로 미치지 않으면 영화 프로그램을 만드는 일은 무척 지루하고, 금방 힘이 빠지는 일이 되기도 한다.

그러나 내가 하는 일이 우리 문화 발전에 중요한 역할을 한다는 확신이 생기고, 미치게 되면 지루함이 파고들 틈은 없다. 나는 의미 있는 독립 영화, 한국 영화를 발굴해 관객과 조우하게 하는 것, 그래서 그들이 소통하고 이해하는 것이 결국 우리 문화를 살지우는 일이라는 걸 깨닫는다.

우리 시대의 좋은 사람들을 만나고, 우리 시대의 문화를 풍부하게 하면서, 사람들 간의 소통에 도움이 되고 싶은 사람이 있는가. 바로 그 사람이 영화 전문 PD가 되어야 한다.

사람 홀리는 마법의
세계에 빠지다

| 민영문 |

KBS 외주제작국 만화영화 차장. 1987년 KBS에 입사해 〈아기공룡 둘리〉를 시작으로 〈날아라 슈퍼보드〉 〈영심이〉 〈꼬비꼬비〉 〈검정 고무신〉 등 지금까지 총 40여 작품 660여 편의 방송용 애니메이션을 기획 및 연출했다. 뉴욕 페스티벌 동상, 한국 방송대상을 수상했다.

나는 남들보다 만화를 더 좋아한 것도 아니고, 만화나 애니메이션에 대한 식견이 있었던 것도 아니었다. 청소년 시절에도 또래의 다른 학생들과 마찬가지로 시험이 끝나면 만화책 빌려다가 선생님이나 부모님 몰래 숨어서 보는 정도인, 만화에 대해서는 그저 그런 평범한 사람이었다. 워낙 시골에서 자라 도회지 아이들처럼 만화를 접할 기회도 별로 없었다. 군복무 시절 함께 근무하던 분 중에 부인이 만화가게를 하는 분이 있어, 당시 인기 있던 『공포의 외인구단』『신의 아들』과 같은 만화와 무협지를 밤새워 읽으면서 무료했던 군 생활을 보낸 것이 내가 만화를 가장 가까이 접한 유일한 시기였다. 이처럼 만화나 애니메이션에 별다른 관심이나 이해도 없었던 내가 애니메이션과 인연을 맺게 된 것은 순전히 고 조봉남 여사님과의 운명적인(?) 만남 때문이다. 조 여

:: 한국 최초의 국산 TV 만화영화 〈떠돌이 까치〉.

사님은 1986년 KBS에 입사해 1987년 5월 5일 어린이 날 방송한 한국 최초의 국산 TV 만화영화인 〈떠돌이 까치〉를 기획하여 한국 TV 애니메이션의 시대를 연 분으로 당시 직책은 만화영화 제작위원이었지만 회사 내외를 막론하고 사람들은 직책 대신 그분을 조 여사님이라고 불렀다.

나는 1987년 KBS에 공채로 입사했다. 방송에 대한 기대를 안고 KBS를 선택했으나 막상 입사 후 안에서 보는 방송사의 모습은 입사 전 기대했던 것과는 너무나 달랐다. 우선 희망하던 제작 부서가 아니라 편성실에 배치를 받았다. 지금은 상황이 많이 달라졌지만 당시 편성실은 희망자가 많지 않은 부서였다. 내가 처음 편성실에 배치를 받고 했던 일은 그야말로 복사나 하고 편성표나 배달하는 것이었다. 동기 중에서 가장 나이가 많아 군대를 갔다 오지 않은 동기들과는 7~8년이나 나이 차가 났으며 이미 증권회사와 통신회사를 포기하고 KBS를 선택한 나는 또 다른 선택의 기회가 없는 현실에서 하루하루 답답한 직장생활을 보내게 되었다.

이런 와중에 조 여사님을 만나 뜻하지 않게 애니메이션의 길로 들어서게 되었다. 당시 이 길을 선택했을 때, 주위 선배들과 동기들 중에는 반대한 사람들도 많았다. 하지만 나는 이왕 뜻을 정한 이상 10년 정도 이 일에 인생을 걸기로 작정을 했다.

내가 참여를 하게 되자 조 여사님은 매우 기뻐하였다. 나이 많은 여자 혼자 힘으로, 그것도 낙하산이라는 주위의 질시 속에서 제작비 많이 쓴다고 '도둑×'이라는 소리를 들을 만큼 지금으로서는 상상도 할 수 없을 정도로 애니메이션에 대한 부정적 시각이 팽배하던 당시 방송사 내에서 혼자 애니메이션 제작에 매우 힘들어하던 조 여사님은 여러 사람에게 애니메이션을 권유하며 같이 일할 후배를 찾고 있었던 것이다.

한국 애니메이션 사상 최초 해외상 수상(?)

1988년부터 나는 방송용 애니메이션을 하게 되었고, 조 여사님과 나는 이때부터 - 2년여 동안 내가 올림픽으로 잠시 자리를 비운 때를 제외하곤 - 힘들지만 서로 의지하고 위로하면서 참 즐겁게 일했다. 이때 함께 만든 작품이 〈아기공룡 둘리〉〈2020년 우주의 원더키디〉〈옛날 옛적에〉 등이었다. 오전에는 회사에서 만화책에 빨간 줄 그어 가며 읽으면서 소재를 찾고 오후에는 애니메이션 제작사를 순례하며 쟁쟁한 감독들, 제작자들 만나서 토의하고 저녁에는 녹음실에서 대사 녹음하고 효과 음향과 배경 음악을 믹싱하면서 정신없이 2년을 보냈다. 애니메이션 PD란 말이 생소하던 초창기, 이처럼 정식으로 애니메이션의 기획과 제작, 사업을 배울 수 있었던 것은 나에게 큰 행운이었다. 그러던 중 조 여사님이 1990년 초에 개인적인 사정으로 KBS를 사직하고 일본으로 떠나는 바람에 나는 혼자서 애니메이션 제작 일을 감당해야 했다. 그 후로 〈영심이〉를 비롯해 〈날아라 슈퍼보드〉〈은비까비의 옛날 옛적에〉〈꼬비꼬비〉〈공자전〉〈녹색전차 해모수〉〈레스톨 특수 구조대〉〈검정고무신〉〈붕가부〉〈탱구와 울라숑〉〈사이버 영혼 바스토프레몬〉〈바다의 전설 장보고〉〈채채퐁 김치퐁〉 등을 만들었다.

예나 지금이나 한국에서 애니메이션을 제작하는 데 있어 가장 먼저 부딪히는 문제는 시나리오이다. 〈옛날 옛적에〉를 기획하던 1989년 당시 애니메이션 시나리오에 대한 필요성을 절감하고 방송사에서 이를 어느 정도라도 해결해 보고자 하는 뜻으로 1990년부터 3년간 'KBS TV 애니메이션 시나리오 공모'를 실시한 적이 있다. 지금은 애니메이션 시나리오 전문 작가들도 있고 또 애니메이션 시나리오 작가 양성 과정 및 지망하는 학생들도 많이 있지만 당시만 해도 전문 작가도 없고, 또 여기에 투자할 여력도 없던 시기였다. 이때 뽑아서 제작한 작품이 〈햇살나무〉〈지구는 초록별〉〈꼬비꼬비〉 등이다. 특히 〈지구는 초록별〉은 뉴욕 페스티벌에서 동상을 수상했는데, 한국 애니메이션이 해외 페스티벌에서 수상한 것은 처음이었다. 난생 처음 가 본 뉴욕에서 시골 촌놈인 나는 다양한 인종들의 다양한 문화에서 많은 충격을 받았다. 그 비싼 뉴욕 맨해튼 한복판의 고층 건물 1층 상점에서 애니메이션 컬러 셀이 1000불이 넘게 팔리고 있는 것도 보았고, 돌아오는 길에 LA에 들러 디즈니를 비롯한 세계 최고 애니메이션 스튜디오들을 둘러보고 세계를 지배하는 그들의 저력에 한없는 부러움과 함께 한국 애니메이션을 그들처럼 키워 보자는 다짐을 하기도 하였다. 그러나 'KBS TV 애니메이션 시나리오 공모'는 3년 만에 중단되었다. 만약 시나리오 공모가 드라마 극본 공모처럼 지금까지 계속되었으면 한국 애니메이션의 발전에 크게 기여하였을 것이라는 아쉬움이 남는다.

애니메이션도 사람이 하는 일

흔히 애니메이션은 제작비만 주면 프로덕션에서 전부 그려 오는 줄로 잘못 알고 있는 경우가 많다. 심지어 방송사 내의 다른 PD들조차도 그런 질문을 하곤 한다. 하지만 애니메이션은 단순한 그림의 나열이 아니다. 애니메이션은 영화배우 대신 캐릭터들이 살아서 움직이는 영화인 것이다. 애니메이션은 그림 잘 그리는 사람 몇 명이 모여서 그림만 그린다고 되는 것이 아니다. 그림 실력으로만 본다면 한국 애니메이터들의 그림 실력은 세계 최고 수준이라고 할 수 있다. 그러나 한국의 창작 애니메이션이 세계 최고 수준이라고는 아무도 말하지 않는다. 한때 한국이 세계 3대 애니메이션 제작국이라고 이야기할 때는 대량 생산이라는 그림 실력만을 의미하는 것이었다. 영화가 잘 되려면 기획, 시나리오, 감독, 연기자, 음악, 편집, 배급, 마케팅 등이 총체적으로 어우러져 훌륭한 영화가 만들어지듯이 애니메이션 또한 이러한 모든 분야가 조화를 이루어야 훌륭한 애니메이션이 만들어지는 것이다.

애니메이션을 제작할 때 처음엔 너무 막연하다. 실체는 아무것도 없이 머릿속에 막연한 생각뿐이다. 이 세상에 널려 있는 것뿐만 아니라 먼 우주의 이야기까지 애니메이션의 소재가 될 수 있지만 좋은 소재를 찾는 것은 쉬운 일이 아니다. 다행히 만화나 게임, 소설, 동화 같은 좋은 원작이 있는 경우는 다행이지만 요즘은 좋은 원작 만나기도 쉽지 않다. 국내 및 해외 애니메이션계의 경향도 파악해야 하고, 이 세상 모든 애니메이션과 차별화도 해야 한다. 예를 들어 일본에서는 포켓 몬스터 이후에 디지몬이 나오는 게 전혀 이상한 일이 아니지만 한국에서 이러한 기획은 자살 행위다. 둘리 캐릭터가 이미지나 디자인 면에서 전혀 다른 미국의 덴버를 베낀 거라고 이야기하는 사람이 있을 정도였으니까. 또 애니메이션을 기획할 때는 캐릭터 사업이나 해외 판매와 같은 사업성도 신경을 써야 한다. 한국의 방송사 애니메이션 PD들은 국내 방송사끼리의 경쟁하는 것이 아니라 전 세계 애니메이션 PD들과 경쟁을 해야 하는 것이다. 그런데 그들은 우리와 비슷한 수준이 아니라 세계 최고 수준이며 그들은 우리가 갖추지 못한 인프라와 시장을 갖고 있는 것이다.

소재가 정해지면 소재의 사업성, 스토리의 발전 가능성, 제작 예산, 제작사의 사정, 방송 가능성과 방송 일정, 마케팅적 요소 등을 종합적으로 검토해 작품의 컨셉트와 포맷 등을 결정해야 한다. 극장용 장편으로 제작할 것인가, 아니면 비디오용(요즘은 DVD용으로 제작하기도 함) 또는 TV용으로 할 것인가. 또 특집으로 할 것인지, 시리즈로 할 것인가, 시리즈는 몇 편으로 할 것인가도 결정해야 한다. 다음으로 작품의 스타일, 예를 들어 삽화체나 만화체 등을 정하고 작품에 맞는 작가와 디자이너, 감독 등과 함께 시놉시스를 만들고 캐릭터와 배경 이미지를 만든 후 제작사를 정한다. 공동 제작을 할 경우에는 펀드나 투자사, 사업 대행사 또는 해외에서도 제작비를 모으고 제작비 부담 비율과 권리 배분 및 사업 영역과 업무 분담, 방송 일정, 사업 계획 등을 결정해야 한다. 이러한 작업은 하나씩 순차적으로 이루어지는 것이 아니라 동시에 진행되며 수많은 논의와 치열한 협상을 거치게 된다. 특별한 경우를 제외하고 애니메이션은 여러 회사나 사업자가 모여 공동 제작 형태로 만들어진다. 그것이 서로 위험 부담(리스크)을 줄이고 각자 전문 분야의 장점을 살려 시너지 효과를 거둘 수 있기 때문이다. 이러한 모든 것이 정해지면 계약 당사자와의 계약이 이루어진다. 원작자가 있으면 원작 계약, 공동 투자자가 있으면 공동 투자 및 공동 제작 계약, 사업 계약, 배급 계약, 제작 계약, 감독이나 음악에 관한 계약 등이 이루어진다. 이때가 애니메이션 PD가 리더십을 발휘할 가장 중요한 때다. 작가나 캐릭터 및 배경 디자인, 제작사, 감독 등 스태프를 정할 때도 PD는 자신의 네트워크와 업계에서 쌓은 정보를 총동원하여 최상의 작품을 제작할 수 있도록 해야 한다. 축구에서 골 잘 넣는 선수가 수비도 잘하는 것은 아니듯, 명성만 듣고 선정할 경우 실패하는 경우가 많다. 제작사를 정할 때도 그 회사의 인력 확보 상태와 경영 상태, 경영자와 직원들의 의욕 등을 잘 살펴야 한다. 애니메이션은 기계나 장비가 중요한 것이 아니며 사람이 하는 것이고 특성상 영화와 같은 실사와는 달리 중간 과정에서 체크하기가 어려우며 필름이 나온 후에야 그 품질을 판단할 수 있기 때문이다.

우리 아이에게 우리 애니메이션을!

계약이 체결되면 제작 단계로 들어간다. 먼저 작가가 쓴 시나리오를 직접 검토하고 수정할 것은 수정 작업을 한다. 대개 애니메이션 시나리오는 작가의 초고에서 최소 2~3회 이상 수정되며, 십여 회까지 수정하거나 심지어는 시리즈 전편의 시나리오를 다시 쓴 적도 있다. 이렇게 완성된 시나리오를 바탕으로 그림 콘티를 작성하게 된다. 콘티 역시 보통 2~3회 이상 수정하고, 콘티가 확정되면 작화 단계로 들어간다.

예상치 않게 수정 과정을 많이 거치다 보면 초기 시작 단계에선 일정에 좀 여유가 있다가도 막바지에선 항상 방송 일정에 쫓기게 된다. 자꾸 시나리오가 늦어지고 콘티가 늦어지면 시간이 부족해 마지막에는 '철철철 야야야'(철 - 철야, 야 - 야근)를 하게 되는 것이다. 제작 단계에서 PD가 가장 주의해야 할 것은 작가나 감독 등 스태프들의 창작 의욕을 최대한 살리면서도 효율적으로 진행해야 한다는 것이다. 의욕이 지나쳐 역량상 불가능한 것을 요구해서도 안 되며 또 작품의 품질을 너무 쉽게 포기해서도 안 된다. 애니메이션 제작은 시간과의 싸움이며 아무리 잘 만들어도 방송 일정에 늦으면 아무 소용이 없기 때문에 일정과 품질이 충돌할 경우에는 일정을 선택할 수밖에 없다.

이렇게 메인 프로덕션이 끝나면 사운드 등 포스트 프로덕션을 하게 된다. 외국에서는 제작 프로덕션에서 사운드 작업을 맡지만 국내에서는 방송사 PD가 직접 담당하는 경우가 많다. 국내 창작 애니메이션의 사운드 작업은 대사 녹음, 음향 효과, 음악, 믹싱 등이며 대사 녹음도 수입 애니메이션의 더빙과는 달리 작업 과정이 복잡하고 시간도 오래 걸린다. 사운드 작업은 애니메이션 제작의 마지막 단계이기 때문에 숙명적으로 항상 시간이 부족하게 된다. 흔히 사운드의 중요성을 간과하기 쉬우나 신부에게 마지막 화장을 하는 것만큼 사운드도 중요하며 완벽한 사운드 작업 후에야 비로소 캐릭터들은 완전한 생명을 부여 받고 애니메이션은 하나의 영화로 완성된다. 사운드의 수준에 따라 애니메이션의 가치가 달라진다.

애니메이션 PD는 국내외의 시장 흐름과 사업성 등을 감안하여 성

:: TV 애니메이션으로는 드물게 방송 3사를 통틀어 주간 시청률 1위를 차지하기도 했던 〈날아라 슈퍼보드〉.

공할 수 있는 작품을 기획해야 하며 품질 관리에도 한 치의 빈틈이 있어서는 안 된다. 또한 흥행과 사업 등 작품의 성패에 무한 책임을 져야 한다.

필름이 1차 완성된 후에는 소위 '콤마돌이'라고 하여 한 프레임씩 돌려 가면서 15분짜리 한 편에 10시간 가까이 필름을 체크하고, 저녁에 녹음하고, 밤새워 믹싱하고, 아침부터 편집하여 방송용 테이프를 넘기고 사무실에 올라오면 하루를 어떻게 보냈는지 아득하다. 〈영심이〉를 시청한 성남 사는 슈퍼마켓 주인아저씨의 전화 한 통화, 〈바스토프 레몬〉이 일본에서 시청률이 높고 반응이 좋다는 얘기, 그리고 로마에 갔을 때 이탈리아 TV에서 〈하니〉와 〈둘리〉를 보았다는 현지 유학생의 얘기 등 과거와 현재의 잔상들이 파노라마처럼 펼쳐지기도 한다.

애니메이션은 마법인 것 같다. 나 또한 처음 시작할 때 밑지는 셈 치고 한 10년 해 보자고 시작한 게 벌써 16년이나 지났고 업계 관계자들을 봐도 애니메이션 세계에 한번 발을 들여 놓으면 벗어나기가 쉽지 않은 모양이다.

초창기에 애니메이션을 시작한 덕분에 국내 애니메이션계에서 많은 기록을 갖고 있다. 지금까지 40여 작품 660여 편 이상을 만들었다. 이는 국내에선 가장 많은 제작 경험이며, 작품 종류로 보면 미국과 일본에서도 흔치 않은 기록이다. 1992년 11월에 방송한 〈날아라 슈퍼보드〉의 경우는 시청률 42.8%(점유율 78%)로 방송 3사 통틀어 주간 시청률 1위를 기록하기도 했다. 과문한 탓인지 해외에서도 이런 사례가 있었다는 이야기를 들어본 적이 없으며 앞으로 당분간 이런 일이 일어나기가 쉽지 않을 것으로 생각한다.

한국의 애니메이션은 한 번도 제대로 꽃피워 볼 기회를 갖지 못하였다. 초창기 시청률 및 사업성 때문에 반짝하던 시절은 있었으나 그것을 도약의 기회로 만들지 못했다. 애니메이션계의 내부 역량도 부족했고 환경도 성숙하지 못했다. 익지도 않은 열매만 탐하다 좋은 기회를 놓쳤다. 지금 한국 애니메이션은 어렵다. 사상 최악이라고도 한다. 그러나 여기서 포기할 수는 없다. 많게는 연간 수백억 원을 지불하고 우리 어린이들에게 미국과 일본의 애니메이션만 보여 줄 수는 없기 때문이다.

하나님의 은혜와 인도로 애니메이션을 시작했고 애니메이션 제작사보다는 비교적 형편이 좋은 방송사에서 애니메이션을 할 수 있게 된 것에 항상 감사한다. 한국의 애니메이션이 시청률 낮다고 공영방송에서조차 더 이상 천덕꾸러기 취급을 당하지 않고 세계 시장에 우뚝 서는 그날을 보고 싶고, 거기에 조그만 보탬이라도 되고 싶다. 작품성으로나 사업성으로도 애니메이션 역사에 고전으로 길이 남을 작품을 만들어서.

내 손 끝에서 수백 만 달러가 움직인다

| 김정기 |

EBS 편성기획팀 외화 담당 차장. 1990년 EBS에 입사해 1996년 이보영 씨 진행의 〈TV 영어회화〉를 연출한 것 이외에는 외화 프로그램 우리말 제작, 외화 편성 및 구매 등 줄곧 외화 프로그램과 관련한 업무를 계속하고 있다.

매년 4월과 10월이 되면 나는 성지 순례를 떠나듯 프랑스 남단의 아름다운 도시 칸을 찾는다. 에메랄드 쪽빛 바다와 그 위에 일렁이는 따가운 햇살. 늘 한결같이 반겨주는 칸과의 인연은 결코 녹록지 않아 벌써 햇수로 십 수년. 그곳의 조그만 골목 이곳저곳마다 내 지난날의 추억이 배어 있다. 눈부시게 푸른 바다와 남프랑스의 이국적 풍광, 접근이 용이한 지리적 여건 덕분에 칸은 일 년 내내 분주하다. 봄과 가을 두 차례에 걸쳐 칸 영화제로도 유명한 팔레 드 페스티발(Palais de Festival)에서 외화 마켓이 열리면 전 세계에서 모여든 만여 명의 외화 PD들은 10일간의 치열한 순례에 돌입한다.

외국에서 제작된 TV 프로그램, 즉 외화를 구매하여 우리말로 더빙하는 방송사 인력을 통칭하여 외화 PD라고 한다. 외화 PD는 방송사의 영화부 혹은 편성부에 배속되어 일하는데, 대개 외화 구매(acquisition)와 우리말 제작(dubbing)을 담당하는 PD로 나뉘어 운용된다. 즉 외화 PD 한 명이 두 가지 일을 동시에 담당하는 경우는 드물다. 그 두 업무의 성격 자체도 다르려니와 두 가지 일을 한 명이 동시에 감당하기에는 업무량이 많아 벅차기 때문이다. 그런 까닭에 외화 PD는 대개 구매 PD와 더빙 PD로 나뉘고, 하는 일 역시 당연히 다르다. 구매 PD가 프로그램 기획을 담당하는 PD(producer) 역할에 가깝다면, 우리말 제작을 담당하는 PD는 연출자(director)의 개념에 가깝다. 아직은 두 개념이 혼재되어 사용하고 있지만 우리나라에서도 기획을 담당하는 PD와 제작을 담당하는 디렉터의 역할이 점점 구분되는 추세에 있다.

외화 PD는 제2의 창작자

나는 1990년 겨울 EBS에 입사했다. 대학원 졸업 후 마땅한 자리를 잡지 못하고 소설과 신문 읽는 일로 한참의 세월을 보내던 끝이었다. 생소하기 그지없던 방송사 입사시험을 치렀고, 운 좋게 필기시험을 통과했다. 면접관들 앞에서는 '문학 담당 전문 PD'라는 포부를 피력했지만 정말 그런 꿈이 있었던 것은 아니니 순전히 면접 대비용 답변 자료였던 셈이다.

사정이야 어찌 되었든 당시에 내가 남들보다 조금이나마 더 아는 분야가 있었다면 그건 바로 우리나라 작가들의 소설 작품이었다. 김원일, 이청준, 이문열, 이문구, 한승원, 김주영, 황석영, 양귀자, 박범신, 한수산, 박경리, 오정희, 서정인, 조정래. 방송사 입사시험을 앞둔 그 겨울 무렵, 나는 그분들의 작품을 사나흘이면 한 권씩 미친 듯 읽고 있었다. 문학에 뜻을 둔 것은 결코 아니었고, 이렇게 책이라도 읽어 놓는 것이 불투명한 내 미래에 대한 일종의 투자라는 생각이 들었던 것 같다. 한 작품의 마지막 장을 넘기고 나면 뜨끈한 청주 한 컵과 어묵 국물로 기념을 삼았는데, 지금 돌이켜 보아도 참으로 쓸쓸한 의식이 아닐 수 없다.

대책 없이 불안하던 내 앞날에 대한 근심이 그만큼 컸던 때라 나는 면접관 앞에서 최선을 다해 이문구의 문장과 조정래의 태백산맥을 떠들었고, 그 절박함이 통했는지 최종 관문을 통과했다. 면접장에서 얼결에 나온 '문학 담당 전문 PD 운명론'이었지만, 막상 EBS에 입사하자 나는 정말 그 일이 하고 싶어졌다.

당시 EBS에는 문학 관련 프로그램이 있었는데, 평론가의 인터뷰와 작품의 줄거리가 깔끔하게 압축된, 돋보이는 좋은 프로그램이었다. 신입사원 연수가 끝날 무렵 나는 그 프로그램의 조연출 자리를 탐냈지만 정작 내 책상은 외화 팀에 준비되어 있었다. 지금이야 바뀌었지만 당시에는 '물 먹어' 가는 곳이 외화 팀이었다. ENG 카메라 메고 야외 촬영 다니는 입사 동기들의 위로가 있었고, 나는 사무실의 복사기를 타고 앉아 매일 수백 장이 넘는 더빙 대본 복사하는 일로 조연출 업무를 시작하였다.

입사 후 지켜보았던 TV PD의 일은 결코 만만치 않았다. 일견 화려하게 보이는 모습과는 달리 그 이면은 땀과 눈물이었다. 몇 갑의 담배와 십여 잔의 커피를 축내 가며 기획안을 내는가 했더니 담당 부장의 매서운 핀잔이 날아오고, 이제 촬영을 마쳤구나 싶더니 편집기 앞에서 고독한 날밤을 지새웠다. 빡빡한 촬영과 연이은 편집 일정도 무리였거니와 함께 일하는 수많은 스태프들도 만만치 않았다. 스트레스가 쌓이는 것은 당연했다. 옆 부서의 한 선배는 원형탈모증을 앓았고, 또 다른 부서의 여 PD는 유산을 했다는 소식도 들렸다. 그러나 놀랍게도 그들은 '슈퍼맨' 이었다. 제 날짜에 방송이 나가지 못한 적은 한 번도 없었다. 다만 시청률이 문제였다. 냉정하게 숫자로 표기된 시청률 앞에서 그 어느 PD도 자유롭지 못했다.

선배 PD들을 바라보며 나는 반문했다. 나는 과연 그들처럼 슈퍼맨이 될 수 있을까? 때로는 카리스마를 발휘해, 때로는 인간적으로 다가가면서 수많은 스태프들을 제대로 독려하고 이끌 수 있을까? 미학적으로 의미 있게 화면을 구성하고 만들 수 있을까? 한 편의 소설을 능가하는 이야기 흐름으로 감동을 줄 수 있을까? 방송 날짜가 코앞에 닥쳐 초읽기에 몰려도 끄떡하지 않고 마무리할 뚝심이 있을까? 시청자들의 냉정한 평가를 견뎌 낼 배포가 내게 있는가? 나도 과연 인정받는 PD가 될 수 있을 것인가? 불안한 의문은 꼬리를 물었다.

그러나 내가 처음으로 발령 받은 외화 팀은 다른 제작 부서와는 제작 과정이 많이 달랐다. 우리말로 외화를 더빙하는 작업은 보통 프로그램을 제작하는 것과는 달랐다. 우선 이미 외국에서 완성된 마스터 테이프가 외국어 대본과 함께 내 손에 들어 왔다. 외국어 해설 혹은 대사 부분을 우리말로 처리하는 작업은 비교적 단순하고 품이 덜 들었다. 프로그램 기획과 구성을 위해 작가나 출연자들과 머리 맞댈 일이 없었고, 일반 제작 부서의 동료들처럼 ENG 카메라 메고 산으로 벌판으로 뛰어다닐 일도 없었다. 녹화를 앞두고 스튜디오의 조명 문제로 골치 아플 일도 없었고, 유명인사를 출연시키기 위해 이리 뛰고 저리 뛰면서 진땀 흘릴 일도 없었다.

하나의 프로그램을 기획하여 직접 제작하는 다른 부서 동료 PD들의 일이 '창작' 과도 같았다면, 내가 외화 팀에서 담당했던 우리말 더빙 작업은 일종의 '번역'이라 할 수 있었다. 촬영을 나갈 일도, 스튜디오 녹화를 할 일도, 유명인사를 섭외할 일도 없는데, 비교적 단순하고 품이 덜 드는 일이라고 생각했는데, 어려웠다. 흔히 '번역은 제2의 창작'이라고 말하는데 정말 실감나는 표현이다. '번역'도 제대로 하려니 '창작'만큼 힘이 들었다. 창작 활동에 따르기 마련인 고도의 섬세함은 번역에 있어서도 똑같이 요구되었다. 같은 배역이라도 어떤 성우가 하느냐에 따라 각각 느낌이 달랐고, 느낌이 다르면 시청률이 달랐다. 반복해서 테이프를 보지 않으면 프로그램을 분석할 수 없었고, 분석하지 못하면 캐스팅을 할 수 없었다. 적절치 못한 우리말 어휘 한 마디가 프로그램을 살리고 죽이는 경계가 되었으며, 최고의 성우들을 한자리에 모으는 것도 전화 몇 통화로 되는 건 아니었다. 화려한 학력의 번역가는 생경한 번역으로 나를 당황케 했고, 선생님 소리 듣는 중견급 성우들은 연습 한 번 안 하고 스튜디오에 들어왔다. 세상에 쉬운 일은 결코 없었다.

하지만 시간이 흐르면서 얻는 점도 많았다. 우리말의 어법과 어휘의 쓰임새에 더욱 신경을 쓰게 되었고, 끊임없이 들어오는 외화 프로그램을 통해 늘 새로운 지식을 접할 수 있었다. 천의 목소리를 지닌 성우들의 연기 덕분에 가슴이 뛰었고, 내용 감수를 위해 만났던 각계의 전문가들은 신선한 학문적 자극을 주었다. 헤드폰 끼고 원본 테이프 보며 번역 대본 읽는 일이 우리말 작업하는 준비 과정이어서 따로 영어 공부할 필요도 없었고, 일반 제작 부서와는 달리 규칙적인 제작 스케줄이 가능했기에 남는 시간도 계획적으로 관리할 수 있었다.

"나는 준비되어 있다"

이렇게 더빙 PD로 자리를 잡을 무렵 회사에서는 구매 쪽에서 일할 것을 제의해 왔고 나는 "준비되어 있다."고 대답했다. 쉬운 일은 아니었지만 겁먹을 필요도 없었다. 영어도 통했고 안목도 있었다. 셈에도 꼼꼼했고 성실함도 충분했다.

〈심슨가족〉과 같은 만화에서부터 〈X파일〉과 같은 드라마, 각종 다큐멘터리에서부터 블록버스터 영화에 이르기까지 구매 PD의 손길을 거치지 않는 외화는 없다.

외화 구매도 기획이 중요하다. 무슨 프로그램을 살 것인가? 왜 사야 되는가? 시청자들은 어떤 반응을 보일 것인가? 편성 담당 PD들과 난상 토론이 끝나면 본격적인 정보 수집에 나선다. 전문 잡지를 훑어야 하고, 끈기 있는 인터넷 서핑은 기본이다. 해외 공급사에 전화를 걸어야 하고 그들의 이메일 답신을 기다린다. 국내외 할 것 없이 시청률은 중요하다. 내용도 물론 중요하지만 시청자들이 봐 주지 않으면 의미가 없다. 예상과 실제는 다르기 마련이고 그 격차를 줄이는 것이 내가 할 일이다. 해외 현지의 반응과 제작비 규모, 출연자 면면은 보내 주는 자료를 기초로 짚어 보면 되지만, 프로그램 완성도를 가늠하는 것은 온전히 구매 담당자의 안목과 비례한다.

이런 치밀한 사전조사로 어느 정도 판단이 서면 시사용 샘플 테이프를 해외 공급사에 요청하고, 이를 시사하며 내부 논의를 거친다. 급한 물건은 이메일과 전화를 이용해 가격과 조건을 논의하고, 여유가 있으면 해외 마켓에서 딜 메모(Deal Memo, 정식 계약서를 작성하기 직전에 단계로, 실무자들끼리 핵심적인 약속 사항을 문구로 정리해 교환하는 문서)를 주고받았다. 딜 메모에 기초해 계약서가 오가고 방송용 원본 테이프가 세관을 통과하면 방영권료를 지급한다. 편성이 확정되고 나면 그 다음 일은 더빙 PD의 몫이다. 외화 구매 PD가 하는 일이 프로그램을 제작하는 PD의 그것과 다를 것 같았지만 다를 게 없다. 기획력과 추진력은 물론 판단력과 인내력이 없이는 아무것도 안 된다. 해외의 좋은 프로그램을 타 방송사에 앞서 선점하겠다는 외화 PD의 뜨거운 근성과 시청률 경쟁에서 이기려는 제작 PD의 열정은 다를 바 없다.

연출권을 갖는 명실상부한 한 명의 PD가 되려면 조연출(AD, Assistant Director) 기간을 열심히 보내야 한다. 나에게도 외화 구매의 기초부터 차근차근 익혀 나갈 최소한의 기간이 필요했고, 세월이 흐른 뒤 선임 PD와 함께 프랑스 칸으로 첫 해외 출장을 떠났다. 엘바 섬을 탈출한 나폴레옹이 상륙하였다는 작은 어촌 골페주앙의 조그만 호텔에 방을 잡고, 이른 아침 목덜미를 살랑거리는 미풍에 몸을 기댄 채 지중해 그 푸른 쪽빛을 바라보며 나는 감격했다. 이전에 방문했던 외국의 어느 다른 도시에서도 결코 느낄 수 없었던 그 평화롭고 이국적인 감흥. 김화영의 장 그르니에가 강렬하게 각인시켜 주었던 지중해의 색감과 여유로움은 결코 과장이 아니었다. 대학원 입학시험 준비를 위해 익혔던 몇 마디 불어 단어를 써먹으며 식당에서 아침 식사를 주문했고, 그곳에서 마주친 외국의 외화 구매 PD들과 수인사를 나누며, 나는 비로소 외화 마켓의 한복판에 와 있음을 실감했다.

외화 마켓이란, 전 세계의 주요 방송사 및 메이저 영화사 그리고 온갖 제작사들이 한자리에 모여 프로그램을 전시하고 판매하는 문자 그대로 시장(市場)을 의미한다. 해마다 20개 정도의 크고 작은 외화 마켓이 세계 도처에서 열리는데, 나는 그 중에서 5~6개 정도의 마켓에 참

:: 프랑수아 데스쿠엣 주한 프랑스 대사와 당시 김학천 EBS 사장, 필자 김정기 PD가(맨 왼쪽부터) 프랑스 프로그램에 관한 의견을 교환하고 있다.

가한다. 그 주요 마켓으로는 NATPE(라스베가스, 1월), MIPTV(칸, 4월), LA Screenings(로스엔젤레스, 5월), MIPCOM(칸, 10월), ATF(싱가포르, 12월) 등이 있다. 그 중에서도 4월과 10월의 칸 마켓이 규모나 내용 면에서 가장 크고 중요한 시장이다. '팔레 드 페스티발'이라는 행사장에서 MIPTV와 MIPCOM가 열리면 1000개가 넘는 전시관이 행사장 내부에 설치되고 만 명이 넘는 외화 PD들이 칸으로 몰려들어 행사장은 물론 그 주변의 식당과 호텔에 이르기까지 수많은 사람들이 넘쳐나 그야말로 북새통을 이루게 된다.

해외 마켓 참가 준비는 행사 한 달 전부터 하루 100통 넘게 쏟아져 들어오는 해외 공급사의 이메일을 읽는 것으로 시작된다. 그들이 보유하고 있는 신규 프로그램을 소개하면서 행사 기간 중에 만날 약속 시간을 정하자는 내용이다. 물론 이 사람들 모두를 만날 수는 없고 여러 상황을 고려하여 신중하게 선별해야 한다. 미팅은 약 30분 정도로 서로의 안부를 묻고 쟁점 사항 몇 가지를 짚기에도 턱없이 부족한 시간이다. 그래서 행사장 부근의 레스토랑 혹은 바다 위에 떠 있는 요트 위에서 조찬 혹은 저녁을 함께하면서 부족한 시간을 수시로 보충한다. 이런 모임을 자주 갖다 보면 아무래도 외국 파트너와 인간적인 친밀함과 상호 신뢰도가 더욱 커지게 마련이다. 해외 출장과는 별도로 평소에도 이메일과 전화를 통해 끊임없이 외화 구매가 이루어져야 하므로 돈독한 인간관계는 업무를 추진하는 데 큰 도움이 된다.

해외 마켓에서는 시간이 매우 한정되어 있다. 시간을 쪼개고 쪼개 이리저리 뛰면서 프로그램 구매는 물론 새로운 프로그램 정보 획득과 그간 풀지 못했던 중요하고 복잡한 사안도 해결해야 한다. 이때 강한 체력은 필수다. 일단 마켓이 열리면 평균 30분 단위로 짜인 스케줄에 따라 해외 공급사와 숨 가쁜 미팅을 가지며 행사장 이곳저곳을 누벼야 된다. 게다가 오후가 되면 시차에 따른 극심한 피로까지 겹쳐 입에서는 단내가 풀풀 나고 구두 속 양말은 땀으로 흠뻑 젖는다.

우리말도 아닌 영어로 이른 아침부터 밤늦게까지 하루 종일 좋은 프로그램 한 편을 확보하기 위해 뛰어다니다 한밤중 숙소로 돌아올 즈음이면 몸과 마음은 이미 파김치가 되어 있다. 입고 있던 비즈니스 정장 채 침대에 쓰러지고 싶지만 그러면 안 된다. 심신을 다독이며 그날의 협상 결과를 정리하고 다음날 있을 미팅에 대비해 현안을 점검해야 한다. 이 일이 대충 마무리되고 시계를 보면 대개 새벽 1시. 이때쯤이면 호텔 테라스 너머로 들리는 지중해 파도소리도, 깜빡이는 등대의 불빛도 전혀 감흥을 불러일으키지, 못하며 때로는 이러다 내가 객사하지 않을까 하는 염려가 엄습하기도 한다. 사실 몇 년 전 현지에서 과로 끝에 급성장염으로 쓰러져 난생 처음 외국 병원의 응급실로 실려 가는 당혹스러운 경험을 하기도 했다.

해외 마켓에 참가하는 일이 남들 눈에는 화려한 해외여행으로 보일지 모르지만, 정작 구매 PD들에게는 몸과 마음이 극도로 피곤한 여정이 아닐 수 없다. 그래서 비교적 건강한 몸인 데도 열흘 남짓한 해외 마켓에서 돌아오면 체중이 2~3킬로그램쯤 줄어 있다. 이처럼 체력 소모가 심한 까닭은, 서울에서 약 20여 시간이 넘는 여정 끝에 도착한 칸에서 채 시차 적응을 할 겨를도 없이, 하루 평균 15시간이 넘는 육체적 강행군에 곧바로 투입되기 때문이다.

파는 쪽이나 사는 쪽이나 30분이라는 그 짧은 미팅 시간을 최대한 활용해야 되기 때문에 팽팽한 신경전을 벌인다. 게다가 우리말도 아닌 영어라는 외국어를 사용해서 내 쪽에 조금이라도 유리한 방향으로 협상을 이끌어 가려다 보면, 결국은 언어적 한계에 부딪히기 마련이고 바로 그 순간 육체적 피로감 못지않은 무력감이 전신의 힘을 빼버리기 일쑤다. 자동차와 같은 공산품과는 달리, 해외 마켓에서 팔고 사는 방송 프로그램에는 정해진 가격이 따로 없다. 방영권료라고 불리는 가격 및 기타 방송 조건 등이 철저하게 일 대 일 협상에 의해 결정되기 때문에, 이 업무 전반에 걸친 전문성과 상황에 대처하는 순발력이 무척 중요하다.

이때 영어가 제대로 받쳐 주지 못하면 백전백패(百戰百敗), 협상의 주도권을 상대방에게 내줄 수밖에 없고 그 손해는 고스란히 회사의 예산 손실로 이어진다. 물론 그 자신도 외화 구매 시장에서 전문가 대접을 받지 못한다. 명색이 바이어(buyer)이면서도 외국 파트너 앞에서 쩔쩔 매며 질질 끌려 다니는, 그 참담한 경우를 생각해 보라. 혼자 호텔 방에 들어와 벽에다 머리를 찧지 않을 수 없을 정도로 열패감이 몰려온다. 외화 마켓에서는 물론이고 회사 사무실에서도 하루 수십 통씩의 이메일과 팩스 그리고 전화를 해외 공급사와 영어라는 언어로 의사소통을 해야 한다는 점을 감안하면, 영어 커뮤니케이션 능력은 외화 구매 PD에게 가장 중요하고 기본적인 것이다.

아는 만큼 보인다

외화 구매 분야에서 전문가가 되려면 영어 실력은 물론이요, 프로그램을 볼 줄 아는 안목이 뛰어나야 된다. 아무리 협상력이 뛰어나고 영어를 능통하게 구사한다 해도, 자신이 속한 방송사의 편성 정책에 부합하는 프로그램을 제대로 선별해 낼 수 없다면 그는 제대로 된 외화 PD가 아니다. 문제는 이 안목이 하루아침에 길러지지 않는다는 데 있다. 국내외의 많은 프로그램을 끊임없이 모니터하고 생각해야 하며, 우리 사회가 나아갈 방향성을 짚어 낼 수 있도록 뉴스의 흐름을 놓쳐서도 안 된다. 하루가 다르게 변화하는 IT 분야는 물론, 날로 심각해져 가는 환경 문제에서부터 국제 정치 분야, 심지어는 로마 가톨릭 교황의 근황에 이르기까지 외화 PD가 관심을 갖지 않아도 될 분야는 하나도 없다.

내가 매일 국내 일간지를 5종류씩 읽고 타임(TIME)과 이코노미스트(Economist) 등 시사 주간지를 뒤적이는 이유도 바로 거기에 있다. 끊임없이 공부하는 것 말고는 다른 길이 없다. '아는 만큼 보인다.'는 금언은 외화의 세계에서도 유효하다. 시사에서 과학에 이르기까지 각

:: 필자 김정기 PD(정면 얼굴 보이는 이)가 BBC의 스태프들과 프로그램 구매 상담을 하고 있다.

분야별 배경 지식이 모자라면 내 앞에 놓여 있는 프로그램에 대해 올바른 평가를 내릴 수 없다. 프로그램을 보는 자신의 기준과 시각이 고급스럽게 준비되어 있지 않은 자는 한 방송사를 대표하는 외화 구매 PD가 결코 될 수 없다.

풍부한 지식과 정보는 좋은 프로그램을 선별하는 데 필수적 판단 요소이지만, 해외 공급사의 파트너들과 대화를 하는 데도 매우 유용하게 쓰인다. 해외 출장을 가면 거의 매일 해외 파트너들과 점심 혹은 저녁 식사를 함께 하는데, 이 시간의 처음부터 끝까지 비즈니스 이야기만 오가는 건 아니다. 보통 우리네 대화가 그렇듯 날씨에서부터 정치, 경제, 사회 심지어는 개인사에 이르기까지 대화의 내용은 종횡무진 이어지기 마련이다. 대화 소재가 빈곤해 5분 정도만 지나면 더 이상 나눌 말이 없는 상황이라면, 그 식사 자리는 지옥과 다를 바 없다.

풍부한 화젯거리도 중요하지만 외국인들과 외국에서의 접촉인 만큼 그들의 매너를 잘 알고 적절히 대응할 줄 아는 능력 또한 참 중요하다. 사람에 따라 물론 다르겠지만, 외국의 고급 레스토랑에서 편안한 마음으로 외국 파트너들과 자연스럽게 식사를 하는 것이 쉬운 일은 아니다. 외국인들의 식탁 매너가 그 본질에 있어 우리의 예법과 크게 다르지는 않지만, 국제화 시대의 국제적 규준에 맞는 자연스러움을 제대로 갖추기 위해서는 그들 문화를 이해하고 수용하려는 열린 자세가 꼭 필요하다.

강한 체력, 뛰어난 영어 커뮤니케이션 능력, 각 분야에 걸친 풍부한 지식, 국제적 예의범절에 어긋나지 않는 매너. 외화 PD가 반드시 갖춰야 할 덕목이다. 그러나 이게 전부는 아니다. 회사에서 외화 구매 PD를 선발할 때 회사에 대한 충성도와 성실성을 면밀하게 따진다. 외화 구매 실무자의 손끝에서 연간 수백만 달러 많게는 천만 달러 단위가 넘는 회사의 자금이 움직이기 때문이다. 앞에서 이미 말했지만 외화 시장에서 이루어지는 협상 결과에 기초해 외화 프로그램의 방영권료가 결정된다. 외화 구매 담당자가 누구냐에 따라 가격은 물론 기타 조건에 있어 협상의 결과는 큰 편차를 보인다. 요즘은 또 해외 어린이 프로그램의 경우 국내의 비디오 및 캐릭터 시장과 맞물려 부가 수익을 창출할 수 있는 가능성이 매우 높아 회사에선 외화 구매 PD에게 국내 마케팅 능력까지 갖출 것을 요구한다. 한마디로 '슈퍼맨'이 되지 않으면 제대로 된 '외화 구매 PD'가 될 수 없다.

회사를 대표해 외화 구매 및 부대사업을 위한 각종 협상의 자리에 참석하고, 지위에 비해 상대적으로 복합적이고 중요한 판단을 필요로 하는 외화 구매 업무를 담당하면서 나는 내가 일하는 방송사를 더욱 사랑하게 되었고, PD로서 나 자신의 브랜드 가치를 더욱 높일 수 있었다. 또 전 장르에 걸쳐 수많은 프로그램들을 시사하면서 프로그램 보는 눈을 키울 수 있었고, 새롭고 격조 높은 세계 최고의 프로그램을 원하는 시청자들의 기대에 부응할 수 있었다. 외국 곳곳을 여행하며 그곳의 풍경과 사람 사는 모습을 눈에다 담을 수 있었고, 제법 좋은 포도주를 감별할 수 있게 되었다. 세계 최고급 호텔과 레스토랑을 경험했고 파리 도르세이 미술관과 LA의 폴 게티 미술관에서 반 고흐를 눈물로 만나기도 하였다. 백발 노구의 톰 존스가 열창하는 모습과 여전히 아름다운 올리비아 뉴튼 존을 바로 눈앞에서 지켜볼 수 있었던 것도 외화 구매 PD인 내가 얻은 소소하지만 즐거운 덤이었다.

입사 당시 꿈꾸었던 문학 전문 PD라는 길에서는 비록 벗어났지만, 남들이 별로 '가지 않는 길'을 걸으며 나는 나름대로 즐겁고 행복하다. 앞으로 얼마나 오랫동안 세계 이곳저곳으로 순례의 길을 계속해야 될 지 나는 모른다. 다만 지금까지 나의 삶을 주관해 오신 하느님 아버지께서 또 어떤 새로운 길을 내 앞에 예비하고 계시는지 설레는 마음으로 꿈꾸며 기다릴 뿐이다.

PD, 시장을 만나다

| 권오대 |

KBS 편성본부 콘텐츠 정책 PD(차장). 1990년 KBS에 입사해 라디오, TV 편성 제작부를 거쳐서 〈아침마당〉 〈사건25시〉 〈발굴 다큐멘터리 독립전쟁〉 〈한국의 미〉 등을 연출했다. KBS 연수원에서 '콘텐츠 비즈니스의 세계'를 강의하고 있으며, 콘텐츠 업무로 두 차례 사장 표창을 수상했다.

'콘텐츠'라는 단어가 방송가에 유행처럼 번지게 된 것은 최근의 일이다. 불과 2~3년 사이 MBC 콘텐츠 사업부, SBS 콘텐츠 운영팀 등 방송 3사에 콘텐츠를 명패로 단 부서들이 생겨났다. 내 일터인 KBS에도 2002년 초 '콘텐츠 정책'이라는 부서가 신설되었다.

나는 '콘텐츠 정책' 부서에 지원해 프로그램의 저작권 확보와 수출 전략 등을 짜면서 꼬박 2년을 터 닦는 일로 정신 없이 보내야 했다.

콘텐츠 정책 부서로 전출되기 직전까지 나는 〈한국의 미〉를 연출하고 있었다. 당시 개편 때마다 수십 명의 PD들이 지원해 내부 경쟁률이 가장 치열했던, PD들에겐 인기 있는 프로그램이었다. 그도 그럴 것이 HD(High Definition)의 매력이 어우러져 만드는 재미가 쏠쏠할 뿐만 아니라 고매하기까지 한 다큐멘터리가 아닌가! 그럼에도 불구하고 나는 주저 없이 이름도 낯선 신설 부서의 창설 멤버가 되기를 원했다.

"방송도 산업입니다. 세계 유수의 메이저 방송사들은 이미 프로그램을 비즈니스적인 측면에서 접근하고 있습니다. 제작도 중요하지만 분명 누군가는 방송을 산업적으로 판단해야 합니다. 향후 콘텐츠 부서의 중요성은 점점 더 커질 것이고, PD가 할 역할이 분명히 있을 것입니다."

나는 나름대로의 비전까지 제시하며 부서 전출을 역설했었다.

자신이 맡은 프로그램에 무섭게 몰두하며 다른 모든 것을 잊는 것이 바로 PD의 속성이다. 그러한 치열한 고뇌와 몰입 속에서 비로소 '작품'이 탄생하는 것이다. 이렇게 만들어지는 프로그램을 이제 '상품'이라고 칭한다면 동료 프로듀서에 대한 무례일까?

프로그램은 작품인 동시에 궁극적으로 상품의 양상을 띤다. PD들은 치열하게 작품에 몰두하지만 정작 상품에는 별 관심이 없다. 그러나 프로그램이 PD의 손을 떠나는 순간, 작품은 상품으로 탈바꿈한다. 따지고 보면 방송은 생래적으로 자신만을 위한 예술일 수 없는, 시청자의 소비가 전제되는 상품이지 않은가. 방송 이후의 2차 활용, 특히 세계 시장을 염두에 둔다면 프로그램은 더욱 상품으로 여겨진다. 최고의 상품으로 대접 받는 만큼 객관적 찬사가 또 있을까? 좋은 작품일수록 제작 이후의 가치를 극대화하는 노력이 필요하다. PD로서 나는 동료들의 노고가 농축된 작품을 통해 그러한 일에 일조를 하고 싶었다. 이제 누군가는 해야 될 일이라고 여기며 말이다.

PD가 세계와 경쟁하는 무대는 시장을 통해서이다. 콘텐츠 부서를 지원하면서 시장의 눈으로 프로그램을 보고 싶었다. 언젠가 나는 시장에 대한 분석 및 이해를 통해, 세계적 경쟁력을 갖춘 '아시안 지오그래픽'이나 '한중 합작 히스토리 스페셜 - 진시황' 같은 다큐멘터리를 기획하고 코디네이션하고자 하는 꿈을 갖고 있다. 혹은 적어도 제작 현업에 복귀했을 때 시장을 읽고 존중할 줄 아는 PD가 되어 있었으면 한다. 내가 콘텐츠 부서의 PD가 되고자 했던 진짜 이유가 거기에 있다.

제작 현장과 시장의 중간다리

콘텐츠 부서에서 PD가 하는 일은 무엇일까. 한마디로 말하면 프로그램 2차 활용에 관한 모든 정책적 또는 사업적 판단을 한다. 다시 말해 2차 활용의 전제 조건인 외주 프로그램의 저작권 확보에서부터, 국내외 방송 산업 동향 분석과 콘텐츠 시장 조사를 통해서 수출을 프로모션하고, 해외 채널 진출과 교민 방송을 지원하며, 모바일, 인터넷 부가사업 심의 등 비즈니스 전략을 총괄적으로 수립해 부가가치 극대화를 실현하는 것이다. 물론 이 모든 일을 PD 혼자 하는 것이 아니라 팀을 이룬다. 이 팀에서 PD의 역량이 빛날 수 있는 것은 기획 단계에서부터 제작 부서와 연계하여 좋은 콘텐츠를 생산하는 일이다.

드라마 PD, 교양 PD, 편성 PD 하는 것처럼 콘텐츠 부서에서 일한다 하여 가끔 '콘텐츠 PD'로 자칭하기도 하지만, 방송가에 아직 그런 식의 직종 분류는 없다. 수출을 잘하는 것과 PD와는 직접적인 상관이 없다. 그러나 제작 현업을 이해하면서 시장을 만나는 것은 또 다른 차원의 얘기다. 프로그램 단품 판매에 그치지 않고 외국 방송사와 리메이크 및 포맷 수출을 협상하고, 공동 제작을 의논하며, 더 나아가 사내외에서 애초부터 세계 시장을 염두에 둔 기획 상품을 코디네이션하는 일은 제작 현업을 잘 이해하고 있는 PD라면 분명 더 수월하고 잘할 수 있다. 제작 현장과 시장의 중간다리 역할을 하는 게 소위 '콘텐츠 PD'라고 할까.

콘텐츠 PD의 일 중에서 가장 중요한 것은 해외시장 개척 업무이다. 동남아의 '한류(韓流)' 바람도 드라마 수출에서 비롯된 것처럼 수출은 방송사의 수익 증대뿐만 아니라 국부 창출과 국가 이미지 홍보에도 큰 영향을 미치게 된다. 그래서 콘텐츠 PD는 프로그램을 사고 파는 '국제 TV 견본시' 참가가 필수이다. 해외시장 동향을 파악하여 수출 전략을 짜고, 자사 프로그램을 홍보하고 더 나아가 해외 PD 및 CEO들과 만나 공동 제작 등 협력 방안을 모색하게 된다. 올 한 해 콘텐츠 부서에서 이룬 최대의 성과는 2003년 10월 평양에서 열린 남북한 최초의 '방송 영상물 소개 모임' 참가로, 북한과 실질적인 프로그램 교류를 성사시킨 것이다. 그리고 1년에 걸친 장기간의 협상 끝에 국내 방송 사상 최초로 일본에 라디오를 24시간 동시 재전송하는 채널 수출을 성사시켰고, 역시 방송 사상 처음으로 포맷(방송 형식)을 수출하여 중국 CCTV에서 〈도전 골든벨〉 형식의 프로그램을 볼 수 있게 하였다. 또한 KBS WORLD와 같은 TV 채널의 해외 직접 진출이라는 야심 찬 목표는 지금 한창 추진 중에 있다. 하나 하나가 결코 가벼울 수 없는 프로젝트들이라 제작 PD 못지 않은 사명감과 자부심을 갖게 하는 일들이다.

'PD는 프로그램으로 말한다.'

방송사 입사 후 선배 PD들로부터 누누이 들어온 말이고, 현재에도 대부분의 PD들은 이 말을 금과옥조로 여기고 있다. PD에게 프로그램이라는 결과물이 무엇보다도 중요하다는 데 이의를 달고 싶은 생각은 없다. 그러나 오늘날 디지털 미디어 환경 하에서, 시골 동사무소에 걸린 낡은 새마을 구호처럼 들리는 이 말은 조금은 수정돼야 할 것 같다. 세계 각국의 PD들은 더 이상 프로그램으로만 말하고 있지 않다. 더 정확히 말해 그들의 현실적 고민은 프로그램을 어떻게 잘 만드느냐에 그치지 않고, 프로그램의 효과를 어떻게 극대화할 것인가에까지 미치고 있기 때문이다.

방송진흥원에서 발간하는 '동향과 분석' 최근 보고서에 따르면, 일본이 장기 불황을 겪으면서 일본 방송계는 '시청률이 곧 수익'이라는 신화가 깨지는 것을 경험했다고 한다. 시청률을 아무리 높여도 광고가 붙질 않아 기대한 만큼의 수익이 발생하지 않았던 것이다. 이러한 현상은 미국의 9.11테러 이후 더욱 두드러졌는데, 지난 10년간 일본에서 시청률 1위를 자랑하는 니혼TV가 2003년 경영 목표를 '콘텐츠 비즈니스의 강화'로 선회한 것은 제작 일선에 있는 PD들에게도 적잖은 영향을 미치고 있다. 즉, 지상파 1차 방송만을 목표에 두었던 예전과 달리 기획 단계에서부터 브로드 밴드(Broad Band), 출판, 게임 등과 같은 사업 다각화와 멀티 유즈를 염두에 둔 제작 관행이 이미 보편화 추세에 있다고 한다. 방송 환경의 변화가 PD의 역할과 인식에도 변화를 요구하고 있는 것이다.

이는 비단 인식의 문제만이 아니다. 더 나아가 해외 방송사의 PD들은 시장을 직접 상대하고 있다. 해마다 NATPE, MIP-TV, MIP-COM, Beijing TV Festival, BANFF TV Festival, BCWW 하는 식의 '국제 TV 프로그램 견본시'가 세계 각국에서 열린다. 행사마다 성격은 조금씩 다르지만 쉽게 말해 프로그램을 사고 파는 시장인데, 여기에 한 번이라도 다녀온 사람이라면 PD가 전통적으로 프로그램 제작에만 머물고 있지 않다는 것을 좀 더 현실적으로 알게 된다. 제작비 마련을 위

:: 2003 베이징 국제 TV 견본시에 차린 한국 공동관. 이런 마켓에서 프로그램을 상품처럼 사고팔며 국제 간 거래가 이루어진다.

해 자신의 기획안을 들고 세계 방송사, 투자가들을 상대로 피칭하거나, 프로그램 또는 포맷을 팔 목적으로 케이스 강좌를 열며 자신의 제작 노하우를 직접 전달하고, 공동 제작을 의논하며, 각종 컨퍼런스를 주도하는 모습은 이미 흔한 광경이다. 이쯤 되면 PD가 제작자, 연출가라기보다 사업가, CEO, 학술대회 토론자의 모습일 것이다. 이런 일들은 우리에게만 어색할 뿐이다. 오늘날 방송 영상의 가장 큰 특징이자 거대한 두 흐름 - '산업화', '국제화'가 심화되면 될수록 PD와 시장의 만남은 필연이다.

우리 시대의 화두 '콘텐츠' - Content is a king!

"콘텐츠는 왕이다!"

2003년 MBC 이긍희 사장이 취임하면서 인용했다 하여 방송가에 화제가 된 말이다. 다매체 다채널 시대의 요체는 콘텐츠, 즉 볼 만한 프로그램이란 사실을 설파하고자 인용한 것이라 생각된다. 지금도 부족한 콘텐츠는 국내 방송 채널이 180개에 이를 2~3년 후쯤이면 부족 현상이 더욱 심화되리라는 것은 불을 보듯 뻔하다. 이미 지하철과 버스에서, 휴대폰으로도 TV를 볼 수 있게 된 것처럼, 자가용 차량에서 방송을 볼 수 있는 DMB(Digital Multimedia Broadcasting) 등 새롭게 등장하는 윈도우들 역시 또 다른 콘텐츠를 요구하고 있다.

이제 매체는 넘쳐 난다. 문제는 '무엇을 담을 것인가.'이다. 콘텐츠 수요가 폭증하는 가운데, 볼 만한 프로그램이 더욱 대접 받는 시대로 가고 있다. 예를 들어 시청자들은 〈9시 뉴스〉나 〈개그 콘서트〉를 지상파, 위성, 케이블 방송을 통해서뿐만 아니라, 인터넷으로, 휴대폰으로, 달리는 새마을호 열차 안에서, 또는 VHS나 DVD를 구입해서 볼 수도 있다. 때와 장소에 상관없이 의지만 있으면 TV를 시청할 수 있는 시대가 되었다는 것을 의미한다. 그러나 콘텐츠 공급의 부족으로 매체 간 경쟁은 더욱 치열해지고 있는 가운데, 볼 만한 프로그램은 누구나 원하게 된다. 그러나 문제는 원한다고 해서 아무나 우량 콘텐츠를 만들 수 없다는 데에 있다. 콘텐츠가 부족한 시대에 〈9시 뉴스〉와 〈개그 콘서트〉처럼 우량 콘텐츠일수록 모든 매체에서 왕 대접을 받게 되는 이유는 바로 거기에 있다.

산업적으로 판단해도 콘텐츠의 중요성은 부각된다. 문화관광부가

2003년 6월에 발표한 '방송영상 산업 5개년 계획'의 제1장 첫머리는 "이제는 콘텐츠다!"로 시작한다. 문화 산업의 핵심에 방송영상 콘텐츠가 있으며 방송, 정보통신망을 채울 콘텐츠가 경제 성장의 동력으로 급부상할 것이란 전망을 하고 있다. 같은 이유로 세계 각국은 방송영상 산업을 국가전략 산업으로 키우고 있다.

미국은 한 발 더 나아가 영상 산업을 군수 산업과 함께 2대 주력 산업으로 선정했다. 이처럼 산업 발전의 중심 축이 하드웨어에서 소프트웨어, 콘텐츠 웨어로 급속히 패러다임이 전환되는 시대를 맞고 있다. 그래서 혹자는 콘텐츠 웨어 시대의 도래를 '21세기의 신대륙'이라고까지 말하기도 한다.

(콘텐츠'라는 용어는 철저히 디지털 미디어 환경의 소산이다. 전통적 의미의 프로그램은 전파를 타고나면 없어지는 소모적 무형물이었으나, 디지털 기술의 발달로 언제든지 또 얼마든지 자유로운 재활용이 가능한 유형의 내용물로 개념이 변환되기에 이른다. 그래서 뉴미디어 시대에 재료적 의미를 강조할 때 프로그램 대신 '콘텐츠'라는 용어를 쓴다.)

방송사 입장에서 콘텐츠는 또 다른 의미를 지닌다. 원 소스 멀티 유즈(One Source Multi Use)는 이제 구호가 아니다. 2차 활용의 가치가 점점 증대되고 있는 상황에서 프로그램 저작권은 새로운 수익원을 의미한다.

1996년 제작된 BBC의 〈텔레토비〉는 45개 언어로 번역되어 전 세계 100여 개 나라에 수출되었다. 2001년 한 해에만 무려 2146억 원을 벌어들였고, 누적 수익도 1조 원을 넘어섰다. 영화로 치면 초대형 블록버스터인 셈이다. 이처럼 파괴력이 큰 초우량 콘텐츠를 '킬러 콘텐츠(Killer Contents)', 또는 '스타 콘텐츠(Star Contents)'라 한다. 킬러 콘텐츠는 광고, 수출, 패키지 판매 등 부가가치를 극대화할 뿐만 아니라 다양한 사업 확장의 기회를 제공하기 때문에 콘텐츠 비즈니스의 황제로 대접 받게 된다.

방송에서 가장 상업성이 강한 장르는 드라마와 어린이 프로그램이다. 특히 드라마는 인접 프로그램의 시청률뿐 아니라, 방송사 전체의 사기까지 좌우하는 등 그 파급 효과가 크다. 그래서 세계적 공영방송인 BBC조차 2001년부터 대규모의 물량을 드라마에 투자해 ITV를 견제하는 채널 경쟁력 확대의 수단으로 삼지 않았는가.

한국 방송에서 최고의 킬러 콘텐츠는 〈겨울연가〉이다. 사회적 반향이 컸던 〈모래시계〉, 최고 시청률을 자랑한 〈첫사랑〉, 한류 열풍의 물꼬를 튼 〈사랑이 뭐길래〉에서부터, 대만에 최고가로 팔린 〈올인〉, '다모 폐인'이란 신조어까지 만들어낸 〈다모〉, 높은 시청률에 회당 10만 건의 VOD 접속을 기록한 〈옥탑방 고양이〉까지 이 모든 콘텐츠는 나름대로의 성과로 명성을 얻은 작품들이다. 하지만 원 소스 멀티 유즈의 전형으로 국내외에 파괴력을 유감없이 보인 〈겨울연가〉만큼 킬러 콘텐츠로서 명성을 얻은 드라마는 아직 없다.

우선 〈겨울연가〉는 새로운 비즈니스 모델을 만들었다. 벨소리, 캐릭터, 그림 메시지 등 모바일 사업에 본격적으로 활용되었고, OST 악보 다운로드, 신용카드 가입 이벤트, 촬영지 여행 상품 등 이전 어떤 드라마도 하지 못했던 새로운 사업 영역을 만들어 냈다. 그뿐인가. 폴라리스 목걸이, DVD, OST 음반 30만 장 판매 등 다양한 사업 영역에서 엄청난 부가 수익을 창출했다.

직접 제작비 19억 원에 미술비 등 간접비를 포함하면 총 30억 원을 투입한 드라마 전체의 부가가치는 방송 종영 직후 기준으로 134억 원

:: 〈겨울연가〉와 관련해 유럽의 신문 기자와 인터뷰 중인 〈겨울연가〉 연출가 윤석호 PD. 이 인터뷰는 필자인 권오대 PD가 주선한 것으로 현지 신문에서 프로그램과 관련된 홍보 기사를 싣게 하는 것 역시 콘텐츠 PD의 역할 중 하나이다.

을 기록했다. 투입 원가의 4.5배 이상을 벌어들인 것이다. 또 단일 드라마로서는 처음이자 유일하게 수출 100만 달러 시대를 열었고, 2003년 10월 현재 160만 달러 이상을 벌어들여 총 제작비의 70% 가까이를 해외에서 회수하는 신화를 창조하고 있다. 무엇보다 중요한 것은 방송이 종영된 지 2년이 다 되어 가는 지금까지도 이러한 신화가 계속 현재진행형이라는 것이다.

킬러 콘텐츠의 진가는 단순한 수익만으로 평가될 수 없다. 〈겨울연가〉가 돈을 많이 벌었다는 이유만으로 킬러 콘텐츠로 불리는 것이 아니다. 동남아 시장은 물론이고 우크라이나에서부터 미국에서 광동어를 사용하는 화교들에게까지 13개국 이상 수출되어 호평을 받았다. 한류 열기의 정점에서 커다란 반향을 일으키면서, 급기야 아시아 시장에서 마지막 미개척지로 남아 있던 일본에서 엄청난 시청자 반응을 얻고 있다는 점은 특히 고무적이다. (일본은 구매력이 가장 높은 시장이어서 수출 부가가치 면에서 특별한 의미를 지니고 있다.)

"한국의 인기 드라마 〈겨울연가〉(일본 제목 〈겨울소나타〉) 최종회가 4일 방송돼, 아름다운 사랑이란 자신의 욕망보다도 상대방의 행복을 우선시하는 사랑임을 보여 주었다. 이렇게 아름다운 사랑 이야기가 일본인 팬들의 마음을 사로잡아 붐이 된 것이다."

얼마 전 내 사무실을 방문한 NHK PD가 자랑삼아 가져다 준 일본 동경신문 2003년 9월 17일자 기사 내용이다. 뒤늦게 일본 열도를 감동으로 강타한 마무리 홈런인 셈이다. NHK는 방송 중간에도 〈겨울연가〉 특집 프로그램을 별도로 제작, 방송하더니 시리즈가 끝나기가 무섭게 2003년 12월 재방을 결정했다. NHK 서울지국에서 보내 온 통계 자료는 더욱 흥미롭다. 〈겨울연가〉는 NHK가 방송하는 17개 외화 시리즈 중에서 가장 높은 시청률을 보였고, 해외 드라마에 관련된 시청자 메일 중 81%가 〈겨울연가〉와 관련된 것으로 감사 인사, 재방 희망 등의 내용이 대부분이었다는 것이다.

시청률, 시청자 만족도에 이어 소설 30만 부 발간과 일본 베스트셀러 등극, 30만 원이나 하는 DVD세트 4만 개 판매, 방송 대본을 이용한 한국어 교재 출간, 국내 촬영지에 대한 일본 여행객 쇄도 등 일본 열도에 〈겨울연가〉 신화는 당분간 계속될 전망이다.

거시적 시각과 전략적 사고 필요

잘 만들어진 프로그램 한 편이 어떤 효과를 가져오는지 길게 설명했다. 여기서 내가 강조하고자 하는 것은 킬러 콘텐츠의 사업적 가능성이 아니다. 그보다는 한국 방송 전체의 제작 수준, 더 나아가

KOREA 브랜드와 국가 이미지를 제고하는 데 킬러 콘텐츠가 가장 큰 역할을 한다는 것을 강조하고 싶다. 바로 이 부분이 수출 업무를 담당하는 콘텐츠 PD가 자부심을 갖는 대목이다.

콘텐츠 PD에겐 크고 넓게 보는 거시적인 시각과 전략적 사고가 필요하다. 국내 시청자가 아닌 세계를 상대로 비즈니스를 하기 때문이다. 그래서 콘텐츠 PD로 일하다 보면 프로그램을 제작하면서는 결코 경험하지 못하는 또 다른 보람과 스릴을 느낄 수 있다.

프로그램 제작은 역시 PD의 본령이고 운명이다. 메시지와 감동을 직접 자신의 언어와 영상으로 전달하는 매력과 책임감이 동시에 제작 PD들에게는 있다. 세계를 깜짝 놀라게 할 멋진 프로그램을 만들고 싶은가. 이런 야망이 있는 후배들이라면, 먼저 시장을 배우라고 충고하고 싶다. PD가 시장을 배우는 것은 더 나은 제작으로서의 피드백을 위한 좋은 기회이자 투자이기 때문이다.

2003년 10월 15일 아침 6시 30분, 인천공항에 집결한 130여 명의 방북단은 출국 수속을 마치고 곧바로 대한항공 직항 전세기에 올랐다. 대부분이 초행인 낯선 평양으로의 4박 5일 출장은 긴장과 설렘을 갖게 하기에 충분했다. 이륙한 지 50분 만에 도착한 평양. 다소 두렵기도 했던 평양에 이렇게 쉽게 올 수 있다니…. 평양이 거리 이상으로 멀게 느껴졌던 것은 내 개인적인 감상만은 아닐 것이다.

맑고 청량한 가을 하늘과 코스모스 길, 추수가 끝난 들판, 곳곳에 적힌 선전구호들이 평양의 첫인상이었다. 회색 도시에 깨끗이 정비된 한적한 도로, 우리와는 다른 표정의 사람들… 시간을 거슬러 간 듯하기도 했다. 평양 일정 내내 친숙함과 어색함의 느낌이 절묘하게 동시에 나를 지배하였다.

이번 출장의 목적은 남한 방송위원회와 북한 조선중앙방송위원회가 공동 주관한 '방송 영상물 소개 모임' 및 '방송인 학술 토론회' 참가였다. 쉽게 말해 분단 이후 처음으로 남북한 방송인들이 주축이 되어 서로 만나 친분도 쌓고, 분과별 토론도 하고, 프로그램 교환 내지 매매도 하자는 취지의 행사였다.

'학술 토론회'는 직종별로 편성제작, 언어, 기술 분야 등 3개 분과로 나눠 진행되었는데, 남북방송교류의 성과와 과제 등과 같은 주제를 잡아 발제와 자유토론이 이어졌다. 일정상 비록 1시간 30분 만에 짧게 끝나긴 했지만, 토론의 열기는 뜨거웠다. '학술 토론회'가 어떤 결론을 도출하고 합의에 이르기보다 만남과 교류 자체에 의의를 두고 있었기 때문에 이번 행사의 무게 중심은 자연스럽게 '방송 영상물 소개 모임'에 쏠렸다.

이 중에서 남북 방송인들이 한자리에 모인 가운데 열린 특별관 공개 시사 행사가 가장 하이라이트였다. 각 방송사가 장르별 베스트 프로그램을 선정하여 서로 상대방에게 보여 줌으로써 각 방송사의 제작 역량을 과시할 수 있는 기회일 뿐만 아니라, 이번 행사의 궁극적이고 실질적인 목표인 프로그램 매매로 이어질 수 있게끔 하는 일종의 프리젠테이션 자리였다.

영광스럽게도 나는 KBS를 대표하여 직접 선정하고, 편집한 프로그램을 남북 방송인 250명 앞에서 프리젠테이션하는 기회를 가졌다. 역사적인 자리에서의 공개 시사와 프리젠테이션이 지금까지 PD로서 가장 긴장되고 기억에 남는 순간이었다.

KBS는 〈우포늪〉 등 다큐멘터리 5편을 하이라이트 편집하여 북한 참관자들로부터 좋은 반응을 얻었다. 이 중 특히 〈역사스페셜 대고구려 - 광개토대왕 정복 루트를 가다〉는 남한에서도 고구려에 대한 자부심과 민족적 긍지가 크다는 점에서, 〈한반도 탄생 30억 년의 비밀〉은 화려한 그래픽과 가상 스튜디오로 인해 북측 관계자들의 큰 관심을 끌었다.

특별관의 열기는 방송 4사(KBS, MBC, SBS, EBS)가 인민문화궁전 2층에 각각 부스를 마련한 일반관으로까지 이어졌다. 북측의 구매 담당자들은 특별관에서 상영했던 프로그램을 좀 더 보자는 주문에서부터 자연 다큐멘터리 〈가시고기〉, 드라마 〈명성황후〉, 〈한국문화탐구 - 우리는 무엇을 먹고 살았나〉〈도전 지구탐험대 - 아마존 아나콘다 사냥〉 등 북측 관계자들이 보고 싶어 하는 프로그램이 많아 정말 신이 났다. 하루 반나절의 짧은 일정이 아쉬웠다.

KBS는 북한으로부터 〈령리한 너구리〉 등 만화영화 37편을 구매하고 북한에 〈한반도 탄생 30억 년의 비밀〉〈가시고기〉〈우포늪〉 등 3종류 5편을 판매했다. MBC는 〈어미새의 사랑〉을, SBS는 〈1억 마리 홍게〉 등을 판매하는 성과를 얻었다. 분단 이후 처음으로 프로그램 교류가 이루어진 것이다.

무엇보다도 "KBS가 프로그램에 공을 많이 들이는구만."이라는 북한 구매 담당자의 말로도 알 수 있듯, 방송사 이미지를 강하게 각인시킨 것이 가장 큰 성과였다.

지금까지 북한은 방송이 선전선동의 도구라는 점을 명확한 원칙으로 설정하고 있기 때문에 프로그램을 상품처럼 사고파는 데에도 익숙지 않았다. 부스를 차리는 것도 어색해 했고, 저작권의 개념도 낯설어 했고, 프로그램 가격 산정과 협상도 서툴렀다. 이러한 것들을 하나하나 알려 주며 인내심을 갖고 협상을 시작한 결과였다.

KBS 프로그램이 실제로 조선중앙방송의 전파를 탈 수 있을지 여부는 북한의 의사결정 구조상 좀 더 시간을 두고 지켜봐야 알 수 있는 일이다. 북한 방송인들은 부성애가 강한 물고기 〈가시고기〉에 깊은 관심을 보였고 프로그램 관련 문의도 유난히 많았다. 아마 북한에서 방송될 가능성이 가장 높은 프로그램을 꼽으라면 〈가시고기〉가 아닐까 하는 것이 방북단의 공통적인 생각이다. 가까운 시일 내로 북한 시청자들도 남한 프로그램을 즐길 수 있기를 기대해 본다.

방송 교류가 이제 첫발자국을 내딛었다. 섣부르게 또 거창하게 통일을 내세울 필요가 없다. 그저 남북 방송인들이 만나 이룬 작은 성과일 뿐이며, 자꾸 만나고 교류하면 서로가 가까워지고 동질성을 회복하는 게 아닌가 생각한다. 꼭 분단의 벽을 허무는 것만이 통일이 아니다.

친숙함과 어색함의 도시 평양에서 정신없이 보낸 4박 5일 출장, 이후 서울로 돌아오는 길이 갈 때보다 더욱 짧게 느껴졌다.

PD 생활 25시

3장

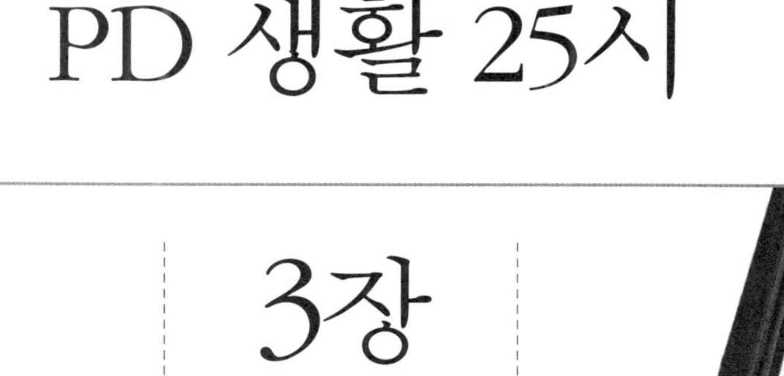

고단하고 고달프고 고독하다

| 장기오 |

KBS 제작본부 대PD. 1971년 KBS에 입사해 〈TV문학관〉〈독립문〉〈선구자〉 등을 연출했다. 드라마국장 역임 이후 현업에 복귀해 〈아우와의 만남〉〈길은 그리움을 부른다〉〈홍어〉 등을 연출했으며 KBS 사상 최초이자 현재까지 유일한 대PD다. 한국방송PD상, 백상예술대상, 독일 후트라(Futura) 상을 수상했으며, 저서로는 『TV 드라마 바로보기, 바로쓰기』『TV 드라마 연출론』이 있다.

최근 젊은이들 사이에 PD라는 직업이 인기라고 들었다. 그 이유야 여러 가지가 있겠지만 굳이 이 글에서 언급할 생각은 없다. 모든 현상엔 겉과 속이 있고 그 겉과 속은 판이하게 다른 경우가 많다. '톱 탤런트에게도 호령할 수 있는 화려한 직업'이라는 드라마 PD에 대한 세간의 인식은 얼마나 현실을 반영했을까. 나와 내 동료들의 모습을 가감없이, 조금은 신랄하게 얘기하고자 한다.

드라마 PD는 한마디로 거지다. 형편 되는 대로 자고, 형편 되는 대로 먹어야 한다. 촬영할 때 PD의 행색을 보라. 갈아입지 못해 더러워진 옷은 남루하기 짝이 없고 수염이 웃자라 영락없는 노숙자다. 촬영버스 안에서 토끼잠을 자고, 꼭두새벽부터 해질 때까지 낮 신(Scene)을, 일몰 후에 밤 신을 찍기 시작해 동이 터야 끝난다. 세수하고 이를

:: 야외 촬영을 하고 있는 필자 장기오 PD. 드라마 야외 촬영 때는 밤을 새는 강행군이 일반적이다.

닦을 시간도 없다. 촬영 중의 드라마 PD를 본다면 그 누구도 일류대학을 나와 수백 대 일의 경쟁을 뚫고 들어온 엘리트라고 믿지 않을 것이다.

단막극의 경우 한번 야외 촬영을 나가면 보통 보름은 집에 못 들어간다. 허름한 행색 때문에 간첩으로 오해 받은 PD도 있고, 작고한 선배 PD 중에는 너무 지쳐 콘크리트 바닥에 쓰러지듯 잠들었다가 입이 돌아가기도 했다.

집안은 집안대로 난리다. 친인척의 경조사를 챙기는 것은 꿈도 못 꾼다. 가뭄에 콩 나듯 집에 들어오니 어린 자식들은 때론 아빠를 몰라보기도 한다. 어쩌다 집에 일찍 들어가면 사방에서 전화가 온다. 긴 설득 끝에 겨우 캐스팅한 탤런트가 출연을 못하겠다고 버티는가 하면 작가는 이야기가 제대로 안 풀린다고 난리다. 집에 앉아선 해결이 안 된다. 나가서 몸으로 뛰다 보면 또 밤을 새운다. 이건 단막극의 예일 뿐, 연속극을 맡으면 최소 6개월에서 1년 이상이 이런 생활의 반복이다.

그래서 드라마 PD들에겐 튼튼한 체력이 요구된다. 그렇지 않으면 이 고단한 일상을 이겨 낼 수가 없다. 야외 촬영 현장에서 촬영 시간 내내 '개 뛰듯' 하는 사람은 PD밖에 없다. 다른 스태프들은 자기 역할만 하면 된다. 탤런트들은 자기 차례가 아니면 차 안에서 쉰다. 하지만 PD는 하나부터 열까지 모든 것을 다 챙겨야 한다. 아주 잠깐 한눈을 팔면 당장 촬영이 중단된다. 하루 24시간을 서서 일한다고 생각해 보라. 몸이 말을 안 들으면 모든 것이 귀찮아지기 때문에 대충 대충 간다. 드라마 PD는 정신노동자이면서도 육체노동자이다. 외국의 감독들은 머리가 허옇게 센 나이 많은 PD들도 많은데 유독 우리나라만은 조로(早老)하는 것은 이런 열악한 제작 환경 때문이다.

내가 〈겨울바다 갈매기〉라는 TV 문학관을 제작할 때다. 이 작품은 한적한 겨울 바닷가의 모텔을 배경으로 초저녁부터 다음날 새벽까지 일어난 일을 소재로 한 미스터리 물이라 촬영 팀은 낮엔 촬영 준비하고 밤에 촬영하는 올빼미 생활을 해야 했다. 바람 효과 내느라 밀가루를 뿌리고 강풍기까지 돌려대는 통에 온 스태프들이 허옇게 밀가루를 뒤집어쓰고 추위에 벌벌 떨면서 지독하게 추운 그해 겨울을 연포 바닷가에서 보냈다. 꼬박 일주일을 그렇게 밤새고 드디어 촬영 마지막 날. 마지막 신만 남겨두고 조명을 세팅하기 위해 잠시 촬영을 중단했다. 예상 소요 시간은 30분. 다른 스태프들은 그 30분을 쉬었다. 그때가 새벽 5시경. 이것저것 점검하면서 마지막 장면을 어떻게 찍을까 고민하다 나도 모르게 눈이 감겼던 모양이다. 문득 정신이 번쩍 들어 눈을 떴을 때는 모든 스태프들이 여기저기 쓰러져 자고 있었다. 조명 팀이 작업을 끝내고 사람들을 깨워야 하는데, 그들 역시 조명대를 잡은 채 자고 있었다. 부랴부랴 스태프를 깨웠지만 시간이 늦어 새벽 신을 놓치고 말았다. 촬영에 차질이 생긴 건 당연지사. 그래서 PD는 아무리 고단해도 잠깐이라도 졸면 안 된다. 단 한순간이라도 정신을 놓으면 반드시 후회할 일이 생긴다. 이 고단함을 이기니 자연히 깡○○, 독○○, 욕○○ 식의 별명이 붙곤 하는데, 정말로 깡이 세서, 독해서, 욕을 잘해서라기보다는 이 악물고 고통을 참으면서, 강하지도 않으면서 강한 척 하다보니 생기는 별명인 셈이다.

대개의 직장인들은 하루 일과를 끝내면 툭툭 털고 가벼운 마음으로 친구들과 한 잔 할 수도 있지만 PD는 직업 특성상 그러기 어렵다. 나는 드라마 PD가 된 이후 동창회에 한 번도 참석하지 못했다. 친한 친구의 부모님이 돌아가셔도 문상 한번 제때 못 갔다. 아니, 내 부모가 죽어도 대신 녹화를 해 줄 사람이 없다. 몸이 아파도 링거를 꽂고 녹화를 한다. 이것이 드라마 PD의 생활이다. 이렇게 해도 성공한다는 보장이 없는 살벌한 생존의 현장이다.

시청률 전쟁 최전선에 선 총알받이

방송사에는 여러 장르의 프로그램이 있다. 그 중에는 재미가 없어도, 광고가 붙지 않아도, 주제의식이나 취지가 좋으면 되는 것도 있다. 이런 프로그램을 만드는 PD들은 시청률에 큰 의미를 부여하지 않는다. 그러나 드라마는 다르다. 드라마는 방송사의 광고 수입에 절대적인 영향을 미치므로, 드라마 시청률이 하락하면 '드라마가 큰일'이라며 집중포화를 받는다.

드라마 PD들끼리 "방송사에도 성골이 있고, 진골이 있고, 천골이 있다."고 말하곤 한다. 이 말 속에는 드라마 PD들은 '천골'이라는 뜻이 숨어 있다. 시청률 전쟁의 최전선에서 치열하게 경쟁하고 상처 입으면서도 방송사 조직 내부에선 요직을 차지하지 못하는 현실을 반영한 것이다.

매일 아침 출근하면 책상 위에 전날의 시청률표가 놓여 있다. 시청률이 나쁘면 PD들은 전전긍긍한다. 특히 드라마 PD나 연예 오락 PD들은 대단히 민감하다. 교양 프로그램은 프로그램의 완성도를 우선적으로 평가하고, 드라마나 연예 오락 프로그램은 시청률만으로 평가하는 것이 높으신 분들의 마인드이기 때문이다. 지난 시절 모 방송사의 한 사장은 시청률이 하락한 프로그램을 맡고 있는 CP(책임 프로듀서)에게 전화를 걸어 '방송국 말아먹을 ×놈'이라고 호통을 치기도 했고, 나 역시 드라마국장 시절에 사장실에 불려가 온갖 수모를 당했다. 그렇게 다그치고, 욕하고 수모를 주는 높은 양반들 중 드라마 PD 출신은 한 사람도 없다는 사실은 쓴웃음을 짓게 한다.

방송사의 높으신 분들은 뭐가 좋은 드라마인지, 어떤 것이 해악을 주는지 모른다. 그들 스스로는 시청자의 입장에서 드라마를 보고 평가한다고 말하지만, 비전문가를 자처하면서도 전문가 이상으로 드라마를 흠집 낸다. (사실 그들은 바빠서 드라마를 제대로 볼 시간도 없고, 드라마를 볼 의지도 없는 경우가 태반이다.) 그들은 드라마의 내용이 폭력이 난무하든, 무의미한 삼각관계로 점철되어 있든 상관이 없다. 오로지 드라마는 시청률만 높으면 그만이라고 생각한다. 빛나는 것이라고 해서 모두 금은 아닌데 말이다. 방송사를 경영하고 중요한 정책을 결정하는 높은 분들이 스스로 아마추어를 자처하면 곤란하다. 전문가 이상의 식견을 갖추든지 최소한 전문가의 의견을 존중하는 예의는 갖추어야 하는 것이 아닐까.

드라마 PD들은 후배 PD가 입사하면 이런 충고를 한다. 높은 자리에 올라 출세하고 싶다면 다른 파트로 옮기라고. 드라마 PD는 퇴직하는 날까지 '천골'의 신세를 벗어나지 못한다고. 그럼에도 불구하고 지금도 드라마 PD를 희망하는 PD들이 많은 것은 다른 파트보다는 더 자신의 이름을 남길 수 있는 분야이기 때문일까. 그렇다면 드라마 PD들은 '승진'이나 '요직'보다는 '명예'에 대한 욕심이 더 많은 사람들이다.

드라마 PD의 세계에 선후배는 없다. 20년을 일한 선배나 갓 연출 데뷔한 후배나 프로그램으로 경쟁한다. 프로그램의 성패 여부에 따라 승진 속도도 다르다. 아무리 연륜이 있어도 프로그램 못 만들면 괄시받는다. 선후배 사이도 이런데 동기 간에는 오죽하겠는가.

일반 직장에서 '동기'는 때론 경쟁 상대지만 어려울 때 힘이 되고 동질감을 확인하는 끈끈한 정도 있다. 그러나 드라마의 세계에서는 그렇지 않다. 가끔 어울리기도 하지만 그때조차 자신이 갖고 있는 프로그램 아이디어를 털어놓지 않는다.

한 꼭지 한 꼭지를 모아 종합 프로그램을 만드는 교양 및 연예 프로그램의 경우는 좀 다르다. 꼭지를 연출하는 PD들이 모여 회의도 하고 아이디어도 함께 낸다. 팀워크가 중요하게 작용하기도 한다. 하지만 드라마는 전적으로 PD 한 사람의 연출력에 의존할 뿐 아니라 그 책임도 온전히 PD가 진다. 따라서 선배나 동료가 조언을 해 줄 수는 있지만 함부로 이래라 저래라 할 수가 없다.

드라마 PD는 동료들과 일하는 것이 아니다. 작가, 탤런트, 외부 스태프와 일하고 작품이 끝나면 바로 헤어진다. 드라마를 제작하는 동안 직장동료들과는 철저히 떨어져 있다. 그래서 드라마 PD들은 정 붙일 시간이 없다. 끈끈한 동지애가 없는 것이다. 서로 얼굴 맞대고 밥 한 번 먹기도 힘이 드니 프로그램이 끝나면 PD는 혼자가 된다.

입사 초기에는 동기 간에 뭉치기도 하고 서로 의견도 교환하고 하지만 조연출을 거쳐 연출자로 데뷔하면서 뜸해지기 시작해 연출 데뷔 수년이면 그야말로 혼자가 된다. 그러다 보니 동기보다는 자연히 작품을 함께한 연기자들과의 교류가 잦고, 이들 중에는 아부하는 사람들도 적지 않아 드라마 PD들은 대부분 비판을 싫어하고 자기가 최고라는 잘못된 인식을 갖기도 한다. 드라마 PD들과 대화를 하다 보면 대개의 PD들은 자기가 최고의 연출가라는 자부심을 갖고 있다는 것을 알게 된다. 이는 스스로의 자부심이기도 하고, 연출에 대한 자신감의 반영이기도 하지만 그 중 일부는 PD를 둘러싸고 있는 환경에서 기인한다. 드라마 PD들 중에는 소위 '사단'이라고 해서 자주 캐스팅하는 연기자나 스태프를 거느리고 있는 경우가 있는데, 이들과 함께 하면서 칭찬에 익숙해지면(싫은 이야기는 절대 하지 않는 것이 연기자의 특성이다.) 정직한 이야기, 뼈아픈 비판은 멀리하게 되는 것이다. 드라마 PD들이 빠지기 쉬운, 그러나 결코 빠져서는 안 되는 함정 중의 하나다.

인기 스타에 좌지우지되는 서글픔

지인들이 '꽃밭에서 일해서 좋겠다.'는 둥, '예쁜 탤런트 좀 소개해 달라.'는 둥 농담 반 진담 반으로 말한다. 드라마 PD니까 탤런트를 좌지우지할 수 있다고 생각하는 모양이다. 과거 그런 시절이 없었던 것도 아니다. 지금도 활동하고 있는 꽤 유명한 모 탤런트는 70년대 말, 막 뜨기 시작할 무렵 배역이 마음에 들지 않는다고 퇴짜를 놓았다가 1년간 출연정지를 당한 일도 있었다. PD의 결정에 누구도 이의를 달지 않았던 시절이었다.

한편 그 시절 탤런트와 PD는 비즈니스적 관계라기보다는 한솥밥을 먹는 식구 같은 분위기였다. 한 작품에서 주인공을 맡으면 다음 작품에는 의리로라도 단역에 출연하는 인정이 있었고, 작은 배역을 기꺼이 해 준 배우에게 보상 차원에서 다음 작품에 배역을 배려해 주는 따뜻함도 있었다. 어렵게 사는 탤런트가 연탄이 떨어졌다고 하면 지나가는 단역으로라도 캐스팅해서 생활을 돕기도 했다. 형, 동생 하면서 격의 없이 지냈지만 PD의 권위가 살아 있었다.

지금은 다르다. 오로지 경제 논리에 의한 철저한 매니지먼트에 의해 움직인다. 출연을 약속하고도 돈 때문에 출연을 번복하고 경쟁 프로그램으로 가기도 한다. 특히 자유출연제가 실시되면서 시작된 일부 대형 탤런트들의 횡포에 드라마 PD들은 속수무책이다. 이제 탤런트들의 출연료는 일반인이 상상할 수 없을 수준에까지 올라왔다. 방송사 역시 감당하지 못하는 형편인 것이다. 그러니 인기 탤런트들을 보유한 매니지먼트 회사가 운영하는 프로덕션에 프로그램 제작을 넘기는 편법을 쓰게 된다. 말하자면 방송사가 제작 지휘권을 프로덕션으로 넘긴 것이다. 당연히 캐스팅의 주도권은 PD의 손을 떠나 매니지먼트 회사로 넘어간다. 제작권을 넘겨받은 프로덕션은 철저히 이윤을 추구한다. 몇몇 인기 탤런트들에게 천문학적인 출연료를 주는 대신 나머지 배역들의 비중을 낮추고 출연료를 깎아 드라마의 질을 떨어뜨린다. 드라마 속에 등장하는 소품 - 냉장고, 자동차, 핸드폰 등도 화면 노출을 미끼로 '협찬'이라는 형태로 장사를 한다. 이제 작품이 좋아서 출연하는 연기자는 없다고 해도 과언이 아니다.

그래도 주말 연속극이나 미니시리즈의 경우는 프로그램의 지명도나 소위 '떴을 때'의 시너지 효과(광고 등 부수입)로 인해 그나마 스타 탤런트들이 선호하는 편이지만, 단막극을 맡은 PD들에게 스타 캐스팅은 하늘의 별 따기다. PD들은 매니저를 찾아다니며 술도 사고 사정도 해 보지만 매니저는 탤런트와의 직접 접촉을 막고 줄타기를 하며 애간장을 태운다. 철썩같이 출연 약속을 해 놓고는 녹화 시간 임박해서 잠적하기가 일쑤다.

정년을 며칠 앞둔 한 선배 PD는 요즘 한창 뜨고 있는 어린 여자 탤런트를 잡으려고 추운 겨울 날 케이크를 사들고 그녀의 아파트 앞에서 그녀가 돌아오기를 몇 시간씩 떨며 기다리기도 했다. 또 다른 PD는 인기 탤런트의 어머니가 다니는 헬스클럽으로 찾아가 읍소하기도 하고, 그 배우가 출연하고 있는 연극 무대를 매일 출근하다시피 해 가며 매달려 출연 승낙을 얻어내기도 했다.

이렇게 힘들게 캐스팅을 해도 문제는 여전히 남는다. 인기 탤런트들은 개인 스케줄을 이유로 야외 촬영 시간을 턱없이 부족하게 할애하기 때문이다. PD는 연출은 고사하고 생각할 여유도 없이 그저 탤런트의 얼굴을 카메라에 담기에 급급할 뿐이다. 초저녁부터 모든 스태프들이 준비하고 있는데 정작 당사자인 배우가 늦게 나타나는 통에 자정이 다 되어서야 촬영에 들어가는 일도 비일비재하다. 그렇다고 그들이 미안해 할 것 같은가. '그것 봐라 내가 뭐라고 했느냐. 내가 안 한다고 하지 않았느냐. 그런데 네가 고집을 세워 사서 고생하는 것 아니냐.'는 식이다. PD 역시 속이 부글부글 끓지만 대놓고 말하지 못한다. 진짜 못하겠다고 하면 큰일이다 싶어 오히려 비위를 맞춘다.

참 치사하고 더럽다는 생각이 든다. 그러나 오로지 시청률로만 능력을 평가 받는 이 냉정한 승부의 세계에서 성질대로 했다가는 퇴출당하기 십상이다. 머리 좋기로는 대한민국에서 둘째가라면 서러운 이들이, 학벌이라면 누구에게도 뒤지지 않는 이들이 이렇게 살고 있다.

대부분의 PD들이 이런 고생을 하고 있다면, 대접 받는 PD도 있다. 일부 인기 PD들에게는 탤런트들이 몰린다. 인기 PD란 젊은이들을 주제로 한 감각적인 드라마를 제작하는 PD들로 이런 드라마에 출연하고 나면 인기가 급상승하고 CF 요청이 쏟아지므로 탤런트들이 좋아할 수밖에 없다.

흔히 영화는 감독의 미디어, 연극은 배우의 미디어, 드라마는 작가의 미디어라고 한다. 그만큼 TV 드라마에서 작가가 차지하는 위치는 연출 및 연기에 비해 상대적 우위에 있다. 특히 연속극의 경우는 대본이 부실해도 이를 수정하거나 개작할 수 있는 물리적 시간이 부족하기 때문에 작가의 원고 완성도가 방송의 성공 여부에 절대적인 영향을 미친다.

과거에는 먼저 PD를 정하고 그 PD가 작가를 섭외하여 작품을 의뢰하는 것이 순서였다. 하지만 이제는 반대가 되었다. 시청률 경쟁이 치열해짐에 따라 방송사는 쓰지도 않은 원고에 대해 거액의 고료를 미리 지불하고 특정 작가를 확보해 둔다. PD가 미정인 상태에서 작가부터 정해지는 것이다. 이 과정에서 작가는 자기 취향에 맞는 PD를 고르게 되고, 자연히 잘나가는 작가에게 잘 보여야 작품을 맡게 되는 현상까지 벌어진다. 작가에게 선택 받은 PD는 연출 과정에서 작품의 구성과 전개에 대한 수정 및 개작을 요구할 수 없다. 설사 그런 것을 요구하는 PD가 있어도 작가의 의지에 따라 얼마든지 PD를 교체할 수가 있다. 몇 년 전 한 원로 PD가 100회 예정의 연속극을 단 2회 연출한 후 작가의 강력한 교체 요구에 물러나는 수모를 당한 일이 이를 증명한다. 연출자와 작가가 동등한 위치에서 작품을 기획하고 의논하는 것이 아니라 작가에게 종속된 관계로 전락한 것이다.

이런 풍토 속에서 PD들은 작가들을 찾아다니며 사정하고 애원해서 승낙을 받아내기도 한다. 그리고는 '내가 아무개 작가를 잡아 왔으니 그 프로는 내가 연출을 해야겠다.'고 간부들에게 당당하게 요구한다. PD마다 개성이 다르고 능력이 다른데 그 개성과 능력이 아니라 누가 유능한 작가를 잡아오느냐에 따라 프로그램을 배당하는 것이 가당키나 한가. 문제는 무능력한 PD일수록 연출력을 키우려는 노력보다는 작가와 공모(共謀)를 통해 프로그램을 맡으려 한다는 것이다.

사회와 인생을 끊임없이 탐구해야

드라마 PD는 고단한 PD 생활 중에도 악명이 높다. 그럼에도 불구하고 많은 PD들이 드라마 제작에 맘을 두고 있다면 그것은 바로 '성취도' 때문이다. PD라는 직업 자체가 자신의 이름을 내거는 많지 않은 직업 중 하나이기도 하지만, 성공한 드라마 한 편의 파급력은 여타 프로그램과는 비교가 안 된다. 성공한 드라마 PD는 이 파급력을 경험하게 되고 이것이 얼마나 매력적인지 안다. 그래서 우리끼리 '드라마는 마약'이라고 한다.

드라마 파트에선 선후배 관계보다는 능력이 더 중시된다. 연출 경력 10년이 훌쩍 넘은 선배와 이제 갓 데뷔한 후배가 독립된 프로그램으로 경쟁한다. 선후배는 없고, 잘 만드는 사람이 '장땡'이다. 10년이 되어도 빛을 못 보는 PD가 있는가 하면 연출 데뷔 1년차에, 처녀작으로 스타 PD의 자리에 오르는 사람도 있다. 이 무한경쟁 체제는 한편으로 냉혹하지만 한편으로는 오로지 자신의 능력만으로 승부할 수 있는 공정한 경쟁이 되기도 한다. 이것이 드라마 PD의 또 다른 매력이다.

드라마 PD를 꿈꾸는 후배들이여, 그 꿈을 이루기 위해선 많은 난관이 기다리고 있다. 수백 대 일의 치열한 경쟁을 뚫고 방송사 입사시험을 통과해야 하고, 드라마 파트에 배치를 받아야 한다. (현재 방송사에선 프로그램 장르별로 PD를 나눠 뽑지 않고 채용 후 배치한다.) 드라마 파트에 배치를 받았다고 해서 '고생 끝 행복 시작'이 아니라 더 큰 어려움이 기다리고 있다. 드라마 파트는 다른 장르와는 달리 5년 이상의 조연출(AD) 기간이 있다. 말이 좋아 조연출이지 거의 심부름꾼 수준이다. 동기들은 버젓이 자기 이름을 달고 프로그램을 제작할 때 드라마 파트에 있는 PD는 아직도 조연출 생활을 면치 못하고 있는 경우가 많다.

살인적이라는 드라마 조연출을 견디게 하는 힘은 바로 이를 '수련기간'으로 여기는 데 있다. 나는 항상 후배들에게 조연출 기간을 '인간과 사회를 보는 눈을 기르는 시간'으로 유용하게 쓰라고 얘기해 왔다. 편집, 촬영 등 방송 제작에 필요한 기술을 익히는 데 많은 시간이 필요하지 않지만 사회를 보는 눈과 인생에 대한 따뜻한 시선은 그렇게 쉽게 배워지는 것이 아니기 때문이다. 이 기간에 선배 PD로부터, 작가로부터, 부단한 노력을 통해 사회와 인생을 보는 관점과 가치관, 인생관을 확립해야 한다.

나 역시 늦깎이로 드라마 PD가 되었다. 입사해 5년 이상을 라디오 파트에서 일하고, 강력한 희망과 의지로 드라마 파트로 옮겨 와 후배의 연출 데뷔(우리끼리는 이를 '입봉'이라고 하는데 조연출에서 벗어나 처음으로 자신의 프로그램을 제작하는 것을 말한다.) 작품의 조연출까지 했었다. 차장을 달고서도 후배 PD의 조연출을 맡기도 했으니…. 그렇게 늦게 시작했어도 내 나름의 작품 세계를 인정받고 있다.

드라마 PD 세계에선 적어도 연배나 경력, 선후배가 중요하지 않다. 그러니 늦고 빠름의 시기는 문제가 안 된다. 다만 문제인 것은, '정말 이 일을 하고 싶은지'와 '나는 어떤 시각으로 작품을 만들 것인지'이다. 자신을 포함한 인간과 사회에 대한 끊임없는 성찰은 드라마 PD를 그만두는 순간까지 계속되어야 하는 작업이다.

정성을 무기로 인내를 식량으로

| 고찬수 |

KBS 예능국 PD. 1995년 KBS에 입사해 〈연예가중계〉 〈토요일 전원출발〉 〈한국이 보인다〉 등의 프로그램을 연출했다. 현재 〈사랑의 리퀘스트〉를 연출하면서 새 프로그램 〈대한민국 1교시〉를 준비 중이다. 시청자와 소통하기 위해 홈페이지(www.showpd.pe.kr)를 운영하고 있으며 저서로는 『PD WHO&HOW』(공저)가 있다.

방송은 대중문화의 첨병이다. 대중문화는 수용자인 대중의 기호를 반영해 빠르게 변화하며, 대중의 기호를 읽지 못하면 선택 받지 못한다. 방송도 마찬가지다. 방송은 시청자의 기호와 욕구에 민감하며 이에 따라 자신의 모습을 바꾸는데 이것이 바로 매년 봄가을 방송사에서 단행하는 개편이다. 더 새롭고 재미있고 유익한 볼거리를 제공해 시청자의 눈을 사로잡으려는, 시청자에게 선택 받기 위한 새 단장인 셈이다.

개편은 보통 6개월에 한 번 이루어진다. 개편 때 준비한 프로그램들이 시청자에게 외면당하면 최소 6개월은 시청자와 멀어지게 되어 방송사 경쟁력에 큰 타격을 준다. 이처럼 개편은 매우 중요하다. 개편 시기가 되면 방송사 내부는 정말 숨 가쁘게 돌아간다. 더 좋은 아이디어를 얻으려는 노력이 방송사마다 치열하다. 제작 부서, 편성 부서는 물론이고 독립 프로덕션에도 새로운 프로그램 아이디어를 공모하는 것은 바로 이 때문이다.

제작 PD들에게는 아이디어가 바로 생명이다. 개편 때를 대비해 항상 새로운 프로그램을 준비하고 있어야 한다. 개편을 위한 프로그램 공모가 시작되면 자신만의 비장의 무기로 무장한 기획서를 제출한다. 기획안이 통과되면 PD 자신의 생각을 프로그램이라는 현실로 만들 수 있는 기회가 주어진다. 때문에 개편은 PD들에게 자신의 창의력을 발휘할 수 있는 기회가 되기도 한다.

하지만 개편을 앞둔 PD들의 고민이 '아이디어' '프로그램 기획'에만 있는 것은 아니다. 출연자 섭외라는 더 큰 산이 버티고 있다. 섭외란 프로그램에 적합한 출연자를 정하고, 상대의 출연 승낙을 받는 것이다. 자신의 기획안이 아무리 좋아도 혼자 만들 수 있는 프로그램이 아니라면 출연자는 반드시 필요하다.

시청자가 프로그램을 선택하는 기준은 무엇일까? 이 글을 읽는 독자들은 어떤 기준으로 프로그램을 선택하는지. 특히 그 프로그램이 처음 방송을 타는 것이라면? 프로그램의 성격에 따라 여러 변수가 있겠지만 예능 프로그램의 경우 시청자의 선택을 좌우하는 가장 큰 변수가 바로 출연자이다. 누가 출연하는지가 제일 영향을 미친다. 한마디로 '뜨는' 연예인이나 관심 인물이 화면에 나오면 시청자를 붙들 수 있다. 이 때문에 최근에는 프로그램의 내용이 미처 확정되지 않은 상태에서 인기 스타를 먼저 섭외하기도 한다. 우선 경쟁력 있는 스타를 잡고 보는 것이다. (물론 대부분 프로그램의 내용에 맞는 출연자를 섭외하는 것이 보통의 절차이긴 하지만.)

최고의 인기 연예인들을 섭외하는 건 그야말로 '삼고초려'다. 아니, '칠고초려' '팔고초려'를 하기도 한다. PD, 작가 등 프로그램 제작진은 인기 연예인을 섭외하기 위해 '우리 프로그램에서 얼마나 당신을 원하는지' 최대한 표현하고 '프로그램 대박은 따 논 당상'이라며 프로그램의 높은 성공 가능성에 대한 확신을 심어 주어야 한다.

유비가 제갈공명을 얻기 위해 세 번이나 그를 찾아간 것은 비할 바가 못 된다. PD들은 자신이 필요한 스타가 있는 곳이라면 집이든, 촬영장이든, 약속 장소든, 매니지먼트 사무실이든, 하다못해 헬스클럽이라도 찾아간다. 모 PD는 인기 연예인 부부를 자신의 프로그램에 출연시키기 위해 한 달 내내 촬영장을 쫓아다녔다고 한다. 그 엄청난 발품을 팔아가며.

첫 만남에서 출연을 허락하는 인기 스타는 없다. 잘 해야 '생각해 보겠다'는 우회적인 거절의 표현을 듣고 오는 것이고, 심지어 면전에서 거절을 당하는 일도 비일비재하다. 거절을 당했으니 깨끗이 물러난다? 그건 자신의 마음을 거절한 데이트 상대에게나 멋있어 보인다. 포기하지 않고 열 번이고 스무 번이고 찾아가서 얘기하고 프로그램의 비전을 보여 주어 설득에 성공한 PD들만이 최고의 스타를 출연시킬 수 있다.

방송에서 연예인의 비중은 점점 커지고 있다. 시청자, 특히 젊은 세대들에게 연예인은 동경의 대상이며, 방송사 입장에선 기본적인 시청률을 보장하고 광고 판매율을 책임지는 중요한 재원 중의 하나가 되었다. 스타가 출연하지 않는 프로그램은 외면당한다. 그래서 PD들은 시청자의 시선을 잡기 위해 어떻게 해서든 스타를 출연시킨다.

문제는 원하는 곳은 많고 스타는 한정되어 있다는 것이다. 스타는 물건이 아닌 엄연한 사람이니 쪼갤 수도 없는 것 아닌가. 수요는 많고 공급은 한정된 상황. 그러니 대본보다, 아이템보다, 프로그램 구성보다 스타를 우선시하는 현상이 지금 벌어지고 있다. 일단 스타부터 잡고 보자. 그게 제일 어려우니까 하는 식이다. 말 그대로 섭외 전쟁이다.

시청률 경쟁이 치열한 주말 버라이어티 프로그램의 경우 기획 및 관리, 섭외 능력이 뛰어난 PD가 팀장을 맡고, 후배 PD들이 각각의 코너를 연출하는 시스템으로 운영되고 있는 것도 이 때문이다.

섭외와 관련해서는 '닭이 먼저냐, 달걀이 먼저냐.' 식의 논쟁이 있을 수 있다. 섭외를 잘해 프로그램이 '떠서' 다음 섭외가 쉬울 수도 있고, 지금까지 해 온 프로그램들이 성공해서 섭외가 쉬울 수도 있다. 또 PD가 현재 연출하는 프로그램이 무엇인지, 혹은 지금까지 해 왔던 프로그램이 어떤 것인지가 섭외의 성패에 영향을 미친다. 즉 좋은 프로그램을 많이 연출하고 성공시킨 PD일수록, 시청률이 높은 시간대의 프로그램 PD일수록 섭외는 좀 쉬워진다.

하지만 그 어떤 PD도 섭외의 어려움에서 벗어날 수 없다. 아무리 잘나가는 PD라 해도, 능력을 인정받는 PD라 해도 스타를 섭외할 땐 정도의 차이는 있지만 노력과 정성을 보여 주어야 한다. 꼭 예능 프로그램만 섭외 경쟁이 치열한 것은 아니다. 교양 및 스포츠 프로그램 PD들은 박찬호나 박세리처럼 대형 스포츠 스타를 섭외하기 위해 애쓰며, 시기에 따라 대통령 당선자를 자신의 프로그램에 출연시키려는 경쟁도 치열하다.

인기 스타가 섭외를 승낙했다고 해서 끝은 아니다. 스타는 자신의 이미지를 최대한 좋은 쪽으로 부각시키려고 하기 때문에 제작진에게 요구하는 것이 매우 까다롭다. 어떤 경우 프로그램의 내용을 그 스타에

원하는 대로 수정해야 할 때도 있다. 이럴 땐 프로그램의 내용을 손상시키지 않으면서 스타의 의견을 들어주는 방안을 마련해 추진하고, 이 과정에서 스타와 다른 출연자 혹은 제작 스태프 사이를 원활히 조절하고 관리하는 PD의 능력이 필수적이다.

이제 PD가 인기 스타나 유명인을 섭외하기 위해 엄청난 공을 들이는 것은 자연스러운 추세이다. 또 섭외가 어려워지면서 출연료 역시 기하급수적으로 증가하고 있다.

연예인은 너무 좋겠다고? 하지만 고액의 출연료나 PD의 특별한 노력이나 배려를 받는 것은 극히 일부 스타의 것일 뿐이다. PD들이 누군가를 섭외하기 위해 공을 들인다면, 이제 그 사람은 한 사람의 연예인에서 인기 스타로 발돋움한 것이다.

이런 특별한 대접을 받기 위해 스타를 꿈꾸는 수많은 지망생들이 내일을 기약하고 있으며, PD들에게 섭외 요청을 받기 위한 연예인들의 노력은 계속되고 있다. 언제나 값진 것은 숱한 어려움을 견디고 끊임없이 노력한 후에야 비로소 얻는 법이다.

억울한 죽음 위에 넋 잃은
슬픔만이 – 9.11 테러 취재기

| 이영돈 |

KBS 기획제작국 부장. 1981년 KBS에 입사해 〈바이블루트〉〈생로병사의 비밀〉〈술 담배 스트레스에 관한 첨단 보고서〉 등 주로 대형 다큐멘터리들을 제작했다. 99년부터 3년간 뉴욕 PD 특파원으로 근무했으며 귀국 후 지금까지 〈추적 60분〉 책임PD 및 진행을 맡고 있다. 한국방송대상, 한국방송PD상, 한국언론상을 수상했으며 저서로는 『생로병사의 비밀』 『술 담배 스트레스에 관한 첨단 보고서』 『미국 환상 깨기』가 있다.

2001년 9월 11일. 생각하기도 싫은 그날을 되살리라는 요청에 또다시 머리가 아파온다.

그날 오전 9시, 나는 맨해튼 브로드웨이 57가에 있는 KBS 지국에서 카메라맨을 만나기로 했다. 오후 2시로 예정되어 있던 보스턴의 하버드대 케네디 스쿨 취재 약속 때문이었다. 내가 거주하던 곳은 맨해튼에서 기차로 1시간 정도 떨어져 있는 뉴저지 주 숏힐스. 차로 통근하면 러시아워에는 1시간 30분 이상 걸리기 때문에 출퇴근할 땐 주로 기차를 타고 다녔다. 그날도 기차를 타고 뉴욕타임스를 읽으면서 여유 있게 맨해튼으로 향했다. 그때까지만 해도 어느 누구의 얼굴에서도 불안한 표정을 볼 수 없었고, 어디에서도 조금 후 벌어질 엄청난 사건을 예견할 수 없었다. 일상적인 표정들. 그런 사람들 사이를 통과해 사무실로 들어섰을 때 전날 밤 켜 놓고 간 TV에서는 세계무역센터가 비쳐지고 있었다. 무심하게도 난 그 당시에도 그 그림이 무엇을 의미하는지를 알지 못했다. 그냥 별 생각 없었다. 보스턴으로 떠나기 위해 테이프를 챙기는데 그때 전화벨이 울렸다. 조지 워싱턴 다리가 차단되어 맨해튼 쪽으로 들어오지 못하고 있다는 카메라맨의 전화였다. 맨해튼 쪽에서 무슨 일이 있는 것 같다고 했다. 순간 TV 화면에 눈이 갔다. 110층 세계무역센터 빌딩 중간에서 검은 연기가 나오고 있었다. 가끔 무역센터에 경비행기가 부딪친다는 얘기를 들은 적이 있기에 '또 그런 일이 있었나?' 라고 단순한 호기심이 일었다. 나는 TV의 볼륨을 올렸다. (평소 사무실에선 TV의 볼륨을 조그맣게 줄여 놓는다. 볼륨을 높이면 두 대의 TV에서 나오는 소리에 정신이 없어 일이 안 된다.) CNN의 현장 중계를 보니 아직도 상황파악이 안 된 듯했다. 그리고 불과 몇 분 후 눈앞에서는 정말 믿기 어려운 상황이 벌어졌다. 비행기 한 대가 정확히 무역센터의 다른 건물을 향해 돌진했고 110층 건물의 상층부가 화염에 휩싸였다. '아니 세상에 이런 일이….' 시계를 보니 9시 5분. 직감적으로 큰일이 터졌다는 생각이 들었다.

곧이어 64명을 태운 아메리카항공 소속 보잉 767기가 워싱턴 펜타곤(국방성) 건물에 충돌했다는 소식이 들려 왔고, 10시 40분에는 무역센터 남·북 타워 110층짜리 건물 두 동이 붕괴되는 꿈 같은 장면이 TV 화면으로 생생히 중계되고 있었다. 맨해튼 거리를 달리는 소방차와 구급차 소리에 귀가 찢어질 것 같았다. 그리고 서울본사에서 전화가 걸려 오기 시작했다. 대강의 내용은 현재 벌어지고 있는 무역센터 붕괴에 대한 취재 요청. 그때만 해도 이 사건이 테러에 의한 것인지는 전혀 파악되지 않고 있었다. 그 시간까지 보도 카메라맨도 남쪽에서 맨해튼으로 들어오는 브룩클린 다리가 통제돼 사무실에는 나 혼자만 있는 상황이었다.

(여기에 대해서는 설명이 조금 필요할 듯하다. KBS 뉴욕 지국에는 서울에서 파견된 특파원으로 PD와 기자가 각각 1명씩 있다. 또 기자 특파원과 같이 일하는 현지 고용 카메라맨과 카메라 조수 겸 코디네이터가 사무실에 상주한다. PD 특파원과 함께 일하는 카메라맨과 카메라와 코디네이터는 제작이 있을 때만 일하는 프리랜서이다.)

몸이 열 개라도 모자랄 판인데 기자 특파원조차 업무 차 귀국한 상태니 엎친 데 덮친 격이었다. 어쨌든 현장으로 가야 했다. 그러나 TV의 특성상 현장 기록을 위해서 카메라가 꼭 필요했다. 초조한 마음으로 카메라맨을 기다렸다. 카메라맨은 정오가 되어서야 도착했다. 브룩클린 다리에서부터 1시간 이상을 걸어왔다고 했다. 사건이 발생하자 외부에서 맨해튼으로 들어오는 모든 다리와 항만은 폐쇄됐다. 맨해튼에서 나가지도 들어오지도 못하게 된 것. 동시에 맨해튼 내의 지하철, 버스 등 대중 교통수단은 유행이 중지되었다.

나는 피곤해 하는 카메라맨을 데리고 현장으로 갔다. 장비를 들고 다시 걸어서 맨해튼 남단 현장 가까이로 접근하자 일단 매큼한 냄새가 진동한다. 온몸에 재(에스비스토스란 단열재로 발암 물질이다. 한국에서는 석면으로 알려져 있다.)를 뒤집어 쓴 미국 취재진들과 소방관들이 길바닥에 널부러져 있었다.

삶의 온기라고는 찾아볼 수 없는 현장. 지옥의 모습 그 자체였다. 우리는 찌그러진 차체들 사이로 발목까지 빠지는 재를 헤치고 나가기 시작했다. 하늘에서는 아직도 너덜너덜해진 종이와 가루가 된 석면이 떨어지고 있었다.

눈앞에 불타고 있는 무역센터 부속 건물이 보였다. 마스크를 미리 준비하지 못했기 때문에 숨쉴 때 코와 입으로 들어오는 석면 때문에 호흡이 곤란해지기 시작했다. 옷으로 입과 코를 가리면서 리포트를 시작했다. 갑자기 큰 석면 건더기가 입으로 들어와 구토를 하려고 파괴된 차 사이로 고개를 들이밀었지만 실패했다. 다시 리포트 시작. 고개를 들어 보니 주위엔 우리밖에 없고 급히 지나가는 소방관이 건물이 무너질 것 같으니 피하라고 경고한다. 그러나 코앞에서 불타고 있는 47층짜리 부속 건물은 전혀 무너질 것 같지 않았다. 1시간 정도를 현장에서 더 촬영을 한 후 우리는 일단 사무실로 철수를 시작했다. 그리고 30분 후 그 건물은 순식간에 무너져 버렸다. 9.11 테러 때 무너진 세 번째 건물이다. 주변에 있던 30명이 넘는 소방관이 같이 묻혀 버렸다. 나는 그날 그렇게 살아남았다.

삶과 죽음, 운명을 갈라놓은 30초

9월 11일은 그렇게 불특정 다수의 목숨을 앗아갔다. 내가 될 수도 있었고, 동료가 될 수도 있었다. 그야말로 '누구나' '아무나' 죽을 수 있는 상황이었다. 부속 건물이 붕괴할 때 묻힌 소방관들은 사체라도 수습할 수 있었지만 무역센터 남·북 건물에 생매장된 3000명 이상의 사람들은 시신조차 없었다. 흔적도 없이 사라져 버렸다. 내가 말한 흔적이란 사람이라고 육안으로 확인할 수 있는 시신의 온전한 구석을 말한다. 비행기가 건물에 충돌할 때 비행기에 가득 채워진 항공유(휘발성이 휘발유보다 높기 때문에 폭발성이 매우 강하다.)가 폭발하면서 2000도가 넘는 열을 냈고 고층 건물이 순식간에 무너지면서 시신이 제 모습을 유지하기가 불가능했다. 며칠 뒤 뉴욕 시는 시신을 넣을 가방을 1만 5000개 준비했다고 발표했다가 나중에 다시 3만 개를 준비시켰다. 뉴요커들은 최소한 만 명 이상이 사망했을 거라고 추측했지만 전문가들은 조각난 시신들의 부분들을 따로 가방에 넣을 것이기 때문에 많이 필요하다고 말했다. 사건 직후 많은 사람들이 궁금해 한 부분은 '왜 연속해서 두 대의 비행기가 무역센터에 충돌했는가.'와 '도대체 몇 명의 사람들이 사망했는가.'였다. 첫 번째 질문에 대한 답은 또 다른 여객기가 워싱턴 국방성에 그리고 다른 한 대가 펜실베이니아 주에 추락하면서 구체적이지는 않지만 계획된 테러 행위라는 분석이 나왔다. 그러나 사망자 수에 대한 것은 그해 말까지 구체적인 숫자가 나오지 못했다. 무역센터 남·북 건물의 하루 이용 인구가 13만 명에 이르기 때문이다. 아침 시간이라고 해도 직원들이 출근을 마친 상태이고 지하의 쇼핑몰과 지하 무역센터 전철역에도 수많은 사람들이 있었을 것이기 때문이다. 특히 지하 음식점과 본 건물 내에는 불법으로 일하는 최소한 500명 이상으로 추정되는 멕시코 사람들이 있는데 이들은 통계에 잡히지 않았다. 왜냐하면 이들은 주로 국경을 넘어 밀입국해서 저임금을 견디며 허드렛일을 한다. 신분증이 없으니 당연히 신분 확인도 안 된다. 뉴욕이나 LA 등 대도시의 식당에서 부엌의 식기 세척 등 힘든 일은 거의가 멕시칸이 한다고 보면 된다. 이들 무역센터에서 일했던 멕시칸 불법 체류자들은 흔적도 없이 허공으로 사라져 버린 것이다.

사무실로 돌아와 서울과 전화로 라디오 방송을 한 뒤 나는 곧장 한국인 실종자 파악에 나섰다. 그날 저녁까지 뉴욕 영사관에 신고된 실종자 수는 9명. 나중에 최종 파악된 한국인 실종자 수는 16명이었다. 그

중 서울에서 파견되어 온 실종자는 LG화재의 구본석 지점장(당시 42
세)이 눈에 띄었다. LG화재 뉴욕 지점은 무역센터 북쪽 건물 84층에
위치해 있었다. 비행기는 82층에 충돌했다. 그리고 대부분의 사망자는
비행기가 충돌한 지점의 윗부분에 있던 사람들이다. 뉴저지에 있는 구
지점장의 집을 찾았다. 집에는 부인 조윤호 씨와 두 딸 그리고 조씨를
위로하기 위해 방문한 LG그룹 임원 부인들이 있었다. 조씨에 따르면
남편이 그날따라 평소보다 일찍 출근했는데 사고 소식을 접한 후 조씨
가 남편의 핸드폰으로 계속 전화를 했지만 신호만 가고 받지를 않는다
는 것. 주위에서 전화를 자꾸 하면 남편 전화의 핸드폰 배터리가 닳아
만일의 경우 필요할 때 쓰지 못한다고 조언해 지금은 전화도 못하고
있다고 했다. 도저히 남편이 사망했다고는 믿지 못하겠다는 조씨는 계
속해서 눈물만 흘렸다.

84층에 위치한 LG화재는 LG증권과 칸막이를 사이에 두고 같은 사
무실을 쓰는데 사고 당시 LG증권에 근무하다 구사일생으로 살아난 직
원에 의하면 충돌 당시 책상에 앉아 있다가 뭔지 모를 큰 충격으로 의
자에서 나뒹굴었다는 것. 전기가 나간 상태에서 무슨 일인가 하고 복도
로 나갔는데 깜깜한 복도 옆쪽에 불길이 보였다고 했다. 큰 사고가 터
졌다는 생각에 사무실로 뛰어들어와 직원들과 같이 대피하면서 LG화
재 쪽으로 가 보니 아무도 없었다는 것. 결국 LG증권 8명의 직원은 84
층에서 비상계단을 통해 1층으로 대피했다. 이들은 1층에 도착한 순간
옆 건물이 무너지는 바람에 날라든 파편 더미에 묻혔다가 구사일생으
로 살아남았다. 이들 8명을 포함해서 수많은 사람들이 비상계단을 통
해 지상으로 내려오고 있을 때 수백 명의 젊은 소방대원들은 계단을
올라오고 있었다. 무사히 대피한 생존자들은 당시 환하게 웃으면서 계

단을 올라오던 소방대원들의 얼굴을 잊을 수 없다고 이구동성으로 말한다. 이들 소방대원들은 건물이 붕괴하면서 모두 사망했다.

그렇다면 LG화재 구 지점장과 직원들은 어떻게 됐을까. 무역센터에 도착한 구 지점장은 1층 엘리베이터 앞에서 은행을 가기 위해 엘리베이터에서 내리는 여직원 2명을 만났다. 인사를 나눈 구 지점장은 엘리베이터를 탔고 여직원들은 엘리베이터에서 내린 것.

이 순간 운명은 바뀌게 된다. 구 지점장이 엘리베이터를 탄 지 30초 만에 그러니까 구 지점장이 엘리베이터 안에 있을 때 사고가 났고 그 순간 엘리베이터는 자동으로 멈춰 버렸다. 그리고 30분 후 그 건물은 엘리베이터와 함께 무너져 버린 것이다. 나중에 취재한 바에 따르면 당시 무역센터에 있던 23개의 엘리베이터 중 충돌이나 화재 시 순간적으로 멈췄다가 다시 자동으로 1층으로 하강해 문이 열리는 최신형은 10대. 그 중 당시 제대로 작동된 것은 5대밖에 되지 않았다고 한다. 구 지점장이 탄 것은 그 5대가 아닌 것은 분명했다. 4명의 LG화재 직원 중 나머지 한 명은 그 전날 술을 마시고 늦게 출근하려다 운 좋게 살았다. 결국 구 지점장만 운명을 달리했다.

취재를 끝내고 나오는데 조씨는 혹시 취재 다니다가 남편을 보면 연락을 달라고 남편의 사진을 건네주었다. 조씨는 사건 다음날부터 식음을 전폐하고 남편을 찾아다녔다. 밤에는 잠을 자지 않고 남편의 전화를 기다렸다. 가만히 있으면 자꾸 불길한 생각이 들어 집에만 앉아 있을 수 없다는 것. 날이 새면 곧바로 사고 현장에 가까운 세인트 빈센트 병원에서부터 뉴욕의 부상자가 있는 병원들을 정신없이 돌아다녔다. 부상자 명단에 남편의 이름이 없는 것을 확인하고도 '혼란 중에는 남편 이름이 실수로 빠질 수도 있다.'며 계속해서 병원과 현장을 헤맸다.

당시 뉴욕 맨해튼 거리는 이렇게 실종된 가족을 찾으려는 사람들로 북
새통을 이뤘다. 28가에 차려진 실종자 가족 신고 센터는 이전의 〈KBS
이산가족 찾기〉를 연상케 했다. 조그만 종이에 붙어 있는 사진들. 그리
고 절절한 사연들. KBS 이산가족 찾기가 그랬던 것처럼 이 실종자 가
족들의 사연은 전 세계에 퍼져 나갔다.

9.11 테러, 광기의 미국인을 만들다

미국 매스컴들이 9.11 테러 사건을 보도하는 데 가장 도움을 받았
던 것은 가정용 소형 비디오 카메라다. 당시 관광객들이 우연히 찍은
현장 그림은 곧 특종이 되곤 했다. 나에게도 당시 브룩클린 다리 뒤쪽
에 살던 한 한국 학생이 우연히 찍은 붕괴 장면이 전달돼 〈일요스페셜〉
에 방송되었다.

9.11 보도의 하이라이트는 다큐멘터리 제작자인 프랑스 나우데 형
제가 찍고 9.11 테러 참사 1주기 때 CBS에서 방송되어 온 미국을 전율
에 떨게 한 9.11 다큐멘터리이다. 애초 이들 형제는 9.11에 관한 다큐
멘터리를 제작하려던 것이 아니었다. 9.11 테러가 있기 두 주 전부터
무역센터에서 일곱 블럭 떨어진 맨해튼 듀안 스트리트의 조그만 소방
서에서 근무하던 21살 신참내기 소방관에 관한 다큐멘터리를 제작하고
있었다. (맨해튼의 소방서에 관해 부연 설명을 하자면 한국처럼 한 소방
서에 소방차가 4~5대씩 있는 중대형 소방서가 아니라 많아야 소방차 2
대, 보통 1대만 있는 조그만 소방서들이 여기저기에 퍼져 있다.) 나우데
형제는 이 조그만 소방서의 활동을 집중적으로 찍고 있었던 것. 운명의

9월 11일. 나우데 형제 중 동생은 무역센터 근처에서 소방관들과 함께 맨홀 뚜껑을 열고 가스 누출 테스트를 하는 장면을 촬영하고 있었다. 그런데 소방관 한 명이 '어어' 하면서 무역센터 쪽으로 고개를 돌리자 맨홀을 찍고 있던 카메라는 자연스럽게 소방관이 고개 돌리는 쪽으로 따라 갔는데 이때 비행기가 무역센터를 들이받는 장면이 리얼하게 잡혀 버린 것이다. 이 장면이 당시 가장 많이 방송되던 바로 충돌 장면이다. 우연이 만들어 낸 걸작이었다. 문제는 바로 그 다음에 발생했다. 같이 촬영하던 소방관들이 급히 소방서로 돌아가면서 동생도 이들을 따라 돌아왔는데, 이때 나우데 형제 중 형은 무역센터 안에서 다른 소방관들과 함께 일상적인 소방 점검을 하고 있다가 사고를 당하게 된 것이다. 무역센터 1층에 있던 동생은 비행기가 충돌하고 사람들이 대피하는 장면을 있는 그대로 촬영하고 있었다. 그리고 82층 위에 있던 사람들이 불길을 피해 뛰어내리면서 땅과 부속 건물 지붕에 충돌하는 소리가 섬뜩한 괴성처럼 들리는 모습도 생생하게 카메라에 잡혔고 옆 건물이 무너지면서 날라든 파편을 뒤집어쓰고 정전된 상태에서 대피하는 모습도 적나라하게 잡혔다. 물론 이들이 대피한 지 몇 분이 지나지 않아 이 건물도 무너져 버리는 기막힌 일이 벌어졌다.

다큐멘터리를 제작하면서 가끔 느끼는 것이지만 우연히 찍은 것이 혹은 찍힌 것이 나중에는 더 중요하게 쓰이는 경우가 종종 있다. 그러나 이 나우데 형제처럼 이렇게 우연이 통째로 엄청난 다큐멘터리를 만든 경우는 흔하지 않다. 당연히 이 형제는 이 다큐멘터리를 고가에 CBS에 판매했다는 후문이다. (이 다큐멘터리는 6밀리 디지털 카메라로 촬영되어 제작비도 많이 들지 않았다고 한다.)

사고가 난 지 반년이 지났을 무렵, 조씨에게서 한 통의 전화를 받았다. 그때 9.11 테러 사건을 방송한 〈일요스페셜〉 테이프를 구할 수 없 냐는 것이었다. 테이프를 건네받으며 조씨는 이렇게 말했다. "이제 남 편은 가슴에 묻고 아이들을 위해서 조용히 살고 싶다. 그런데 발굴 현 장에서 계속해서 연락이 온다. 와서 유품과 시신의 일부가 남편 것인지 확인을 해 달라고. 그럴 때마다 가슴이 찢어진다."

나는 비슷한 이야기를 9.11 참사 1주년이 됐을 때 다른 미국인 유 가족들로부터도 들었다. "이제 모든 것을 잊고 싶다. 사랑도 증오도. 추모식과 각종 행사들, 그리고 신문과 방송의 온갖 특집들은 유가족이 아닌 다른 사람들만의 잔치다. 이제 우리들을 가만히 내버려 두라."

이들 유가족들의 피맺힌 절규와 관계없이 미국이란 거대한 나라는 9.11 테러를 미 제국주의 팽창의 절호의 기회로 이용하기 시작한다.

나는 9월 11일을 시작으로 현재까지 진행되고 있는 여러 9.11 증후 군들을 위의 유가족이 말한 맥락에서 분석해 보았다.

그 첫째는 또 다른 람보 스타일의 미국식 영웅들을 만들어 냈다는 것이다. 내가 굳이 람보 스타일이라고 명명한 이유는 미국인들은 쇼맨 십이 뛰어나기 때문이다. 첫 번째 영웅은 9.11 당시 뉴욕 시장이었던 루돌프 줄리아니이다. 흔히 애칭으로 '루디'라고 불리는 줄리아니 시 장은 9.11 건물 붕괴 당시 인근 건물에 있었다. TV에는 부하 직원 몇 명과 재를 뒤집어쓴 채 피신하는 모습이 계속해서 방송됐다. 이후 나는 초상집의 상주 셈인 줄리아니 시장이 영웅으로 탈바꿈하는 과정을 보 면서 미국인들의 기막힌 위기상황 탈출 기법을 새삼 인식했다. 만약 서 울에 그런 사고가 났다면 맨 처음으로 한 일이 서울의 심장부를 강타 하도록 한 책임이 누구에게 있는지 따져서 이들을 직위 해제시켰을 것 이다. 우리는 국민의 분노에 대한 탈출구를 집안에서 먼저 찾는다. 그러나 책임자 색출은 미국인들에겐 맨 나중 일이다. 우선 현장 복구 등 국민의 힘을 집결할 영웅을 만든다. 줄리아니 시장은 시사주간지 타임이 선정한 2001년 올해의 인물에도 뽑혔다. 선정 이유는 복구에 영웅적 노력을 기울였다는 것. 어느 누구도 뉴욕의 세계 최대 건물이 무너진 것에 대한 책임, 그리고 건물이 무너질 것도 예측하지 못한 채 400명에 가까운 소방대원들을 건물로 몰아넣은 책임을 묻지 않았고, 그 누구도 책임을 지지 않았다.

다음 영웅은 부시 대통령. 가죽 점퍼 차림으로 현장을 찾은 부시 대통령. 현장의 시신 발굴을 돕는 자원봉사자들과 함께 위대한 국가 건설과 그 위대한 국가 미국을 건설하는 데 장애가 되는 적들을 과감히 처단하겠다고 맹세했다. 미국 사람들은 열광했다. 당시 뉴욕에 없던 사람들은 그 징고이즘(맹목적, 광신적, 배타적 애국주의)적인 분위기를 모른다. 재로 가득 덮인 트럭에 대형 성조기를 휘날리면서 시내를 질주하는 노동자 복장의 미국인들. 이를 보고 거리에서 환호하는 사람들. 이들이 만들어 내는 국가주의의 환상은 지금까지 전 세계를 휘감고 있다. 그때 재미 호주인들이 호주 국경일에 호주 국기를 집 앞에 내걸었다가 집단 린치를 당한 것은 당시 분위기로는 당연한 일이다. 1만 5000명의 중동 사람들이 단지 테러리스트와 같은 종족이란 이유로 집단 감금당한 것도 당시 분위기로는 너무도 당연한 일이다. 9.11 테러 전, 부시를 곤경에 처하게 했던 교육 및 경제 문제들은 곧바로 쓰레기통에 처박혔다. 국가주의가 부활한 것이다.

꺼내지 못한 취재 인증서

나라의 재난을 이용하는 것은 정치인들의 당연한 속성일지 모른다. 그러나 미국의 정치인들은 이를 가장 효율적으로 이용할 줄 안다. 부시라는 만들어진 영웅을 중심으로. 아프카니스탄 침공, 이어진 이라크 침공은 9.11 테러의 당연한 귀결이다. 이렇게 두 명의 영웅은 책임 추궁은커녕 국회와 매스컴의 전폭적인 지지를 받으면서 복구 작업과 테러 종주국 파괴 작업에 나섰다.

2주년이 된 2003년 9월까지 9.11이라는 나라의 심장이 적에 의해 도려내진 어마어마한 사건에 책임자 색출과 처벌이 과연 있었던가. 이것이 미국이다. 숨어 있던 미국의 광기를 적나라하게 드러내게 한 엄청난 사건.

공식 사망자 3016명.

억울하게 죽은 자는 말이 없고 미국의 광기는 전 세계를 상대로 춤을 추고 있다. 9.11 테러가 일어난 지 13개월 후, 난 뉴욕 특파원 임기를 마치고 귀국했다.

귀국하기 2주 전 에미 상을 수여하는 미국 텔레비전 아트와 과학 아카데미(Academy of Television Arts & Sciences)로부터 9.11 취재로 수고했다는 취재 인증서를 받았다. 그러나 귀국 후 난 아직까지도 그 인증서를 봉투에서 꺼내지 않은 채 보관하고 있다.

방송 기자의 생명력은 2분 이내의 스트레이트 뉴스에 있는 반면 PD의 생명력은 1시간짜리 프로그램에 있다.

스트레이트 뉴스는 사실을 가감 없이 직접 전달한다. 간접적인 묘사나 기자의 감정 표현은 자제된다. 그러나 1시간짜리 다큐멘터리 프로그램은 사실을 기반으로 기승전결을 가진 논픽션 드라마와 같다. 시청자로 하여금 분노케 하고 슬프게 하고 웃음을 자아내게도 한다. 기자가 감정이 메마른 드라이한 성격이라면 PD는 감정이 풍부한 변사와 같은 것이다. 기자는 글을 쓰고 그 위에 그림은 카메라 기자가 붙인다. (편집한다) PD는 그림을 붙이고 그 위에 글을 쓴다. (작가가 쓰기도 한다.) 편집도 직접 한다.

기자 특파원은 위의 특성 하에 현지에 파견돼 일을 한다.

현재 KBS의 경우 세계의 주요 도시 12개 지국에 15명의 기자 특파원이 파견되어 있다.

KBS PD 특파원은 뉴욕, 동경, 파리에 각각 1명이 파견되어 있다. 물론 가속늘도 함께 가는데 가족들의 체류비는 회사에서 지불한다. 2004년 1월부터는 북경에도 PD 특파원이 나가게 된다. 뉴욕 특파원은 아메리카 대륙(남미, 북미)을 맡고, 파리 특파원은 유럽 전역과 중동 지역까지 담당한다.

MBC는 뉴욕과 동경에 각각 PD 특파원이 1명씩 파견되어 있고 SBS의 경우는 현재 PD 특파원이 없다. (SBS PD협회의 숙원 사업 중 하나가 바로 'PD 특파원 제도 마련' 이다.)

PD 특파원의 주요 업무는 뉴스를 제외한 제작 부서의 프로그램에 필요한 해외 부분을 전부(완제품) 혹은 일부를 제작해 보내 주는 것이다. KBS의 경우는 〈세계는 지금〉 프로그램의 PD 리포트 코너에 현지 취재물을 완제품으로 제작, 공급하는 일을 기본으로 하면서 주로 〈일요스페셜〉〈추적 60분〉 등 주요 프로그램 중 일부를 현지에서 제작하고, 기타 프로그램도 요청에 의해 제작해 본사로 보낸다. 쉽게 말하면 KBS에서 방송되는 프로그램 중 뉴스를 제외한 해외 취재물을 상당 부분 담당하고 있다고 생각하면 된다.

물론 한국에 있는 PD가 직접 해외에 나가서 취재하는 경우가 PD 특파원이 제작하는 것보다 훨씬 많다. 하지만 현지에 살면서 그 나라의 문화 및 역사에 대해 더 많이 이해하고 취재하는 PD 특파원의 취재물이 더 깊이 있는 것은 어찌 보면 당연하다.

참고로 일본 NHK 뉴욕 지국의 직원 수는 총 40명이 넘는다. 그 중 일본에서 파견된 직원은 기자 5명, PD 3명, 카메라맨 3명이고 나머지는 현지에서 채용한 직원이다. 현지 직원을 포함하여 4명인 KBS와는 비교가 되지 않는다. 이러한 규모의 차이는 자연히 프로그램으로 나타나게 되어 있다.

한국 방송도 앞으로는 PD 특파원 제도를 더욱 활성화할 것으로 본다. 2004년 1월에는 북경에, 머지않아 상해에도 PD 특파원이 나가게 될 것이다. SBS도 PD 특파원 제도를 신설하고, KBS와 MBC 역시 뉴욕과 동경에 2명 이상의 PD 특파원을 파견할 것이다. 또 반드시 그래야 한다.

나는 '피자' 다!

| 박치형 |

EBS TV1국 시사통일팀 차장. 언론학 박사. 1989년 EBS에 입사해 〈삶의 발자취〉 〈과학다큐 2000〉 〈EBS 문화센터〉 〈EBS 교육문화 뉴스〉 등의 프로그램을 연출했으며 현재 〈EBS 현장리포트〉 앵커 및 취재를 맡고 있다. 미국 하와이대학교 동서문화센터 언론인 연수 과정을 이수하고 일본 NHK방송 TV프로듀서 OJT과정을 수료했다. 현재 중앙대학교 신문방송대학원에 출강하고 있다. 저서로 『텔레비전 영상과 커뮤니케이션』 『ENG & 캠코더』 등이 있다.

"선배, 알아?"

야외 촬영을 마치고 밤늦게 사무실로 들어오는데 같은 부서에서 일하는 후배 PD가 조금 안쓰럽다는 듯이 물었다.

"뭘?"

"박 선배 발령 난 거."

"발령? 아니, 갑작스럽게 발령이라니, 어디로?"

"뉴스 팀으로."

"뭐!! 뉘~우스 팀."

그게 벌써 7년 전인 1996년의 일이다. 그렇게 해서 뜻하지 않은 나의 기자 노릇이 시작되었다. 아니 고달픈 '피자' 생활이 시작되었다. '피자' 는 피디(PD)의 앞 글자인 '피' 와 기자의 뒷글자인 '자' 를 붙여 만든 신조어로, 공식적인 명칭은 아니지만 PD가 뉴스 팀에서 기자 역할을 한다고 해서 붙여진 이름이다. (90년대 후반 MBC에서는 피디와 기자들이 함께 만든다는 의미가 포함된 〈피자의 아침〉이라는 프로그램을 방송하기도 했다.)

EBS는 90년대 초부터 교육 및 문화와 관련된 최신 정보를 전달하기 위해 〈EBS 교육문화 뉴스〉를 매일 편성, 방송해 왔다. 물론 지금은 사내 모집을 통해 선발된 기자와 프리랜서 기자들이 함께 일하지만 그때만 해도 기자가 아닌 PD들이 직접 뉴스를 취재하고 제작해야 하는 것이 현실이었다. 게다가 나는 취재 기자의 역할뿐 아니라 주말 와이드 뉴스를 직접 진행하는 앵커 역할까지 겸하게 됐으니 더욱 큰 부담이 아닐 수 없었다. 물론 대학 시절 리포터로 활동했던 경험과 프로그램을 직접 진행했던 경력이 고려된 발령이었다곤 하지만 눈앞이 캄캄했다. PD에서 기자라니, 그것도 앵커까지 겸하라니….

그 이후 7년, 계속 뉴스 팀에서 일하며 '피자'로만 일한 건 아니지만 현재 뉴스 팀에서 일하고 있으니 PD 중에서는 누구보다 뉴스와 인연이 깊은 셈이다.

크게 보면 PD나 기자나 하는 일은 별반 다르지 않다. 특히 다큐멘터리나 교양 파트의 프로그램을 담당하는 PD들에겐 더욱 그렇다. 회의, 회의 그리고 또 회의…. 매일 매일 방송 소재를 찾느라 끙끙대고 또 이곳저곳 섭외를 한 후 취재해서 방송하는 일이 말이다. 하지만 PD와 기자는 분명 차이가 있다. 무엇이 다를까?

"카메라 스케줄 잡았지?"

"……"

"차량은 배정 받았고?"

"……"

"아니, 지금 출발해야 하는데 어떻게 된 거야?"

"……"

PD가 야외 촬영을 나가든지, 방송 기자가 현장 취재를 나가든지 간에 거의 매번 겪는 일상이다. 아니 정확히 말하자면, 앞의 내용은 PD에게만 해당되는 내용이다. PD는 대부분 AD(조연출)와 함께 일하기 때문에 지시형이 가능하지만, 기자는 혼자 직접 챙겨야 하는 일이 더 많기 때문이다. 카메라 팀과 스케줄을 조정하고 차량 배차 문제에 신경을 쓰는 것 외에도 PD나 기자에게 남아 있는 일이 또 하나씩 있다. PD에겐 MC나 리포터, 연기자 등 자신의 프로그램 제작에 필요한 출연자들을 챙겨야 하고, 방송 기자는 취재를 나가기 전, 자신의 외모와 복장을 한 번 더 점검해야 한다. PD와 달리 직접 카메라 앞에서 리포트를 해야 하기 때문이다.

다시 말해서, 텔레비전 PD나 방송 기자는 모두 카메라와는 떨어질래야 떨어질 수 없는 불가분의 관계에 있다. 하지만 PD는 카메라의 곁이나 뒤에서 존재하고 방송 기자는 카메라 앞에 직접 나서야 한다는 것이 차이라고 할까. 물론 요즘은 PD들도 야외에서뿐 아니라 스튜디오 카메라 앞에 직접 서는 경우가 많아졌지만 말이다.

PD들이 제작하는 프로그램의 원고는 작가들이 쓰는 것이 일반적이다. 자료조사나 섭외도 대부분 그렇다. 내용을 설명하고 프로그램을 이끌어 주는 전달자로는 성우나 아나운서 등 전문가들을 활용한다.

그러나 뉴스는 스트레이트 기사든 기자 리포트든지 현장을 취재한 기자가 직접 기사를 작성한다. 기자 리포트인 경우에는 내레이션 더빙까지 직접 담당해야 한다. 따라서 자신이 작성한 기사를 직접 읽는 방

:: 〈EBS 현장리포트〉 스튜디오 진행을 하고 있는 필자.

송 기자는 기사를 잘 써야 하는 것은 기본이고, 정확한 발음과 목소리 톤을 유지해야 한다. 물론 이는 쉽지 않다. 때문에 끊임없는 노력과 피나는 훈련이 필요하다. 흔히 아나운서들이 하는 것처럼 볼펜을 입에 문 채 읽고 또 읽는다. 자신이 취재한 기사를 더 설득력 있게 전달하기 위한 노력의 일환인 셈이다.

기자든 PD든 하늘을 모신다

그렇다. PD와 달리 방송 기자는 자기가 취재한 내용을 카메라 앞에 서서 시청자에게 직접 전해야 한다. '언제, 어디서, 누가, 무엇을, 어떻게, 왜'의 육하 원칙(5W1H)에 따른 기사 작성 능력은 기본이고, 1

분 20초에서 2분 정도의 짧은 시간 안에 자신이 취재한 내용을 어떻게 효과적으로 담을 것인지 늘 고민하게 된다. 자연히 기사의 구성과 흐름에 신경을 쓴다.

기사의 첫머리(리드)에 사건의 핵심 개요를 압축하고 행위와 과정, 주장과 설명 등은 그 뒤에 배치해 부연 설명을 하는 것이 보도 문장의 정형화된 틀이다. 즉 역 피라미드 구조로 중요한 내용을 앞으로 배치하고, 뒤로 갈수록 중요성이 다소 덜한 세부적이고 구체적인 내용을 배치하는 것이다.

하지만 TV 뉴스 리포트의 경우는 이와 달리 중요한 정보를 리포트 전체에 배분하는 사다리꼴 형태를 띠게 된다. TV 뉴스는 신문기사와 달리 드라마적 요소가 포함되는 경우가 많아 뉴스 아이템만 보고 채널을 돌리는 경우는 드물기 때문에 가능한 일이다. 물론 사다리꼴은 기사의 끝 부분에 기자의 관점을 포함시킨 결론이나 주장을 제시하기 때문에 관점형이라고도 한다. 다시 말해서 TV 뉴스 리포트는 결론을 미리 제시하고 그 결론을 합리화시켜 주는 근거를 제시하는 연역적인 방식보다는 시청자에게 근거를 눈으로 직접 보여 주고 마지막 부분에 결론을 제시하는 귀납적인 방식을 선호한다고 할 수 있겠다.

방송 뉴스를 제작하는 방식은 프로그램과 차이가 있다. 다큐멘터리를 예로 들어보자. 구성안에 따라 화면을 촬영하고, 촬영한 화면을 먼저 편집한다. 이렇게 편집된 화면을 바탕으로 작가가 원고를 작성하면 비로소 오디오 더빙에 들어간다. 그러나 방송 뉴스의 경우 오디오 편집이 먼저다. 기사 작성이 끝나면 기자의 음성 리포트를 우선 녹음, 편집한 후 그 음성 기사에 따라 화면을 입히는 방식을 취한다. 기사가 더 중요하기 때문이다.

:: 경주 세계문화엑스포 취재
현장에서 리포트를 하는 필자.

물론 그렇다 하더라고 텔레비전 자체가 영상 위주의 매체다 보니 프로그램과 마찬가지로 뉴스에서도 화면이 당연히 전제가 된다. 때문에 영상의 구도나 문법, 카메라 앵글 등에도 각별히 주의를 기울여야 한다. 물론 뉴스 취재에 있어서 영상은 카메라 기자의 몫이기는 하지만 취재 아이템에 대한 취재 기자와 카메라 기자 간의 원활한 커뮤니케이션은 그 무엇보다 중요하다. 잘 잡은 한 컷의 영상이 백 마디의 설명보다 훨씬 강렬한 메시지를 줄 수 있기 때문이다. 따라서 기자가 카메라 앞에서 스탠드 업(Stand-up, 뉴스 리포트 중에 기자가 직접 취재 현장에서 리포트하는 것을 말한다. 쉽게 말하면 기자가 화면에 나오는 부분이다. 기자가 기사 중 강조하고 싶은 부분을 언급하고자 할 때 쓴다.)을 할 때에도 현장을 더 명확히 보여 줄 수 있는 장소를 선택해야 한다. 인터뷰를 섭외하면서 문제점이나 강조점을 충분히 연구하고, 스탠드 업 멘트를 미리 구상하는 것이 필요하다.

물론 기사의 내용이 중요하다. 하지만 기자가 시청자에게 어떻게 보이는가도 매우 중요하다. 아니, 어쩌면 가장 중요한 것일 수도 있다. 기사 내용이 아무리 알차다 해도, 아무리 중요한 기사라 해도 이를 리포트하는 기자에게 신뢰감을 가지지 못하면 제대로 기사를 전달하지 못하는 결과를 낳기 때문이다. 따라서 기자는 시청자에게 신뢰감을 줄 수 있도록 복장을 잘 갖춰야 하며 기본적인 메이크업 정도는 자신이 스스로 할 줄 알아야 한다. 이는 남성 기자에게도 당연한 말이다.

PD에게는 없고 기자에게만 있는 것 하나, 바로 출입처다. 기자에게는 당연히 자신이 담당하고 관리해야 하는 출입처가 있기 마련이다. 뉴스 팀에서 일한 초기에 나는 교육부와 국회를 담당했었고, 최근에는 문화관광부에 이어 청와대를 출입하고 있다. 얼마 전부터는 청와대와 정부종합청사, 과천청사 등에서 기자실을 개방하고 기자 브리핑 제도를 실시함으로써 이제는 출입기자라기보다는 등록기자라고 하는 것이 더 맞는 얘기겠지만.

아무튼 출입처 관리는 기자에게 있어 무엇보다 중요한 일 가운데 하나이다. 뉴스의 소스가 대부분 출입처에서 나오므로 자신이 담당하는 부처의 돌아가는 상황을 면밀히 체크하고 있어야 한다. 그리고 꾸준한 관심을 가지고 취재원을 대하고, 취재원과의 친분도 잘 유지해야 한다. 또 타사의 기자들이 지금 무엇을 하고 있는지, 어떤 아이템을 취재하는지 잘 살피는 것도 중요하다. 혼자만 낙종하는, 소위 ‘물 먹는’ 일이 없어야 하니까.

이러한 점 때문에 기자들이 받는 스트레스의 강도는 어느 직군보다 크다. 방송 기자가 자신의 기사에 책임을 지고, PD가 자신이 만든 프로그램에 대해 책임을 지는 것은 마찬가지이긴 하지만, 아무래도 여러 사람이 함께 참여하고 고민하는 프로그램과는 달리 뉴스는 기자 개개인의 역할과 책임이 더 크다고 할 수 있기 때문이다. (물론 아이템과 취재 방향에 대해 상의할 수 있는 데스크가 있기는 하지만 말이다.)

　제작 시간도 그렇다. 프로그램 제작보다는 뉴스 제작이 훨씬 더 촉박하게 이뤄지는 경우가 대부분이다. 더욱이 미리 배포된 보도자료에 의한 취재가 아니라 긴급하게 이루어지는 취재 아이템의 경우라면 더 말할 나위가 없다. 당장 섭외 들어가고, 취재하고, 기사 작성하고, 더빙하고, 편집하고, 자막 뽑고, 필요한 경우에는 CG 등 미술 작업도 의뢰해야 하고…. 그야말로 방송 시간에 맞추기 위한 피 말리는 시간과의 전쟁이 벌어진다. 그래서 내가 있는 뉴스 팀에는 아예 저녁 식사 시간이 따로 없다. 각자 알아서 한다.

　흔히들 PD와 기자를 두고 이렇게 말한다. PD는 기자보다 기획력과 구성력이 뛰어나고, 기자는 PD보다 취재력이 뛰어난 것이 강점이라고 말이다. 당연한 이야기다. 각자 하는 일의 특성이 조금씩 다르니 그럴 수밖에. 하지만 분명한 것은 PD든 기자든 시청자를 대상으로 프로그램(뉴스)을 만든다는 것이다. 바로 하늘 같은 시청자를 상대로 말이다. 그런 측면에서 본다면 PD나 기자나 하는 일이 크게 다를 바가 없다. 프로그램을 제작하든 뉴스를 취재하든 형식과 상관없이 시청자를 향해 결코 게으름을 피울 수 없는 방송쟁이들이니까. 그런데, 나는 지금 PD인가? 기자인가? 아! 맞다. 나는 ‘피자’다.

　저녁 무렵 취재 마치고 들어오는데 후배가 물었다.

“선배 했어?”

“뭘?”

“저녁 식사.”

“아직.”

“그럼, 어때? 피자 한판.”

“뭐, 피~자?? 이런…@#$%@*&ㅠㅠ.ㅠㅠ!!!”

벼랑 끝에서 배수진을 치다

| 김한영 |

프리랜서 드라마 PD. 1976년 MBC에 입사해 〈전원일기〉 〈젊은 날의 초상〉 〈잃어버린 이름〉 〈내 마음의 풍차〉 〈몽실언니〉 등을 연출했다. 1992년 프리랜서로 독립, SBS에서 〈임꺽정〉 〈파도〉 등을 연출했다. 한국방송대상 연출상, 최우수작품상을 수상했으며, 동아일보 신춘문예 희곡 부문에 당선되기도 했다.

나는 대한민국에서 처음으로 프리랜서를 선언한 드라마 PD 1호다. 10년도 넘은 1992년이었다. 지금은 독립 프로덕션도 있고 프리랜서를 선언한 PD들도 많지만, 당시만 해도 전례가 없는 파격적인 결정이었다.

월급도 많고 앞날이 보장된 탄탄한 직장 MBC를 퇴직까지 15년 가까이 남은 40대 중반의 나이에 그만두고 나왔다. 순전히 타의가 아닌 자의로 말이다.

왜 나는 따뜻한 온실을 두고 앞날이 불확실한 황야로 걸어 나왔던가. 만용이었던가? 세상 물정 모르는 아둔함 때문이었을까? 당시 내 선택은 방송계 안팎에서 충격적인 일로 받아들여졌던 걸로 기억한다. 조직의 보호 아래, MBC라는 울타리 안에서 연출하는 것이 너무나 당연한 것으로 여겨지던 때였는데, 그 조직의 울타리를 스스로 거부했으니….

나는 1976년 MBC 공채 6기 PD로 입사했다. 서울대 사범대를 졸업하고 국어 교사로 3년간 지내다가 PD가 뭐하는 건지 확실히 모른 채 TV 드라마를 만들고 싶다는 막연한 생각만 가지고 입사했다. PD는, 그 중에도 드라마 PD는 밖에서 상상하는 것처럼 화려하지 않았다. 정신적으로도 육체적으로도 엄청난 중노동이었다. 그러나 아무리 힘들어도 후회하지 않았다. 일단 내가 원해서 선택한 길이었고, 무엇보다 일 자체가 재미있었다.

PD들끼리 하는 말로 '개 같은 조연출' 시절을 5년이나 견디고 81년 〈전원일기〉로 연출 데뷔했다. 그때부터 나는 쉴 새 없이, 미친 듯이 일했다. 주간 단막극, 베스트셀러 극장, 특집극, 미니시리즈, 연속극까지… 작품 편수로 따지자면 아마 수백 편이 넘을 것이다. 내가 연출한 작품의 제목을 일일이 기억하기도 어려울 정도이다. 그러는 동안 연출가로서 명성도 조금은 얻었던 것 같다.

그러다 문득 회의가 들었다. 나 자신도 모르게 '드라마 공장'의 '충실한 직공'으로 변해 가고 있었던 것이다. 창의력은 고갈되고, 재충전의 기회는 좀처럼 없고 별다른 문제의식 없이 습관적으로 찍고, 만들고…. 그러는 사이 나이는 마흔을 넘어 중년이 되었고, 타성에 젖은 내 모습이 문득 지겹고 초조하게 느껴졌다.

주말 연속극 〈몽실언니〉를 끝내고 난 후 비로소 스스로를 찬찬히 돌아볼 수 있었다. 연출가로서의 내 인생, 과연 이대로 갈 것인가? 진정으로 내가 하고 싶은 작품은 어떤 걸까?

나는 내 인생의 전환을 위한 탈출구, 혹은 반역을 꿈꾸고 있었다.

당시 나는 이미 차장이라는 직책에 올라 있었다. 얼마 지나지 않아 싫든 좋든 데스크(관리자)의 자리에 앉게 될 것이다. 내 앞날의 분기점이 다가온 것이다. 부장, 국장을 하며 정년퇴직 때까지 편안하게 월급쟁이 생활을 할 것인가? 아니면, 끝까지 연출가로 남을 것인가?

바로 그즈음 SBS가 설립됐는데 어떻게 나를 잘 봤는지 소위 스카우트 제의가 들어왔다. 당장 몇 호봉을 올려주고 부장 자리를 주겠다는 조건이었다. 물론 연출도 계속하고. 고민 끝에 결정을 내렸다. 17년 동안 나를 보듬어 주고 키워 주었던 MBC를 떠나기로.

그러나 나는 몇 호봉 오른 월급과 부장 자리라는 SBS의 파격적인 대우는 거절했다. 대신 새로운 제의를 했다. SBS의 직원이 아닌 자유계약, 즉 프리랜서로 일을 하겠다는 조건이었다. 소위 '계약금 얼마에 연봉 얼마' 식이었다.

당시까진 이런 예가 한 번도 없었던 일이라 방송가에선 모두가 새롭고 신기한 일로 받아들였다. 어쨌든 이런 새로운 시도가 프리연출가 시대의 시작을 열었다고 자부한다.

단 한 번 인생에 후회 없을 모험

개인적으로 볼 때, 프리랜서의 길은 매우 위험천만한 선택일 수도 있다. 능력만큼 일하고 그 대가를 받는다? 충분히 매력적이다. 그러나 혹 능력을 인정받지 못하게 되면 어떻게 할 것인가? 만에 하나 신체에 이상이라도 생긴다면 어쩔 것인가? 나를 보호해 줄 조직도, 생활의 보장도, 퇴직금도 없는 상황. 그땐 뭘 먹고 살지? 무엇을 해야 하지?

그러나 나는 그런 걱정을 할 겨를이 없었다. 어떻게든 내 삶의 방식을 바꾸고 싶은 열망에만 잡혀 있었으니까. 어차피 인생은 한 번뿐인데 이런 모험쯤 한다고 뭐가 손해일까? 최선을 다하다가 능력이 모자라면 깨끗이 그만두는 거지 뭐.

말하자면, 나는 내 인생에 배수진을 친 것이다. 물러설 수 없게 자신을 최후의 선에 몰아넣은 것이다. 타성에 젖지 않도록, 끊임없이 긴장감을 유지할 수 있도록 스스로 계속 다그치고 싶었다. 자칫 안일함에 빠지기 쉬운 월급쟁이의 속성에서 벗어나고 싶었다.

프리랜서 선언 이후 내가 잃은 것은 조직의 보호를 받는 안정된 생활이요, 내가 얻은 것은 자유다. 그리고 자신을 스스로 책임지는 마음이다.

바야흐로 프리랜서 시대다. 방송 PD뿐만 아니라 사회 모든 분야에서 프리랜서들이 주류를 이루며 활약하고 있다. 내가 프리랜서를 선언한 후 방송 쪽에도 변화의 회오리가 불었다. 내가 나온 뒤 얼마 후부터 후배 PD들이 속속 방송사의 울타리를 과감히 벗어나 독립했다. 김종학, 이관희, 이진석…. 지금은 20명이 넘는 PD들이 자신의 능력을 발휘하며 맹렬히 활약하고 있다. 드라마뿐 아니라 예능·교양·다큐멘터리 분야의 PD들도 프리랜서로 독립하는 경우를 본다. 그들 역시 스스로 배수진을 치고 자신과의 승부를 벌이고 있는 것이다. 이제 세상은 자신의 능력대로 살아가는 프리랜서 시대가 온 것이다.

연출가의 생명은 창의력과 치열함이다. 프리랜서가 가지는 자유로운 사고와 일에 대한 승부욕이야말로 창의력과 치열함을 높이는 관건이다.

방송 PD가 되고 싶은 사람들이라면, 이것을 잊어선 안 된다. 단순히 좋은 직장에 취직한다는 생각으로 온다면 피차 불행한 일이다.

내가 프리랜서 PD로 생활한 지도 벌써 10년이 넘었다. 함께 입사했던 동기들은 지금 국장이 되어 있거나, 지방 방송사의 사장으로 가 있다. 혹은 명예퇴직을 한 경우도 있다.

그러나 나는 아직도 현장에서 일하는 연출가다.

앞으로 5년? 10년? 언제까지가 될지 모르지만 나는 영원히 현역 연출가로 남고 싶다.

프로그램 화룡점정을 위해

| 이영돈 |

KBS 기획제작국 부장. 1981년 KBS에 입사해 〈바이블루트〉 〈생로병사의 비밀〉 〈술 담배 스트레스에 관한 첨단 보고서〉 등 주로 대형 다큐멘터리들을 제작했다. 99년부터 3년간 뉴욕 PD 특파원으로 근무했으며 귀국 후 지금까지 〈추적 60분〉 책임PD 및 진행을 맡고 있다. 한국방송대상, 한국방송PD상, 한국언론상을 수상했으며 저서로는 『생로병사의 비밀』 『술 담배 스트레스에 관한 첨단 보고서』 『미국 환상 깨기』가 있다.

동료 PD들이 "프로그램 하기도 바쁜데 책까지 쓰고 대단하다." 고 하면 나는 씩 웃으며 "돈 좀 벌어 보려고."라고 말하곤 한다. 물론 농담이지만, 거짓은 아니다. "책 써서 돈 좀 벌었어요?"라고 물으면 "돈은 잘 안 벌리지만 프로그램의 결과물이 남는다고 위로해."라고 한다. 오랜 시간 공들인 작업의 흔적을 남기고 싶다는 건 솔직한 심정이다.

PD들은 프로그램 기획 및 제작이라는 하나의 프로젝트를 시작하면 무섭게 몰두하며 정신없이 뛴다. PD 옆에는 작가, 자료조사 요원, 조연출 등이 포진해 있다. 이들과 함께 수많은 자료를 정리하고 그것을 어떻게 영상화하는지 끊임없이 고민한다. 그리고 촬영, 더빙, 편집까지 정말로 진이 빠진다. 그러니 프로그램이 전파를 타고 나면 이 모든 것에서 훌훌 벗어나고 싶을 뿐, 다시 반추하고 정리하며 글을 쓰는 것 그

:: 필자가 99년 여름부터 3년 동안 뉴욕에서 PD 특파원으로 활동하며 느낀 점과 경험을 모아 『미국 환상 깨기』라는 책을 펴냈다.

자체가 싫다. 이런 마음이 PD들의 인지상정이다.

나 역시 프로그램이 끝나면 빨리 벗어나고 싶다. 하지만 나는 책을 썼다. PD로서 철이 든 다음 내가 연출한 대형 다큐멘터리는 4부작 〈바이블루트〉(95년), 5부작 〈생로병사의 비밀〉(97년), 6부작 〈술 담배 스트레스에 관한 첨단 보고서〉(99년) 등이다. 이 중 『생로병사의 비밀』과 『술 담배 스트레스에 관한 첨단 보고서』는 책으로도 펴냈다. 또 99년 여름부터 3년 동안 뉴욕에서 PD 특파원으로 활동하며 느낀 점들을 풀어낸 『미국 환상 깨기』도 있으니 총 3권의 졸작이 세상에 나왔다. 〈바이블루트〉의 경우는 프로그램 기획 단계에서부터 이미 책(화보집)을 출판하기로 마음먹고 전문 사진작가까지 동행을 했었지만 방송 후 곧바로 다른 프로그램을 준비하느라 기회를 놓쳐 버리고 말았다. 『생로병사의 비밀』은 교보문고와 몇 개 대형서점에서 베스트셀러 목록에 올랐고 『미국 환상 깨기』도 현재까지 꽤 잘 팔리고 있는 것으로 알고 있다.

PD가 만드는 프로그램은 흔히들 바람을 타고 날아간다고 한다. 아무리 엄청난 노력을 들였어도, 아무리 좋은 작품이라고 호평을 받아도 혹은 그 프로그램이 시대의 걸작이라고 해도 전파를 타는 그 순간이 지나면, 다시 보기 위해선 과외의 노력이 필요하다. 방송 시간에 맞춰 녹화를 한다거나 방송사에서 테이프를 구입해야 한다. 방송 프로그램의 이런 일회성을 탈피하기 위해서는 쉽게 프로그램에 담겨진 콘텐츠를 접할 수 있는 미디움(Medium)이 필요하다. 이것이 책이다.

PD들은 방송의 일회성에 대해 누구보다 잘 알고, 또 아쉬워하면서도 선뜻 책을 쓰려고 하지 않는다. 왜 그럴까. 내 생각에는 다수의 PD들은 단지 '방송을 한다는 것'에 대해 만족하고 있지 않나 생각한다. 또 집필 작업에 대한 심적, 물적 부담감 역시 무시할 수 없을 것이다. 그러나 나는 PD가 될 정도의 교양 수준이라면 누구나 책을 쓸 수 있다고 생각한다. 더구나 시청자를 이해시키고 공감을 불러일으키는 프로그램을 만드는 사람이 아닌가. 문제는 '어떻게 쓰느냐' 이다.

제작 틈틈이 메모를 하면 책 출판까지는 비교적 쉬운 길이다. 취재를 하면서 특히 인터뷰를 하면서 중요하고 재미있는 것들은 반드시 메모하고(소형 디지털 녹음기에 녹음을 하는 것도 좋은 방법이다.) 인터뷰한 사람과 중요한 장소는 사진을 찍어 둔다. 요즘에는 디지털 카메라까지 있으니 얼마나 편리한가. 혹시 빠진 게 있다면 프로그램 제작을 위해 찍은 테이프를 프리뷰하면서 중요한 것은 다시 메모를 해 둔다.

쉽게 말하면 방송한 골격(프로그램)에 이렇게 정리한 것을 붙여 놓으면 한 권의 책이 되는 것이다. 방송은 제한된 시간 때문에 요약하고 생략해야 한다. 그러나 책이라면 자신이 취재한 내용을 충분히 전달할 수 있다. 프로그램과 책을 통해서 PD는 비로소 전달 체계의 완성도를 높이는 것이다.

인터넷 시대, 이제는 홈페이지를 언급하지 않을 수 없다. 나는 앞으로 새로운 프로젝트를 맡으면 책과 함께 인터넷 홈페이지를 만들 것이다. 홈페이지는 책보다 더 방대한 내용을 서비스할 수 있다. 그리고 방송 내용과 바로 연결돼 있어 직접적인 내용을 전달할 수 있다. 결국 프로그램과 책 그리고 인터넷 홈페이지, 이 세 개 매체가 하나로 연결됨으로써 PD의 프로그램은 비로소 완성되는 것이다.

왜 이다지도 인간이 없느냐

| 정길화 |

MBC 시사교양국 특임 1CP, 〈이제는 말할 수 있다〉 책임프로듀서. 1984년 MBC에 입사해 〈인간시대〉 〈PD 수첩〉 〈이제는 말할 수 있다〉 등 휴먼 다큐, 시사고발, 현대사 다큐멘터리로 이어지는 다수의 프로그램을 연출했다. 방송대상, 통일언론상, 삼성언론상, 한국청년대상, 한국언론대상 등을 수상했으며, 한국방송PD연합회장을 역임했다. 홈페이지로 www.jungpd.co.kr이 있고 저서로 『거꾸로 선 세상에도 카메라는 돌아간다』 (공저) 등이 있다.

지금은 없어진 프로그램이지만 한때 일세를 풍미한 프로그램으로 MBC의 〈인간시대〉가 있었다. 유감스럽게도 혹시 기억에 가물거리거나 아예 없는 이들도 있을지 모르겠으나 그 당시 〈인간시대〉는 교양 프로그램으로는 드물게 황금시간대에 방송된 휴먼 다큐멘터리의 대명사였다. 이 프로그램은 1985년 5월 이래 만 8년간 400여 회가 방송되면서 오랜 기간 MBC의 간판이었다. 특히 〈인간시대〉는 1986년 가을부터 프라임 타임인 저녁 8시 5분에 편성돼 MBC의 공영성을 과시하기도 했다.

삼보 컴퓨터 이윤기 사장을 주인공으로 한 첫 방송 '청계천에서 세계로'(연출 김윤영)에서 시작해 '이거 보여요?'(안과 의사 이상욱 박사/ 연출 이긍희), '고운꿈 나빌레라'(비구니 희문 스님/연출 윤동혁), '청계천 또순이'(보일러 사장 박민선 씨/연출 은희현) 등으로 이어지는 〈인간시대〉는 방송 초반부터 시청자들에게 신선한 감동을 주며 선풍을 일으켰다. "역경과 시련을 극복하고 성공을 거둔 사람, 한평생을 외길로 살아온 의지의 인물, 봉사와 희생정신으로 일관한 헌신적인 사람들을 찾아 그들의 고귀한 삶을 통해 참사랑과 진실의 의미를 깨닫게 한다."는 것이 이 프로그램 본래의 기획 의도였다. 그러나 시간이 지나며 〈인간시대〉는 그런 모범 답안을 스스로 부정하면서 소재의 폭을 넓혔다. 또한 주인공의 은밀한 심리까지 들여다보려는 제작진과 출연자 간의 팽팽한 줄다리기로 끝내는 이른바 '무장해제'를 통해 진솔한 내면세계까지 탐구하는 차원 높은 수작들을 내놓기도 하였다.

〈인간시대〉는 사생활 공간에까지 들어오는 TV 영상에 대한 거부감이 비교적 덜한 시기에 ENG 카메라와 무선 마이크와 같이 현장성과 기동성이 강한 장비의 등장에 힘입어 선풍적인 인기를 끌었고 여론의 따뜻한 격려 속에 비교적 장수한 프로그램이다. 그 결과 80년대 중후반, 그리고 90년대 초반에 이르도록 휴먼 다큐멘터리의 전형을 이루며 한 시대를 뚜렷이 장식했다. 〈인간시대〉의 성공과 함께 사람을 다루는 이 같은 '인간 프로그램'은 우리 방송사에서 교양 프로그램의 한 장르가 되었다. 〈인간시대〉는 다른 방송사의 〈사람과 사람〉 등과 같은 프로그램에도 생산적인 영향을 주었다고 볼 수 있다. MBC에서는 이후 계속해서 인간 탐구의 노력이 이어져서 〈지구촌의 한국인〉, 〈세상 사는 이야기〉, 〈현장 인터뷰 이 사람〉, 〈그 사람 그 후〉, 〈휴먼다큐 우리는〉 등이 방송되었다. 〈인간시대〉가 1993년 소재 고갈과 시청률 저하로 아쉽게도 폐지된 이후 시청자들의 열화와 같은 요청에 의해 한때 〈신인간시대〉라는 이름으로 되살아나기도 했다.

〈인간시대〉의 저력과 영향은 요즘에도 부활되고 있음을 목도한다. 가령 프로그램 제목에서 '인간○○'나 '○○시대'로 나타나는 것이 그 예다. MBC의 〈성공시대〉나 〈우리시대〉 그리고 불과 얼마 전까지 인기를 모았던 KBS의 〈인간극장〉이 대표적이다. 이렇게 말하면 당사자들은 어떨지 모르겠지만 〈인간극장〉은 〈인간시대〉의 21세기판 리메이크라고 말할 수도 있겠다. 한편 '무슨 무슨 시대'와 같은 프로그램 제목은 끈질기게 이어져 최근의 〈야인시대〉와 〈무인시대〉에까지 이르렀을 정도인데 아마도 〈인간시대〉가 차지했던 인기의 후광을 얻으려는 심산이 작용했는지도 모를 일이다.

나는 1991년부터 1993년까지 17편의 〈인간시대〉를 연출하고 나중에 이 프로그램이 〈신인간시대〉로 부활한 이후 다시 연출진의 일원으로 활동한 바 있다. 교양 프로그램 연출자로서 내게 사람과 세상에 대한 따뜻한 관심과 현장에서의 관찰력을 키우게 해 준 이 프로그램은 지금도 각별한 추억으로 와 닿는다. 다음은 내가 〈인간시대〉를 맡아 연출할 때의 애환을 담은 내용이다.

핵심은 주인공 선정

정확히 5주 만에 맞는 어느 월요일 밤 8시 56분경. 마지막 장면에서 스톱 모션이 걸리고 제작진의 이름을 알리는 자막 텔롭(telop)이 올라간다. 그 맨 끝 무렵에 '연출 정길화'의 글자가 부끄러운 듯 또는 초조한 듯 엉거주춤 박혀 있다. 문득 허탈감이 엄습한다. 5주 동안의 치열했던 싸움이 방송 종료와 함께 끝나지만 실은 그것은 그 다음 싸움의 시작에 다름 아니다. 나는 과연 그 주인공의 진실한 이면을 충실하고 냉정하게 들여다보았던가. 섣부른 고정관념과 선입견의 포로가 되어 우리가 이미 알고 있던 스테레오 타입의 어떤 틀 속에 그를 가두지는 않았던가. 혹은 주인공의 추악한 면모를 발견하고도 시청자의 기대를 만족시키기 위해 어쩔 수 없이 그를 미화하고 합리화하지는 않았던가. 이러한 반성과 자문이 꼬리를 물고 이어진다. 그리고 고스란히 이것들은 다음 프로그램 제작에 있어서도 여전히 유효한 질문의 화살들이다. 〈인간시대〉를 제작하고 있는 동안은 그 화살들로부터 피할 길이 없다.

많은 시청자들은 〈인간시대〉를 '서민을 주인공으로 삼는 휴먼 다큐멘터리'라거나 '인간 정서의 내면을 보여 주는 현장성 강한 프로그램'이라고 좋게 보아 주었다. 그러나 한편으로 부정적으로 보는 시각도 만만치 않다. '인간만 있고 시대는 없다.'거나 '구조적인 문제를 개인의 문제로 국한시킴으로써 사회적인 문제에 대한 인식을 방해한다.'는 지적도 등장하고 있는 것이다. 그런가 하면 서민들의 인생을 볼모로 잡는 상업주의라는 비판까지 있는 모양이다.

전자('인간만 있고 시대는 없다.' 또는 '구조적인 문제를 개인의 문제로 국한시킨다.')와 같은 지적은 한 개인의 삶에 대한 천착을 프로그램 방법론의 본령으로 삼고 있는 휴먼 다큐멘터리가 가질 수밖에 없는 숙명적인 과제라고 생각한다. 화제가 되었던 드라마 〈여명의 눈동자〉의 경우에서만 보아도, 역사의 풍랑 속에 부대끼는 인간의 삶에 초점이 맞추어지다 보니 인물의 전형성을 잃었다느니 인간은 있고 역사는 없다는 얘기가 나오는 것을 보아도 알 수 있다.

그러나 후자 '서민들의 인생을 볼모로 하고 있다.'의 경우는 제작자의 입장에서 매우 억울한 지적이 아닐 수 없다. 그도 그럴 것이 지난 7년여 〈인간시대〉의 제작을 돌아보면 결코 이른바 밑바닥 인생만을 일부러 쫓아다녔다고는 볼 수 없다. 예를 들어 안과 의사 이상욱 박사, 한글 연구가 공병우 박사, 방송인 김세원, 태국의 잠롱 시장, 스타 최진실과 서태지 등 〈인간시대〉가 다룬 유명 인사는 의외로 많다. 보다 중요한 것은 현장에서 프로그램을 만들 때 부닥치는 주인공과의 줄다리기 문제다. 모두 그런 것은 아니지만 우리 사회에서 어느 정도 인정받는 지위에 있는 사람들은 자기 관리나 자기 통제가 매우 철저하다. 무슨 말이냐 하면 자신의 프라이버시를 지키고 가두는 것에는 집요할 정도로 적극적이라는 뜻이다. 중산층 이상의 사람들을 주인공으로 택했을 때 촬영 현장에 가려면 비장한 각오를 해야 한다. 자신의 치부, 불리한 과거, 혐오스러운 이력을 한사코 감추고 자신에게 유리하고 향기로운 것만 보여 주려는 주인공의 치밀한 계산. 이를 간파하고 깨뜨려 나가며 주인공을 설득하는 담당 PD. 이들 사이에는 그야말로 치열한 싸움이 전개된다. 그럴 때 PD가 즐겨 쓰는 말이 있다.

"당신이 보여 주기 싫어하는 부분이 바로 당신의 에센스다. 그것이 빠진 프로그램은 허위와 가식일 뿐이다. 그렇게 되면 당신도 죽고 나도 죽고 다 죽는다. 당신의 진솔한 부분을 보여 달라."

이러한 '우정 있는 설복'이 먹혀들면 그 프로그램은 어느 정도 성공이 기약되나 그렇지 않으면 정녕 공도동망(共倒同亡)의 길을 걷는다. 그에 비해 이른바 민초들의 삶에는 질박한 정서와 사라져 가는 것에 대한 향수가 있다. 뿐만 아니라 이들에게는 기득권이나 체면, 인품 뭐 그런 것을 지키기 위한 영악한 타산이 없다. 〈인간시대〉에서 공사장 노가다, 산판 잡역부, 역마살 낀 장돌뱅이, 포장마차 상인과 같은 자유직업인(?)이 단골로 등장하는 것은 이 때문이다. 그러나 이제는 그것도 만만치 않다. 천편일률적이라느니 소재주의라느니 하는 비판이 제기되고 있는 것이다. 그러다 보면 더 특이한 직업, 더 기구한 삶의 신산(辛酸)을 찾게 되는데 이런 식으로 치닫다 보면 자극에 대한 불감증이 우려되기도 한다. 그러니 도무지 할 게 없다. 방송은 매주 월요일 밤이면 어김없이 나가야 한다. 도대체 누구를 주인공으로 모셔야 할까. 이 첫 번째 화살을 헤어날 길이 없다. 피할 수 없는 화살이면 아예 달려 나가 맨몸으로 맞는 편이 낫다. 매도 먼저 맞는 것이 낫다고 하지 않았는가. 그래서 방송이 나가자마자 조바심치는 사냥꾼이 되어 거리를 나선다. 그러나 인파로 붐비는 거리를 헤매다 지친 끝에 마침내 나오는 탄식이 있었으니….

"왜 이다지도 인간이 없느냐!"

PD 정보 업그레이드

4장

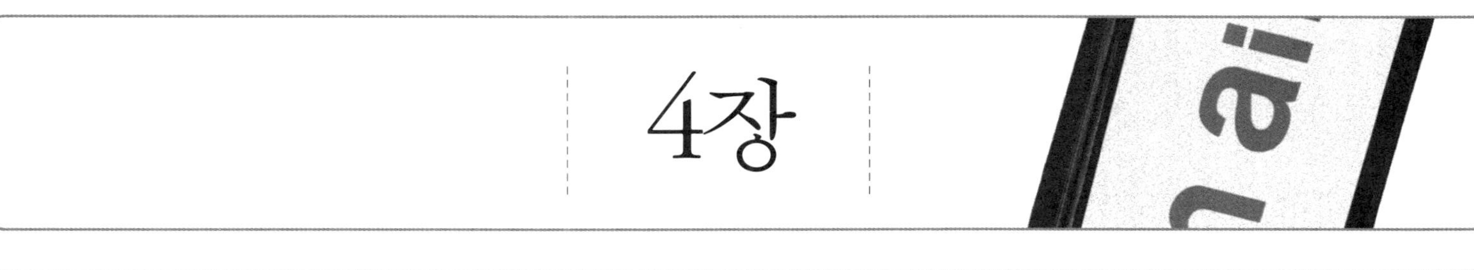

있는 그대로 PD를 보라

| 고찬수 |

KBS 예능국 PD. 1995년 KBS에 입사해 〈연예가중계〉〈토요일 전원출발〉〈한국이 보인다〉 등의 프로그램을 연출했다. 현재 〈사랑의 리퀘스트〉를 연출하면서 새 프로그램 〈대한민국 1교시〉를 준비 중이다. 시청자와 소통하기 위해 홈페이지(www.showpd.pe.kr)를 운영하고 있으며 저서로는 『PD WHO&HOW』(공저)가 있다.

방송사에 입사하기 전 상상했던 PD의 모습과 PD가 되고 난 후 내 모습을 비교해 보면 많은 차이가 있다. 뭐 어느 분야든 자신이 모르고 막연히 생각할 때와 직접 그 일을 할 때는 차이를 느끼기 마련이지만 입사 전에 상상했던 PD와 지금의 내 모습의 간격은 상당히 크다.

이런 차이는 PD라는 직업이 우리 사회에서 꽤 왜곡되게 인식되고 있는 데 기인하는 것은 아닐까. 연예인들과 함께 일하는, 방송의 화려함을 만드는 사람. 이것이 보통 사람들이 생각하는 PD의 모습 아닌가. 나 역시 PD가 되기 전 예외가 아니었으니…. 그러나 PD들의 진짜 모습은 이런 화려한 수식어에 감추어져 있다.

PD가 되고나서 친구나 친지들에게 가장 많이 받은 질문은 연예인에 관한 것이었다. 대부분의 사람들은 연예인의 사생활에 관심이 많았고, 이에 대해 내게 많은 질문을 하곤 했는데 그 중에는 심지어 나도 금시초문인 이야기도 있었다. 정말로 몰라서 모르겠다고 하면 알고 있으면서 얘기를 해 주지 않는다고 삐치는 사람도 있었다. PD는 연예인과 함께 일하니 그들과 친하고 사생활도 잘 알고 있다고 여기는 것이다. 나 역시도 PD가 되기 전에는 그렇게 생각했다. 또 그런 생각이 예능 프로그램을 만드는 PD가 되고 싶은 이유 중 하나로 조금은 작용했던 것 같다.

하지만 일을 직접해 보니 현실에서는 연예인과 PD는 방송 제작을 위한 비즈니스적인 관계다. 일을 위해 만난 사람들이고 일이 우선이다. 개인적인 친분으로 섭외하고, 프로그램을 함께 하는 것이 아니라 프로그램의 성격에 맞게 섭외를 하고 프로그램의 제작을 위해 같이 노력한다. 물론 일하다 보면 친분도 생기고, 친분이 생기다 보면 마음이 맞아 개인적으로 친해지는 경우도 있지만 쉽게 이런 관계가 만들어지는 것은 아니다.

PD는 프로그램을 통해 관계를 맺는다. 즉 자신의 프로그램에 적합한 연예인들과의 만남을 통해서 연예인과의 관계를 만들어 간다. 그런데 연예인의 인기라는 것은 있다가도 없어지고 또 다시 생기는 등 변화무쌍하기 때문에 어떤 연예인과 지속적인 관계를 유지하기는 어렵다. 더욱이 PD들은 보통 개편 때마다 담당 프로그램이 바뀌기 때문에 일과 상관없이 연예인과 개인적인 친분을 계속 이어간다는 것은 더욱 힘들다.

물론 PD의 개인적인 성향이나 노력에 따라 연예인들과 아주 관계가 좋은 PD도 그 수가 많지는 않지만 있기는 하다. 하지만 그런 관계도 역시 섭외라는 일을 가지고 이어지는 것이지 그걸 넘어선 인간적인 관계는 현실적으로 힘들다.

연예인의 입장에서도 PD와 친하다는 것이 좋기만 한 것은 아니다. 특히 연예인의 인기가 높아지면 인기가 없었을 때 알고 지내던 PD들의 섭외를 거절하기 힘들게 하는 요인이 되기도 한다. 생각해 보라. 친한 PD가 자신과 전혀 어울리지 않는 프로그램을 맡았는데, 그 프로그램에 출연하기를 원한다면 프로그램에 나가기도 그렇고 거절하자니 PD에게 미안하다. 곤란하지 않겠는가.

그래서인지 PD와 연예인 사이에는 보이지 않는 벽이 존재한다. 친한 사이가 되더라도 서로 직업적인 일로 부딪치면 곤란한 일이 생기기 때문이다. PD와 연예인은 서로 자주 만나고 얘기하며 편한 관계를 맺으며 프로그램을 만든다. 서로에게 자신의 개인적인 일을 이야기할 수도 있다. 하지만 그 둘 사이에는 언제나 '프로그램 제작'이라는 사업적인 관계가 존재한다. 서로 그런 사실을 잘 알고 있기 때문에 그 벽을 사이에 둔 채로 관계를 유지한다. 물론 아주 드물게 서로 친한 사이도 있긴 하지만 서로가 상대방을 이해해 주고 선을 넘지 않는 노력이 있어야 그런 우정이 유지된다.

권한이 엄청나다며? '빽' 있어야 된다며?

사람들이 내 직업을 물을 때 '방송사 PD'라고 하면 "아, 영화감독 같은 거군요"라고 한다. 또 흔히 PD가 영화감독에 비유되기도 한다. 사실 많은 사람들이 PD와 영화감독의 차이를 잘 모르는 것 같다.

영화 제작에서 연출은 예술 행위다. 때문에 영화감독에게는 창작의 자유를 최대한 보장한다. 감독이 원하는 이야기를 원하는 방식으로 창작하고 이에 대한 간섭은 창작을 억압하는 것으로 간주되어 비판의 대상이 된다. 그래서 영화감독은 아주 자유롭게 자신의 생각을 표현할 수가 있고 이런 모습이 사람들에게 영화감독이 많은 권한을 가지고 자기 마음대로 행동하는 것처럼 보이게 하는 듯하다. 물론 영화감독도 제작비를 대는 제작자의 간섭에서 완전히 자유로울 수 없고 자신이 속한 사회의 관습과 규범에서도 자유로울 수는 없지만, 영화 창작을 예술행위로 보기 때문에 영화감독은 어쨌든 최소한의 간섭만을 받고 있는 셈이다.

하지만 방송사 PD는 다르다. PD들은 대부분 방송사나 프로덕션이라는 조직에 속해서 일한다. 때문에 조직의 목표나 조직의 규범에서 자유로울 수는 없다. 또한 방송 프로그램은 방송사 내외부에서 여러 가지 통제를 받고 있다. PD가 프로그램을 만들 때 내부에서는 상사의 지시를 따라야 하고 심의를 받아야 한다. 방송 후에는 모니터 의견에 대해, 시청자 단체의 의견에 대해 그리고 다른 언론사의 보도에 대해 또한 네티즌들의 의견, 시청자들의 의견에 대해서도 반응하고 반영해 제작해야 한다.

영화의 경우 관객이 선택하는 것과는 달리 방송은 그 성격상 대중에게 무차별적으로 노출되고, 또 그 영향력이 너무나 크기 때문에 PD들도 이런 통제와 견제를 불가피한 것으로 받아들이고 있다. PD들에게는 주어진 권한만큼의 엄격한 사회적인 책임과 도덕적인 책임이 요구되고 있고 이를 PD들 스스로도 받아들이고 그 틀 안에서 프로그램을 제작하는 것이다.

내 개인 홈페이지에는 지방대에 다니는데 PD가 되는 것이 가능한

가, 일류대 출신만 뽑는다고 하더라, '빽'이 있어야 한다는데 사실이냐 등의 질문이 자주 올라온다. 나는 삼수 끝에 방송사 PD로 입사했는데, PD 시험에 자꾸 낙방하자 주변에선 '빽'이 있어야 하는 것 아니냐며 걱정했다. 듣다 보니 나 역시 그런 생각이 들어 면접을 앞두고 교수님을 찾아가 보기도 했다. (그 면접 역시 떨어졌지만….)

일단 PD가 되고 보니 선배, 동료들 중에는 소위 일류대라고 불리는 서울대, 연세대, 고려대 출신이 많았다. 그 중 서울대 출신이 현재는 숫자상으로는 가장 많은 것 같다. 이런 현상만을 보고 일류대 출신만이 PD가 된다고 생각을 하는 것이다.

하지만 좀 더 자세히 들여다보면 그렇지 않다는 걸 알 수 있다. 꽤 많은 수의 지방대 출신 PD들이 나와 함께 방송사에서 PD로 일하고 있기 때문이다. 그럼 그 사람들은 어떻게 PD가 되었을까? 빽으로? 그렇지 않다. 그들의 비결은 바로 남들과는 다른 실력이다. 지방대 출신의 모 선배는 입사 당시 그해 영어 토익 시험에서 우리나라 전체 1등을 했고, 또 다른 선배는 한문에 통달해서 모르는 것이 없을 정도였다.

물론 지방대 출신이 방송사 시험에서 불리한 건 사실이다. 하지만 이는 '빽'이나 '일류 학벌'이 부족해서가 아니라 '정보 취득'과 '학습 여건'이 불리하기 때문이다. 일단 지방은 서울보다 정보가 느리고 함께 공부하는 사람도 적어 스터디 그룹을 만들기도 쉽지 않다. 함께 경쟁하고 격려할 동료가 없어 고독하기까지 하다. 입사시험에 필요한 지식을 얻는 학원 역시 서울보단 못하다. 그렇기에 입사시험을 통과하기가 어려운 것이다. 하지만 이런 어려움을 극복하고 더 열심히 공부해서 일류대 출신이 가지지 못한 능력을 본인이 갖춘다면 얼마든지 PD가 될 수 있다.

:: 촬영한 테이프를 편집하는 편집실 정경. 편집을 할 땐 이곳에서 새우잠을 자며 날밤을 새우기 일쑤다.

　나 역시 소위 일류대라는 연세대 출신이어서 지방대 출신들의 불안감을 완전히 알지는 못한다. 하지만 분명한 건 여러 가지 불가능한 이유만 나열하는 것은 자신이 PD가 되는 데 전혀 도움이 되지 않는다는 거다. 꼭 PD가 되고 싶다면 '나는 할 수 있다.'는 긍정적인 생각이 필요하다. 일류대 간판보다, '빽'보다 더 필요한 건 '나는 PD가 될 수 있다.'는 자신감과 철저한 준비이다. 지금 나와 일하고 있는 지방대 출신의 멋진 선배들이 이를 증명하고 있지 않은가.

너무너무 힘들다면서?

　PD 지망생들은 "PD 생활이 너무 힘들다는데 내가 견딜 수 있을까요?"라는 질문을 종종 던지곤 한다. PD에 관한 묘사가 있는 책이나 영화, 드라마에서는 PD들이 일에 치어 힘들어하는 모습을 자주 보여 준다. 며칠씩 촬영을 하고 밤을 새우고, 편집하면서 밥을 먹고, 방송 테이프를 겨우 넘기고 나서 쓰러져서 자는 모습이 미디어가 보여 준 전형적인 PD의 모습이다. 가끔 명절에 고향에 내려가면 바쁜데 어떻게 왔느냐고 다들 묻는다. 바쁘긴 하지만 개인적인 시간도 분명 어느 정도는 낼 수 있는데….

분명히 PD의 노동 강도는 높다. 입사 초기에는 육체노동이 힘들고, 경력이 쌓이면 정신노동이 힘들다. 입사해서 한동안은 고생할 각오를 해야 한다. 밤샘을 밥 먹듯이 하고, 정신없이 뛰어다녀야 한다. 경력이 쌓이면 육체노동은 덜하지만 새로운 아이템을 개발하고 아이디어를 짜내는 것이 더 힘들게 다가온다. 항상 프로그램 아이템 찾기에 골몰해야 한다. 시청률에 신경 써야 하고, 매체 비평도 무시할 수 없다. 그러나 이렇게 힘든 일도 생각하기에 따라 웃으면서 재미있게 할 수도 있다. 그 비결은?

삼수 끝에 원하던 PD가 되어서인지 나는 밤샘을 하고 무척이나 피곤해도 프로그램을 만드는 것이 너무나 재미있었다. 입사 1년 6개월 만에 예능 프로그램 중에서는 노동 강도가 가장 심하다는 버라이어티를 만들게 되었다. 함께 일하는 선배는 예능국에서 일벌레로 소문난 사람이어서 새벽까지 회의하고, 내리 밤샘 편집을 하는 등 정말 힘들게 일했다. 하지만 일이 너무 재미있어서 출근할 땐 가슴이 두근거렸다.

일중독이라구? 자신의 일을 좋아하는 사람이라면 아마 내 느낌을 이해할 수 있으리라 생각한다. 일이 아무리 쉬워도 재미없으면 힘들게 느껴지고, 일이 아무리 어려워도 재미있으면 덜 힘든 것 아닌가?

사실 PD의 업무는 육체적으로도 정신적으로도 매우 힘든 건 사실이지만, 나를 포함한 PD들 모두 보통 체력을 가진 보통 사람임을 감안한다면 힘들어서 못할 일은 아닌 것 같다. 중요한 것은 방송에 대한 열정이 아닐까. 일을 즐길 수만 있다면 항상 웃으면서 일할 수 있다. 나는 아직까지 이렇게 재미있고 창의적인 일은 찾지 못했으니까.

돈을 엄청 번다면서?

　PD가 되고 나서 친구들을 처음 만났을 때 일이다. 친구들은 내가 큰돈을 번다고 생각하는지 그날의 밥값이며 술값을 모두 내야 한다고 생각하고 있었다. 돈도 많이 버니 한 턱 내는 건 당연하지 않느냐는 식이었다.

　비단 내 친구들뿐 아니라 대부분의 사람들은 PD라면 연봉이 엄청날 거라고 여겼다. 아내의 직장동료가 아내에게 PD 남편은 얼마나 버는지 물은 적이 있단다. 아내가 내 월급을 말해 주자 그 동료는 "남편이 봉급을 빼돌려 비상금으로 쓰는 것"이라며 "남편이 다른 짓을 하고 있는 것이 분명하니 조심하라."는 충고까지 했단다.

　입사 9년차인 내 연봉은 4000만 원이 좀 넘는다. 적은 액수는 아니다. 내가 생활하는데 이 월급이 적다는 생각은 아직까진 별로 하지 않았으니까. (뭐 돈이야 많이 받을수록 좋겠지만….)

　그런데도 사람들은 PD들이 그 이상의 돈을 벌고 있다고 생각한다. 내가 아무리 설명해도 믿지 못하겠다는 표정이다. 언론에서 연예인들의 수입에 관한 보도를 접하면서 사람들은 그들에게 뭔가를 지시하는 PD는 그 이상을 받을 거라고, 그보다는 적더라도 많은 돈을 벌 거라고 생각하는 듯하다.

　사실은 PD 역시 상대적인 박탈감을 느끼기도 하는데 말이다. 자신과 일할 때 신인이었던 연예인이 자신의 프로그램을 통해 한순간 큰 인기를 얻어 엄청난 부를 손에 넣고 그 연예인의 매니저마저 돈 방석에 앉은 걸 보면서 PD들은 자신의 위치를 돌아보게 된다. 언제나 그 자리에 서 있는 자신의 모습을 보게 되는 것이다.

방송사에 따라 인센티브를 주는 곳도 있지만 대부분의 PD들은 입사 년차에 따라 동일한 월급을 받는다. 프로그램의 성공이 어떤 부도 가져다주지 못하고 자신이 키워 낸 신인들과 자신에게 인사하던 매니저들이 큰돈을 벌고 있을 때도 PD들은 똑같은 봉급만을 받는다. PD도 직장인이니까.

이참에 PD들은 화려한 생활을 할 거라는 오해에 대해서도 한마디 하자면, PD는 보통 사람이다. 화려한 조명에 화려한 의상, 화려한 분장. 일상과는 다른 세계를 만드는 PD라고 해서 그 속에서 사는 건 아니지 않는가. 일부 프리랜서 PD를 제외하곤 대부분의 PD들은 한 달에 한 번 봉급 받아 생활하는 사람들이니 일반인과 똑같다. 돈 걱정도 하고, 자녀에 대한 걱정도 하고, 미래에 대한 불안감도 크다.

반복해서 말하지만 PD 역시 동 시대를 사는 사람이고 사회를 구성하는 구성원이다. 남들이 하는 고민 다 하고 살며, 남들이 갖는 소망 다 갖고 있다. 그래야만 시청자가 공감하는 프로그램을 만들 수 있다. 그 누구보다 현실에 발을 딛고 사회를 깊이 이해하는 사람, 프로그램으로 즐겁고 희망찬 사회를 만들고자 하는 사람, 바로 그 사람이 PD다. 있는 그대로.

허름하고 순진한 '선수'들

| 최영묵 |

성공회대학교 신문방송학과 조교수. 대통령직속 방송개혁위원회 전문위원, 언론개혁시민연대 방송개혁위원장, MBC 시청자위원 등을 역임했다. 현재 KBS 시청자위원 및 (사)민주언론시민운동연합 『시민과 언론』 편집위원장을 겸하고 있다. 주요 저서로는 『텔레비전 화면 깨기』(공저), 『국민참여 방송의 이론과 실천』(공저), 『방송공익성에 관한 연구』 등이 있으며, 논문으로 '사회조합주의 방송 정책 모델에 관한 연구' 등이 있다.

대학에서 신문방송학을 전공했지만 방송사 PD가 되고 싶었던 적은 없다. 왠지 방송사 PD는 화려한 것을 좋아하는 '뺀질뺀질한' 사람들일 것이라는 선입견 때문이었다. 하지만 지난 10여 년간 강의와 세미나 등 이런저런 일로 많은 PD들을 만나면서 필자의 생각은 완전히 달라졌다. 방송사 PD들은 화려하기는커녕 허름했고, 뺀질하기는커녕 순진한 사람이 많았다. 방송사 근처 선술집에서 '두꺼비 잡으며' 세상의 부조리에 대하여 함께 분노하다 보면 영락없는 '방송 노동자'들이라는 생각이 들기도 했다. 물론 필자가 만난 PD들이 주로 다큐멘터리나 시사 프로그램을 제작하는 교양 PD들이었기 때문일 것이다. 그러고 보면 나는 아직 PD의 세계를 잘 모르는 사람이기도 하다.

얼마 전 방송프로듀서연합회 모임에 참석한 일이 있다. 주요 직책에 있는 한 PD가 공개적으로 "PD 세 명의 의견을 모으는 것은 벼룩 세 말을 모으는 것보다도 어렵다."고 말하는 것을 듣고 웃은 일이 있다. 나름대로 공감할 수 있는 말이었다. 밖에서 얼핏 보기에 방송사 PD들은 유사한 일을 하는 비슷한 성향의 '방송 제작자' 처럼 보인다. 하지만 조금만 그 실상을 들여다보면 그들이야말로 천차만별 천태만상의 '군상' 이다. 통상 외부와 많은 인연을 맺는 교양국 PD들과 드라마 PD나 쇼 PD, 오락 PD, 라디오 PD는 같은 동양 사람이라고 해도 한국인, 일본인, 중국인이 다른 것만큼이나 차이가 크다.

PD와 함께 방송사의 주축을 이루는 기자들의 세계를 들여다보면 그 차이가 확연히 드러난다. 신문사나 방송사의 기자들은 진보, 보수를 막론하고 '저널리즘' 이라는 공통의 가치를 지향하고 위계질서를 중시하는 동질적 성향을 갖고 있는 것으로 보인다. 예를 들자면, 기자들은 대체로 정치적이며 권력 지향적인 '분' 이 많다. 방송사 사장이나 국회 의원 등 정치권으로 진출한 사람들이 대체로 보도국 기자 출신인 것은 우연이 아니다.

방송 PD들은 자신의 '프로그램 왕국' 을 건설하여 운영하고 있기 때문에 집단주의나 조직 논리에 충실하기보다는 '독립군' 처럼 사는 경우가 많다. 좀처럼 모이기 싫어하고 조직을 만드는 데도 별반 관심이 없다. 하나의 예를 들어보자. 한국의 기자들은 언론자유 수호의 기치를 내걸고 1964년 8월에 한국기자협회를 결성하여 오늘에 이르고 있다. 당시 박정희 군사 정권이 추진하던 비민주적 악법, 언론윤리위원회법의 저지를 위한 투쟁의 구심체로 조직된 것이다. 반면에 PD들의 권익 단체라고 할 수 있는 방송프로듀서연합회가 출범한 것은 1987년 9월이다. 당시 민주화를 요구하는 범사회적 분위기에 '편승' 한 면이 있다.

방송 전문인으로서의 긍지와 자각을 바탕으로 자유 언론과 방송 문화를 이끌어 가겠다는 명분이었지만, 실제로 PD연합회 조직 결성을 추동한 구호는 "대한민국에서 거지 빼고는 모두 연합 조직이 있다."는 말이었다고 한다.

이렇게 PD들이 결속이 어려운 이유는 그 정체성의 모호함과 무관하지 않다. 사실 우리가 방송 PD라는 말을 보통명사로 거리낌 없이 쓰고 있지만 그 의미는 명확하지 않다. PD라는 말이 프로듀서(producer)의 약자인지 프로듀서와 디렉터(producer/director)의 머리글자인지도 애매하다. 본래 프로듀서는 방송 콘텐츠의 제작·기획자로서 '하나 이상의 프로그램 기획을 총괄하는 사람'을 말한다. 반면 디렉터란 프로그램의 감독·연출자로서 프로듀서의 행정적 지휘를 받으며 제작을 책임지는 사람을 의미한다. 한국 방송사들의 경우 인력이나 자원 부족 등 여러 가지 여건상 프로듀서와 디렉터를 구분하지 않았기 때문에, 방송사 PD는 제작 기획자와 연출자 역할을 겸하는 경우가 일반적이었다. 뉴밀레니엄인 지금도 크게 달라지지 않았다. 물론 몇 년 전부터 순수 기획 관리자로서 CP(chief producer) 제도를 운영하는 방송사도 있지만 아직 CP의 위상과 역할은 명확하지 않다.

PD는 프로그램으로 말한다

이런 방송 PD들이 어떻게 사는지, 방송국 편집실이나 녹화 현장에 가 본 사람은 안다. 〈무인시대〉에 필요한 30초짜리 영상을 얻기 위해 수백 명의 배우와 스텝들이 엉켜서 몇 시간씩 '전투'를 하기도 하고,

'저질 시비'에 시달리는 버라이어티 쇼 한 회분 녹화를 하는 데 수백 번 NG가 나기도 한다. 심지어 〈홍어〉처럼 폭설 장면이 필요한 드라마를 찍기 위해 함박눈을 기원하는 '기설제'를 지내기도 한다. 다큐멘터리 PD들의 사정도 만만치 않다. 뻐꾸기의 탁란 장면이나 수달의 짝짓기 장면을 잡기 위해 몇 년을 기다리기도 하고, 히말라야 등반대를 찍기 위해 목숨을 걸어야 하는 경우도 있다. 이렇듯 실상을 들여다보면 PD의 세계는 3D 업종 뺨칠 정도로 힘들고 어려운 작업의 연속이다.

그럼에도 방송 PD는 아직도 가장 각광을 받고 있는 직업 중 하나다. 신문방송학과 입시 면접시험에서 수험생들에게 왜 신방과에 입학하려고 하느냐고 물으면, 상당수의 학생이 졸업하고 방송사 프로듀서가 되고 싶다고 말한다. 프로듀서가 된다면 만들고 싶은 프로그램이 뭐냐고 물으면, 그 중의 상당수가 다큐멘터리나 MBC 〈느낌표!〉 같은 프로그램이라고 답한다. 지나치게 획일화되어 있기는 하지만, 사실 〈인물현대사〉나 〈시베리아 호랑이〉〈PD수첩〉과 같은 프로그램을 보면서, 나도 저런 프로그램을 한번 만들고 싶다는 생각이 드는 것은 꼭 수험생들만이 아니다.

물론 PD들이 다큐멘터리와 같은 휴머니즘이나 사회성 짙은 프로그램만 제작하는 것은 아니다. KBS의 〈가을동화〉처럼 한 폭의 수채화를 보는 듯한 아름다움을 주는 드라마, 수십만 명의 '폐인'을 만들어 사람을 울리고 웃기는 MBC의 〈다모〉 같은 퓨전 역사 드라마, 조폭 신드롬을 확산시킨 〈모래시계〉, 비리와 부정의 현장에 카메라를 들이대고 시대의 파수꾼임을 자처하는 시사 다큐멘터리, 대형 가수들의 열린 경연장이 되는 〈열린 음악회〉, 별로 웃을 일이 없는 삭막한 요즘 세상에 매주 1시간이나 웃을 시간을 제공하는 〈개그 콘서트〉, 각종 토크쇼, 뮤직 쇼 등 PD들이 건설할 수 있는 '세계'는 무궁무진하다.

대다수 PD들이 흔히 하는 이야기 중의 하나가 "피디는 프로그램으로 말한다."는 말이다. 과정이 어찌 되었든 완성도 있고 시청자의 사랑도 받는 프로그램을 만들면 된다는 이야기다. 그러다 보니 많은 PD들은 자신의 '작품 세계'에 푹 빠져 산다. 하지만 이따금씩 일간지 사회면을 장식하는 주인공으로 등장하기도 한다. 연예 비리 사건에 연루되기도 하고 주기적으로 '방송의 선정성, 폭력성, 가학성 그리고 저질화'의 주범으로 몰리기도 하기 때문이다. 물론 그런 PD는 극소수일 뿐이다. 일부 프로그램의 경우 그런 평가를 받고 사회적 지탄을 받아야 마땅하기도 하다. 하지만 그런 프로그램을 만들도록 내몰고 있는 것은 현재의 방송 구조, 시청률 성적표를 매일 매일 배달하여 방송 제작자의 목줄을 죄는 현재의 무한 시청률 경쟁 구도에 있다.

필자가 만나 본 PD들은 대체로 나름대로 '선수'이며 자신의 방송을 통해 신명나는 세상, 아름다운 세계를 '창조'하려는 사람들이다.

MBC 〈느낌표!〉를 기획·제작하고 있는 K PD. 이 프로그램은 오락 프로그램을 통해서도 재미와 의미를 동시에 추구할 수 있다는 점을 보여 주었다. 한국 텔레비전 오락 프로그램의 새 지평을 열었다는 평가도 받고 있다. 그는 최근 학교에 특강을 하러 왔다가 급성 위궤양으로 병원으로 실려 가기도 했다. 식사는 대충대충 때우며 자주 밤샘 작업을 하다 보면 그렇게 된다. 해맑은 웃음이 특기인 그는 프로그램에 모든 것을 바치는 사람이다.

KBS에서 시사·교양 프로그램을 만들다가 최근 한국방송프로듀서 연합회 회장에 취임한 L PD. 시쳇말로 그는 '운동권' PD다. 열심히 프로그램을 만들면서도 회사 노조의 일이나 시민사회 활동에도 적극적이다. 그는 단언한다. "방송을 지배 이데올로기의 선전도구나 사적 이윤추구의 수단으로 삼으려는 권력과 자본의 집요한 압력과 불순한 기도에 맞서 시청자의 주권과 제작의 자율성을 견결히 수호해 온 공익의 대변자가 바로 PD."라고.

경인방송에서 〈게릴라 리포트〉라는 새로운 형식의 시청자 참여 프로그램을 만들고 있는 B PD. 그는 6밀리 카메라를 들고 현장을 누비며 생생한 현장 화면을 안방으로 수년간 배달했으며, 노랑부리백로 서식지를 찾아서 필리핀 등 동남아를 헤매기도 했다. 상대적으로 여건이 어려운 경인방송 iTV가 시민 사회단체의 각광을 받고 있는 것은 순전히 B PD와 같은 제작자들이 불철주야 노력한 결과다.

최근 방송 PD직의 위기를 말하는 사람들도 많다. 방송 프로그램 제작 소스의 다원화와 지상파 방송 독과점 구조 약화가 근본적 원인이다. MBC에서 〈퀴즈 아카데미〉 등 유명 프로그램을 연출하다가 현재는 이화여대 신방과에 재직하고 있는 주철환 교수는 한국 방송, 한국의 PD가 거듭나기 위해서 가장 필요한 것은 포용력과 자존심이라고 말했다. 포용력은 각자의 취향을 이해하고 존중하는 너그러움이라면, 자존심은 프로그램을 만드는 PD로 지켜야 할 최소한의 규범일 수 있다. 이러한 'PD 정신'이 사라진다면, 방송 PD는 그저 그런 3D 업종의 하나로 전락할 가능성이 크다.

지피지기면 백전백승이다!

| 박건식 |

MBC 시사교양국 PD. 1995년 MBC에 입사해 〈성공시대〉 〈이제는 말할 수 있다〉 〈우리시대〉 〈PD수첩〉 등을 연출했으며, PD연합회보 주필을 역임했다. 현재 〈생방송 화제집중〉을 연출하면서, MBC PD협회보 편집주간을 겸하고 있다. 개인 홈페이지(www.docupd.com)를 운영하며 PD를 지망하는 수험생들에게 방송사 정보를 제공하고 있다. 이 글은 필자의 홈페이지를 통해 받았던 질문과 답변 중 가장 빈도가 높은 항목을 뽑아 필자가 직접 재구성한 것이다.

1. PD가 하는 일은 무엇인가.

PD(프로듀서)는 매체별로 TV PD, 라디오 PD로 나눌 수 있다. 제작하는 프로그램 성격에 따라 드라마 PD, 예능 PD, 교양·다큐멘터리 PD, 뉴스 PD, 스포츠 PD, 콘텐츠 PD 등으로 나뉘며, 프로그램 편성을 담당하는 편성 PD도 있다.

PD가 하는 일은 대개 준비(Preparation), 제작(촬영), 편집과 방송(Post-production)의 3단계로 나뉜다. 준비 단계에서 PD는 대본 검토, 촬영 장소 선정, 의상, 세트 디자인 등 필수적인 사항을 검토한다. 제작 단계에서는 야외에서 촬영을 하거나 스튜디오에서 녹화(생방송)를 하는데 이때 카메라, 조명, 출연자에 대한 이해가 필수적이다. 편집 단계에선 촬영분을 적절하게 자르고 붙이는 작업을 하게 되며 이때 방송 기술과 음악에 대한 이해가 필요하다.

2. 입사시험은 어떤 방식으로, 어떤 단계를 거쳐 치러지나.

방송사마다 약간의 차이는 있으나 대체로 서류전형을 거친다. 서류전형의 기준은 통상적으로 학점, 토익 점수, 자기소개서 등이며 자기소개서의 비중은 점점 높아지는 추세다. MBC의 경우 절반 정도는 학점과 토익 점수가 탁월한 수험생, 나머지 절반은 자기소개서가 뛰어난 수험생 등으로 서류전형 통과자를 선발할 정도로 자기소개서의 비중은 매우 높다.

경우에 따라서 서류전형 없이 지원자 전원이 필기시험을 치르기도 한다. 보통 필기시험은 일반 지식, 상식을 중심으로 치렀지만 최근 인성 및 적성 검사 등을 포함시키는 방송사도 있다.

필기시험에 통과하면 실무면접이 기다리고 있다. 실무면접에는 입사 10~15년차 중견 PD들이 심사위원으로 참가하며, 응시자들에게 방송에 대한 구체적인 질문을 던진다.

실무면접 이후에는 종합평가가 기다리고 있다. 직무역량평가로 불리는 종합평가는 상당히 구체적이고 다양하게 이루어지는데 합숙을 통해 평가하는 경우도 많다. 종합평가가 끝나면 임원진들이 심사위원으로 참가하는 최종면접이 기다리고 있으며, 최종면접 직전에 신체검사를 받는다.

3. 학점은 어느 정도나 중요한가.

예전의 경우 학점과 영어 성적만 좋으면 거의 최종면접까지 무리 없이 통과되고, 최종면접에서도 학점과 영어 점수가 가장 중요한 고려

대상이었던 적이 있었다. 그러나 지금은 서류전형 통과자를 가리는 참고자료로 쓰일 뿐, 그 이후의 전형 단계에선 거의 고려 대상에서 제외되고 있다. 학점과 충실한 공부가 꼭 필연의 관계를 맺고 있지 않은 현실 때문에 학점의 비중은 상대적으로 낮아지고 있는 추세다.

서류전형을 통과할 수 있는 안정권의 학점 수준은 그 해의 지원율에 따라 달라지므로 일률적인 기준을 제시하긴 어렵지만 4.5점 만점기준으로 3.0~3.5점 정도면 무난하다. 물론 그 이상이면 더 좋겠지만지나치게 학점에 집착해서 재수강하는 것보다는 그 시간에 다른 노력을 기울이는 게 좋겠다.

4. 토익 점수 기준이 900점이 넘는다고 하는데.

영어 점수에 대해선 지나치게 과장된 느낌이 있다. 항간에는 '문화방송에 입사하려면 토익 900점은 기본이다, 만점도 여러 명이다.' 는식의 소문이 난무하는 것 같다. 물론 수험생들의 토익 점수가 점점 좋아지는 것은 사실이지만 900점을 넘는 수험생이 그렇게 많은 것은 아니다. 이왕이면 다홍치마라고 점수가 높으면 좋겠지만, 소문에 위축되어 자신의 실력에 불안해 할 필요는 없다. 소문만 듣고 지나치게 토익점수 올리는 데 몰두하다 보면 다른 준비가 소홀해지기 마련이다.

토익 점수는 영어 실력이 아닌 요령에 의한 것이라는 지적에도 불구하고 방송사에서 토익 점수를 요구하는 것은 영어 실력을 평가할 만한 객관적인 기준이 없기 때문이다. 때문에 토익 점수는 일정한 수준을넘기만 하면 되는 최소 요건이 될 가능성이 아주 높다. 앞으로 토익의존재 의의는 서류전형 통과 정도일 것 같다.

토익의 경우 800점에서 900점 사이라면 대체로 무난하다. 850점

이상이라면 더욱 좋다. 실제로 MBC에서는 스포츠 및 편성 PD를 뽑을 때는 860점을 요구했던 적이 있다. 업무 성격상 영어 사용 빈도가 상대적으로 높기 때문이다. 그러나 오해하지 말아야 할 것은 토익이 절대적이지 않다고 해서 영어 실력이 필요 없다는 뜻은 아니라는 점이다. 가끔 직무역량평가나 면접 시 영어로 토론하거나 발표하라고 요구하기도 한다.

5. 자기소개서를 쓸 때 유의할 점은 무엇인가.

자기소개서는 서류전형부터 임원진이 참여하는 최종면접까지 함께하는 가장 중요한 요소다.

토익 점수 몇 점 더 올리는 데 혼신의 힘을 기울이면서 자기소개서는 대충 작성하는 수험생도 간혹 보는데, 자신의 운명을 그렇게 무성의하게 다뤄서는 안 된다. 상당수의 응시생은 미리 자기소개서를 만들어 둔 뒤 언론사마다 약간씩 변형시키고 있는 듯하다. 예를 들면, MBC에 지원하는데 "저를 SBS에서 뽑아주신다면…"이라고 이전에 지원했던 방송사 이름을 바꾸지 않고 그대로 제출하거나 "KBS 〈명성황후〉를 즐겨보고 있으며…"처럼 KBS를 지원하기 위해 만든 자기소개서가 다른 방송사 지원에도 그대로 제출되는 경우도 보았다. 이는 매우 위험하다. 지망 이유로 '재미있을 것 같아서' 혹은 '정치인이 되기 위해' 등 무성의하게 대답하는 것도 실격이고, "나를 키운 건 8할이 ○○이었다."와 같은 상투적인 문구도 좋은 인상을 주지 못한다.

자기소개서에서 가장 중요한 것은 '열정'이다. 자기소개서에 자신이 이 회사에 들어오지 않으면 안 될 절박함이 묻어난다면 심사위원을 감동시킬 수 있다. 자신이 지원하는 방송사에 대해 잘 알고 있다면 금

상첨화일 것이고. 자기소개서는 한정된 지면에서 펼치는 투쟁이자 예술이라는 것을 잊지 말자.

또 하나 면접에 임할 때 자기가 제출한 자기소개서 1부를 복사해 확인하는 세심함이 필요하다. 취미나 특기를 묻는 질문에서 자기소개서에 기입한 것과 다른 답변을 한다면 거기서 시험은 끝이라고 생각해야 한다.

마지막으로 방송사에 뜻을 두고 있는 사람이라면 미리 자기소개서를 쓰는 훈련을 계속하기를 당부한다. 이 과정을 통해 자신의 어떤 점이 부족하고 어떤 점을 채우고 준비해야 하는지를 깨닫게 된다.

6. 필기시험은 어떻게 준비하는 것이 좋은가.

서류전형(MBC의 경우는 서류전형을 하지 않았음)을 거치고 나면 필기시험을 치르게 된다.

예전에는 필기시험에서 일반 상식과 시사 상식의 비중이 상당히 컸으나 현재 상식 분야는 퇴조하는 추세다.

SBS는 상식 대신 인성적성검사를 치른다. 인성적성검사란 직무수행에 필요한 기초적인 능력과 사회생활에 요구되는 대인관계, 사회성 등을 종합적으로 판단하는 검사다. KBS는 한 발 더 나아가 상식 분야를 완전히 폐지하고 국어만을 필기시험 대상으로 하고 있다. MBC의 경우는 국어, 인문사회과학, 시사교양 등 과거와 같은 일반 지식을 포함시키지만 단순 암기식이 아닌 주관식, 창의적인 내용을 묻겠다고 예고하고 있다.

따라서 과거처럼 신문을 스크랩해서 암기한다든지 출판사에서 나온 상식 요약집을 공부하는 방식으로는 필기시험을 통과하는 것이 불가능하다. 시사 상식 위주의 좁은 학습 방식에서 벗어나 국어를 비롯해 논술이나 작문 쪽으로 대폭 무게 중심을 옮겨야 할 때다. 과거 기출문제를 비롯해 삼성 등 대기업에서 실시하고 있는 인성적성검사를 참고해서 공부하는 것이 효과적이다.

7. 국어 시험은 어떻게 준비하는 것이 좋은가.

필기시험에서 국어의 비중이 매우 높아졌음에도 불구하고 이에 적합한 참고서나 교재가 없어 수험생은 상당히 불편을 겪고 있다. 권하고 싶은 것은 고교생들이 사용하는 수능 교재다. 방송사 시험은 평가의 객관성을 확보해야 하므로 전문적이고 학파 간 주장이 달라 논란의 소지가 있는 대학 교재보다는 수능 교재를 선호한다.

수능 교재를 중심으로 현대문학의 시와 소설 분야는 집중적으로 공부하고 고전문학도 틈나는 대로 공부해야 한다. 보충적으로 대학 교재 교양국어를 봐 두는 것이 좋다.

문학과 어학의 비중은 대략 6 : 4 정도이고, 방송사별 출제경향을 살펴보면 KBS는 맞춤법의 비중이 높고 SBS는 한자 시험이 있는 것이 특징이다.

문학은 작가별로 정리하는 것이 좋고, 특히 언론에서 주목하는 작가, 그해 운명을 달리한 작가를 주목하는 것도 필요하다. 내가 입사시험을 보던 그해에 소설가 김동리 씨가 작고했는데, 김동리 소설 중에서 문제가 출제됐다.

예를 들어, 몇 해 전 작고한 미당 서정주 시인은 당시 출제 가능성이 높았다. 이 경우 '화사집', '귀촉도', '신라초', '동천', '질마재신화', '산시' 등의 시집은 내용을 한 번이라도 훑어보고, 여유가 된다면 미당의 작품을 시기별로 정리하는 것도 유용했을 것이다.

　현역 작가라도 최인호와 이문열, 황석영, 박완서, 박경리 씨 등 작품이 방송에서 드라마화된 적이 있는 작가들의 경우 작품 목록 정도는 정리해 둘 필요가 있다. 단편소설로는 김승옥의 '무진기행' 등이 즐겨 출제되는 소설이다. 시인 중에서는 '목계장터'의 신경림, '사평역에서'의 곽재구, '새들도 세상을 뜨는구나'의 황지우, 그리고 '풀'의 김수영과 신동엽 등이 자주 출제된다.

　맞춤법은 투자한 만큼 효과를 보는 가장 확실한 분야다. 필기시험에서 1점 차이로 탈락하는 수험생이 상당히 많다는 것을 고려하면 맞춤법 한 문제를 맞고 틀리는 데 따라 당락이 결정됨에도 불구하고 의외로 맞춤법을 열심히(?) 공부하는 수험생은 적다. 맞춤법의 4대 영역, 즉 맞춤법, 표준어, 외래어, 로마자, 표준발음법은 어떤 문제가 나오더라도 자신 있을 정도로 확실히 정리해 두는 것이 필요하다. 순우리말, 호칭, 단위어, 나이를 나타내는 말, 한자 등으로 나눠서 정리하면 좋은 성과를 기대할 수 있다. 국어 정서법을 준비하는 방법 중 하나로 각 방송사에서 제작하고 있는 우리말 관련 프로그램을 눈여겨보고 정리하는 것도 효과적이다.

8. 논술을 잘 쓰려면 어떻게 해야 하나.

　논술은 방송사 입사의 당락을 결정지을 만큼 중요한 요소로 떠올랐다. 논술은 서론, 본론, 결론의 형식에 자신의 일관된 주장을 담은 글이다. 내 생각에는 논술의 핵심은 '주장'이다. '주장'을 어떻게 설득력 있게 포장할 것인지가 관건이고, 이것을 종합하면 일관된 논지가 된다. 논술이라도 일관된 논지만 갖춘다면 서론-본론-결론의 3단 논법마저 해체할 수 있다는 뜻이다.

　수험생들의 최대 고민은 논술을 형식의 틀에 맞춰 무난하게 쓰는 것이 좋을지, 아니면 약간의 위험을 감수하고 튀거나 참신하게 쓰는 게 좋을지 하는 것이다. 참신함의 생명은 두려움을 없애는 것이다. 수험생 누구나 참신하고 튀게 쓰고 싶은 욕구가 있지만 완전히 망치지는 않을까, 혹시 장난친다고 여기지 않을까 하는 두려움 때문에 주저하고 있는 것이 사실이다. 이 두려움을 극복할 때 좋은 결과를 얻을 수 있다. 심사위원의 입장에서 참신한 답안지는 사막의 오아시스와 같은 존재다.

　참신함의 첫출발은 시선을 끄는 '파괴력 있는 문제제기'다. '벽'이란 논술 주제가 출제됐을 때, 대부분의 수험생들은 지역감정의 벽, 남북 분단의 벽에 대해 이야기하거나 '벽'이 지닌 효용성에 대해서 이야기한다. 하지만 미당 서정주 님은 '나는 벽이 싫다'로 첫 문장을 시작했다. 이것이 바로 참신함이다.

　예를 들어, SBS 드라마 〈야인시대〉에 대해 논술하라고 한다면, '야인시대의 인기 요인'보다는 '김두한은 김좌진의 아들인가?' 혹은 '노동 탄압의 대부 김두한' 등으로 주제를 잡는 것이 채점자 입장에서는 더 눈길이 간다.

　신문 사설 제목으로 논술을 쓴 후 신문 사설과 비교해 본다거나 〈MBC 100분 토론〉 등 시사 토론 프로그램의 주제를 미리 보고 논술을 쓴 뒤 프로그램을 시청하면 논술 실력을 배가하는 데 효과가 있다.

　가장 중요한 것은 많은 주제에 대해 써 봐야 한다는 것이다. 하나 주의할 것은 일단 쓰기 시작하면 글을 마칠 때까지 절대로 자리에서 일어나지 말 것. 그래야 끝까지 마무리할 수 있고 실제 시험을 치를 때 시간 배분도 효과적으로 할 수 있다. 대부분의 입사시험 합격자들은 출제된 주제와 관련해 사전에 논술을 작성해 본 경험이 있었다. 자기가 써 봤던 주제가 나오면 자신감이 생기고 어떻게 써야 할지 구성이 가능해진다.

만약 본인이 3000개 이상의 주제를 연습했다면 그만큼의 성과를 이룰 것이고, 300개의 주제를 연습했다면 또 그만큼의 성과를 얻을 것이다. 지난해 한 수험생은 필자에게 3000개의 논술을 써 봤다고 했다. 엄청난 고통이고 상당한 수련이다. 물론 이 수험생은 합격했다.

〈논술 예제 : KBS〉

- (PD와 작가 사이에서 일어나는 의견 불일치 등을 사례로 들면서) PD로서 마주치는 이런 상황들을 어떻게 해결해 나가느냐를 논리적으로 쓰라.

- 대중 예술, 고급 예술은 물론 자신이 예술이라고 생각하는 모든 인간 활동을 대상으로 가장 좋아하는 예술가 혹은 장르, 물건, 행위 등에 관하여 평론, 비평, 개인소사, 감상문 등 형식에 구애받지 않고 논하라. (예 : 음악, 미술, 건축, 꽃꽂이, 야구, 연애, 정치, 양치질 등)

- 올해 방송된 프로그램 중 가장 영향력 있었다고 생각되는 것을 고르고, 그 이유를 논하라.

〈논술 예제 : MBC 기자직〉

- 실향민의 자살과 언론.

- 미국 '테러와의 전쟁'을 보면서 21C 세계 평화와 미국의 자세를 논하라.

- '만경봉호'와 '북한 핵 개발 계속'에 대해 논하라.

- 올해 노벨 화학상 수상자인 다나카 고이치와 서울 평화상을 받은 옥스팜의 바

버라 스토킹 회장과의 가상 만남이 있었다. 다나카 고이치가 이사직 승진을 사양한 직후 만난 이들의 가상 대화록을 작성하라.

〈논술 예제 : SBS〉

- 붉은 악마, 촛불 시위 등으로 대변되는 광장 문화와 미디어의 역할. (2004년)
- 최근 남북 정상회담과 관련하여 각계에서 통일 논의가 활발히 나오고 있는 시점에서 통일에 대한 자신의 생각을 논하시오. (2000년)

9. 작문은 어떻게 쓰는 것이 좋은가.

작문은 '봄' '가을' '선물' '약속' 등과 같이 소재를 주고 자유롭게 글을 쓰게 하는 것이 전형적이다.

PD가 만드는 상당수의 작품이 작문과 관계가 있는데 위에 든 '약속' '편지' 등은 작문의 소재이기도 하지만 PD에게는 프로그램의 소재이기도 하기 때문이다. 특히 다큐멘터리의 주제나 소재는 자장면, 약속, 복권, 날씨 등과 같이 작문과 밀접한 것들이 많다.

작문도 논술과 마찬가지로 참신한 글쓰기가 좋다. 소위 좀 발칙해도 되는데 이 발칙함을 이해 못할 심사위원은 없다. 군이 경력사원을 뽑지 않고 신입사원을 뽑는 이유는 참신한 아이디어를 기대하기 때문이다.

참신함을 기르기 위해선 역시 평소에 많은 노력을 기울여야 한다. 갑자기 참신한 글이 나올 리 만무하지 않은가. 이 참신함에는 내용과 형식이 모두 중요하다. 내용적인 참신함 갖추기 위해서는 남들이 잘 생각지 않는 요소를 찾아내는 것이 중요하다. 형식적인 참신함을 갖추기 위해선 형태에 얽매이지 않는 것이 필요하다. 'K형!'으로 시작하는 편지 형태도 좋고, 옛날이야기 형태도 좋고, 시나리오나 시도 괜찮다.

2002년도 MBC 작문 주제인 '시장(市場)'을 가지고 최종 합격자들이 어떤 답을 썼는지 살펴보자. 한 합격자는 자신이 자취할 때 시장을 오가며 느꼈던 인상기를 드라마 형식으로 신(SCENE) 번호를 붙여 가며 시나리오처럼 작성했다. 또 다른 합격자는 어릴 때 본 화개장터와 서구적 신식 대형 할인점에 대한 느낌을 교차적으로 적었다. 또 다른 합격자는 '인간 시장'을 대상으로 가상 드라마 형식으로 작문했다. 이상의 합격자들을 살펴보면 논술 형식을 피하고 최대한 개성을 살렸다는 것을 알 수 있다. 예년의 합격 작문 중에는 시어머니가 며느리에게 말하는 구술 형식도 있었으니.

글은 준비한 정도를 정직하게 반영한다. 즉 준비한 만큼 차이가 드러난다. 수험생들의 작문 답변은 대개 비슷하지만 그 중에는 차별화되는 5%가 반드시 있게 마련이고, 그 5%가 성패를 가른다.

〈작문 출세 예문 : MBC〉

– MBC에 대한 스팟(SPOT)을 만들어라. (2001년 공통사항)

– 축제. (2001년 공통사항)

– (일정 분량의 코미디 대본을 준 뒤) 뒷부분을 완성하라. (2001년 선택사항)

– (코믹 드라마 대본을 준 뒤) 나머지 부분을 완성하라. (2001년 선택사항)

– 이슬람, 동구권 등 30여 개국을 여비는 사용하지 않으면서 여대생 리포터 2

　　명을 써서 어떻게 프로그램을 만들지 기획하라. (2001년 선택사항)

– 시장(Market Place). (2002년)

– 한국영화가 전성기를 맞고 있다. 한국영화와 드라마의 장르적 공통점과 차이

　　점을 한국적 상황을 고려하여 논하라. (2002년)

- 오! 필승 코리아 그리고, 오! 통일 코리아. (2003년)

- 열정.

〈작문 출제 예문 : SBS〉

- 공중파 방송에서 성(性)을 소재로 한 프로그램을 만들 때 윤리적 문제, 사회의
  보편적 가치와 관련해서 SBS의 지향해야 할 바를 논하시오. (2000년)

10. 기획안은 어떻게 써야 하나.

기획안에는 프로그램 제목, 기획 의도, 제작 방법, 구성 및 내용, 방송 시간대와 목표 시청층 등이 반드시 포함되어야 한다. 특히 스튜디오 촬영인지, 야외 제작물인지 등 제작 방법을 반드시 정해야 하고, 코너는 몇 개로 나눌 것인지, 코너별 시간 배분은 어떻게 할 것인지 등 프로그램 구성 및 구체적인 내용을 기록해야 한다.

기획안을 잘 쓰는 왕도는 없다. 많이 생각하고, 많이 써 보는 사람이 잘 쓰게 되어 있다. 한 가지 주제를 정해 꾸준히 써 보는 것이 중요하다. 방송 프로그램을 유형별로 여행, 요리, 미팅, 퀴즈, 노래자랑 등으로 유형화하고 주제를 뽑아 꾸준히 쓰면 자연히 실력이 붙는다.

방송사의 프로그램을 열심히 모니터링하는 것도 매우 중요하다. 입사시험에 등장하는 상당수의 기획안 문제는 해당 방송사의 고민을 표출하는 경우가 많다. 각 방송사의 프로그램을 열심히 모니터링하고 정보를 취합하다 보면 기획안 문제를 예상할 수 있는 경우도 많다.

예를 들어보자. 내가 MBC에 입사할 때 받은 주제는 '일요일 저녁 7시대에 편성될, 남녀노소 모두가 즐겨 볼 수 있는 오락 프로그램을 기획하라.'였다. 당시 MBC 일요일 저녁 7시대의 시청률이 매우 부진했

다. 2001년에는 KBS 〈아침마당〉과 SBS 〈한선교 정은아의 좋은 아침〉에 대적할 아침 프로그램을 기획하라는 문제가 출제되었는데, 이는 당시 MBC가 아침 프로그램에서 고전하고 있던 고민이 반영된 것이다. (대부분의 합격자들은 이런 문제를 예상했다고 한다.)

2002년 KBS 입사시험에서는 '지금까지 텔레비전과 독서는 항상 천적 관계에 있었다. 많은 프로그램에서 텔레비전과 독서를 접목한 다양한 시도가 있었지만 시청자의 외면을 받았다. 이런 상황을 극복할 수 있는 참신한 프로그램을 기획하라.'는 문제가 제출됐다. 그 결과는 〈TV, 책을 말한다〉라는 프로그램으로 나타났다.

기획안을 쓸 때 중요한 것은 실현 가능성이다. 작문과 논술의 경우 무난한 것보다는 다소 위험을 감안하더라도 참신하라는 주문을 했지만, 기획안에서의 참신성은 실현 가능한 테두리 내에서 존재해야 한다. 공상에 머무르는 기획안은 참신하지도 않고 실현 가능성도 없는 빵점짜리가 될 수밖에 없다.

〈입사시험 기획안 문제 – 2003년 MBC〉

– 과제 1. (드라마)

·상황 : 기획 중이던 미니시리즈의 작가가 개인적인 이유로 작품을 못 쓰게 되었다는 연락을 해 왔다. 연출자인 당신은 급하게 기획된 새 드라마의 인물과 구성을 건네받았다.

1) 이 드라마가 다른 방송사의 드라마에 비해서 가지는 장점과 단점을 말하고

2) 이 드라마가 경쟁력을 가질 수 있도록 출연진과 성격, 결말까지를 구성해 보라.

· 기획 : 사랑은 아름다워

· 기획 의도 : 사랑은 쓰다, 그러나 아름답다

· 내용 : 한 여인의 10년에 걸친 사랑과 성장을 그린다.

· 인물 소개 :

   A. 덜렁대지만 착한 여자.

   B. 강력반 형사. 정의로운 인물이지만 마음이 앞선다.

   C. 예쁘고 능력 있고 얌전한 여자. A의 언니, B의 아내. 그녀에게도 시련이

      있으니….

   D. 호텔 회장 아들. 아이스하키 선수.

   E. D의 아버지. 특2급 호텔 회장. 실리적 인물.

   F. 호텔의 비서. 능력을 인정받아 E회장의 신임을 받는다.

   (출제 직후 방영되었던 이창순 PD의 드라마 〈눈사람〉에 관한 질문이었다.)

과제 2. (오락)

1) MBC는 매년 새해의 10대 기획을 선정, 발표하고 있다. 그해에 중점이 되는

   아이디어를 정하는 것이다.

2) 중점 아이디어를 담은 주말 오락 프로그램을 기획하라.

· 방송 시간 : 2002년 12월 3일 토요일 저녁 6시~8시(120분)

· 주의 사항 : 기획 의도는 5~10줄 정도로 짧게 쓰고 주요 내용에서 기획 의도

   를 잘 드러낼 수 있도록 하라. 주요 내용에서는 번호를 붙이고 12항목 이상이

   되도록 하라. 참신하고 오락성을 가진 프로그램을 만들라.

· 참고 사항 : 작년 제작2국의 10대 기획은 'MBC 영화상' 이었다. 국내 최초 방

   송사 영화제라는 참신성과 스타들을 모을 수 있는 대중성, 화려한 쇼라는 오락

   성을 갖춘 기획이다. 문제는 어떻게 다른 프로그램들과 차별화시킬 것인가이다.

과제 3. (교양)

1) 목요일 밤 7시 20분에서 8시 20분까지 방영되는 〈우리시대〉는 소재 고갈과
   같은 시간대 가족오락 프로그램과의 대결로 고전하고 있다. 이를 대신할 파일
   럿 프로그램을 기획하라.

2) 스튜디오 프로그램, 다큐멘터리 형식 중 하나를 선택하여 구성하라. 단, 아래
   의 내용을 담고 있어야 한다.

   - 문 부장. 문화물산 해외 프로젝트 동아시아 담당. 45세. 중학교 3학년 아
   들, 초등학교 6학년인 딸이 있다. 노모를 모시고 아내와 함께 강북 30평대 아
   파트에 산다. 음주가무를 즐기고 골프도 친다.

11. 실무면접에서 주로 질문하는 내용은 무엇인가.

실무면접은 경력 10~15년의 차장급 PD들이 면접위원으로 참석한
다. 주로 지망 분야, 제작하고 싶은 프로그램 등 기본적 포부에서부터
특기, 취미 등도 물어본다. 이에 대비해 자기소개서 1부를 복사해서 면
접장에서도 확인하는 정성이 필요하다.

최근 실무면접에서 질문한 내용을 살펴보면 '최근에 본 프로그램
중에 하나를 골라 비판하라.' '최근에 가장 잘 만든 드라마 예를 들고
그 이유를 설명하라.' '최근에 가장 못 만든 드라마 예를 들고 그 이유
를 설명하라.' '가요 프로그램에서 댄스음악이 계속 유행할 것인지 아
닌지에 대해서 이유를 들어서 설명하라.' '만약 김건모와 같은 입지가
탄탄한 가수가 신참이라는 이유로 AD(조연출) 말을 안 들을 땐 어떻게
할 것인가?' 등이다.

실무면접에서 빠지지 않는 질문 중의 하나가 '나이'다. 늦은 나이
에 시험에 응시한 수험생들에겐 '당신보다 젊은 사람이 선배가 될 텐

데 어떻게 생각하고 어떻게 대하겠느냐.'고 물어본다.

실무면접에서 질문을 받지 못한 수험생도 있다. 수험생 입장에서 질문을 받지 못하면 굉장히 불안해 하지만 면접관에게 질문을 받고 안 받고는 큰 변수가 되지 않는다. 질문을 받지 않고도 합격한 사람을, 질문을 많이 받고도 떨어진 사람을 보았기 때문이다. 때문에 질문을 받지 못한다고 해서 다른 사람의 질문을 가로채거나, 혹 질문을 받았을 때 간결하게 대답하지 않고 장황하게 답변하는 것은 피해야 한다.

실무면접에 대비하기 위해서는 스스로 질문지를 만들고 답변을 해 보는 것이 좋다.

음악 캠프에서 립싱크를 배제하고 라이브를 하는 게 바람직한가? 당신이 PD라면 스캔들의 주인공이 된 백지영, 황수정, 홍석천을 기용할 것인가? 언론사 세무조사에 대해 어떻게 생각하는가? 트렌디 드라마는 앞으로도 유효할 것인가? 방송 3사의 시사 프로그램(〈PD 수첩〉〈그것이 알고 싶다〉〈추적 60분〉 등)을 비교하라 등 스스로 문제를 만들어 보고 또 답하는 훈련을 하면 실무면접에서 지나치게 떠는 것을 막을 수 있다.

무엇보다 중요한 것은 방송사에 꼭 들어가겠다는 열정과 의지다. 그 의지가 심사위원들을 감동시킨다.

12. 직무역량평가(합숙평가)는 어떻게 하나.

직무역량평가는 주로 집단 활동을 통한 개인 평가가 주를 이루므로 수험생 간의 토론을 유효한 방식으로 사용한다. 2002년 MBC 토론 주제는 '수능 난이도 쉽게 할 것인가 어렵게 할 것인가' '조폭 영화가 많이 만들어지고 있는 현상' '대학 기여 입학제' 등이었다. 수험생들은 각자의 생각에 따라 찬반으로 나뉘어 토론이 진행한다. 경우에 따라 영어로 토론이 진행되기도 한다.

토론 외에는 자기소개 문제가 자주 나오는데 종이와 잡지, 풀, 가위 등을 주고 자기가 원하는 이미지를 만들어 자신을 표현하고 자기소개를 해 보라는 식이다. 내가 입사할 당시에도 이 문제가 나왔는데, 종이를 접어 배를 만든 수험생이 최고 점수를 받았다.

'주어진 단어를 이용한 말하기'의 문제 유형도 있다. 예를 들어 '바이러스, 시골, 땅콩'의 단어를 모두 활용해서 4분간 말하는 방식이다.

순발력 테스트도 곧잘 이루어진다. 예를 들어 '음악 프로그램 조연출인데 톱 가수 김모 씨가 생방송 도중 싸움으로 인해 집으로 돌아갔다. 어떻게 할 것인가.' 등 MBC에서 PD로 근무하면서 생길 수 있는 갈등 상황을 주고 40초 안에 대답하라는 식이다.

비슷한 경우로 상황 대처 능력을 묻는 문제들도 있다. 예를 들어, 식당 지배인의 사전 동의를 받아 식당을 촬영하고 있는데 갑자기 음식점 사장이 나타나 촬영을 할 수 없다고 한다. 어떻게 대처할 것인가? 인터뷰를 하기로 약속했던 사람이 갑자기 전화를 해서 취소하겠다고 한다. 어떻게 대처할 것인가? 등의 문제가 출제됐었다.

개인 의견과 팀 의견을 조정하는 것도 전형적으로 많이 출제된다. 예를 들어 1000가구의 아파트에 100평의 놀이터를 만들라는 문제가 주어졌다고 하자. 우선 각 개인이 어떻게 놀이터를 만들 것인지 아이디어를 내고, 각 개인의 의견을 종합해 6명 1조의 팀에서 서로 토의해 종합안을 제출하게 한다. 이때 활발하게 의견을 개진하는 수험생에게 가산점을 부여한다. 지난해의 경우 활발하게 의견을 제시하는 자에게 가산점을 부여한다는 조항 때문에 수험생끼리 상당한 신경전이 벌어졌다고 한다. 다른 수험생들에게 말할 기회를 주지 않고 튀어야겠다는 욕심에서 상당수의 수험생들이 한번 발언 기회를 잡으면 말을 쉴 새 없이 했다고 한다. 발언 기회를 잡지 못한 수험생들이 초조해 한 것은 당연하고. 결국 이 시험은 인간성 드러내는 시험이었던 셈인지 정연한 논리 없이 발언 기회만 많이 얻었던 수험생들은 대부분 탈락했다.

〈실무평가 : SBS〉

– 50개의 문자로 설명된 이미지(예: 한강 유람선, 해변을 거니는 연인 등) 중 10
 ～20개를 골라 하나의 스토리를 구성하라. (2004년)

13. 스토리 보드는 어떻게 작성하나.

스토리 보드(Story Board)는 TV 화면을 축소해 놓은 듯한, 사각의 공간 안에 좌우로 비디오(video) 설명과 오디오(audio)를 써넣을 수 있도록 한 것이다. 비슷한 개념으로 큐 시트가 있는데 큐 시트에는 그림이 포함되지 않는다는 차이가 있다.

2000년 SBS에서 나왔던 문제를 살펴보자. 사진 30장을 나눠 주고 10～15장 정도를 고른 뒤 스토리를 작성하라는 것이었다. 장르 불문에 스토리가 하나로 이어지지 않고 옴니버스 형식이라도 무방하며 도화지 5장에 왼쪽에 사진, 오른쪽에 내용을 적는 방식으로 출제되었다.

당시 제시된 사진으로는 탤런트들의 인물 사진, 자연을 그대로 찍은 사진 등이 있었다고 한다. 이 경우, 인물 샷과 배경 샷은 적절히 섞고, 배경 그림은 비유적 기능으로 사용한다면 좋은 점수를 받을 가능성이 매우 크다.

또 하나의 예로 서양화와 동양화를 섞어 10장의 그림을 나눠 주고

10장의 그림을 이용해 스토리를 만들라는 문제가 출제된 적이 있다. 이 경우 그림을 자유자재로 오려내고 붙이는 모험을 강행하는 것도 좋을 듯하다.

14. 프로그램 모니터링은 어떻게 하는가.

방송 프로그램을 비평을 하는 것, 즉 비판적인 시청을 하는 것이 바로 프로그램 모니터링이다.

직무역량평가에서 모니터링을 할 때, 단순한 시청자 입장을 넘어 프로그램을 제작자의 입장까지 염두에 두어야 한다. 제작자의 입장을 염두에 둔다는 것은 기획안과 맞물려 있다. 제작자의 기획안을 복기하는 마음으로 프로그램을 샅샅이 해부한다. 즉, 기획 의도는 적절히 표출되었는지, 구성의 일관성이 있는지, 편집에 무리는 없는지 등을 살펴보는 것이다. 또 이 프로그램의 사회적인 의미는 무엇인지, 방송 시간대가 적절한지, 내레이션에 문제는 없는지 꼼꼼하게 따져야 한다.

모니터링 훈련을 위해서는 방송사의 인터넷 사이트 내의 'VOD 다시보기' 등을 이용해 동일 프로그램을 4~5회 반복 시청하는 것이 필요하다. 처음에는 편안한 마음으로 전체적인 느낌을 잡고, 두세 번 보면서 지적할 것이 생기면 이 내용을 메모한다. 드라마, 예능, 교양 등 장르별로 모니터링 훈련을 하면서 전문가가 쓴 방송 비평 칼럼과도 비교해 나가면 빠른 시간에 실력을 향상시킬 수 있다.

이런 훈련 방법은 수험생들에게 공부 방법의 일대 전환을 요구하고 있다. 지금까지 방송사 입사를 위해 준비해 온 수험생들은 프로그램은 보지 않아도 신문은 꼭 정독했다. 주로 상식 시험 준비 때문이었다. 그러나 이제는 신문은 보지 않더라도 방송 프로그램은 하나씩 챙겨 봐야

한다. 프로그램을 시청한 뒤 다른 사람과 토론하고 다시 공동으로 프로
그램을 시청하는 훈련이 필요하다.

15. 최종면접은 어떻게 준비해야 하나. 또 그 비중은 어느 정도인가.

최종면접에는 사장을 비롯한 임원진이 면접위원으로 참여한다. 과
거의 경우 최종면접에서 실무진이 올린 보고서 내용(필기시험, 실무면
접, 합숙평가)을 뒤집는 경우는 거의 없었다. 따라서 관례적으로 최종
면접은 당락에 큰 영향을 끼치지 않는다고 할 수 있다. 질문 역시 사회
봉사 활동 경력, 최근 시사에 관한 생각 등 일반적인 것이 주종을 이루
었다.

그런데 최근 이런 경향이 조금씩 바뀌고 있다. 경영자에 따라서는
최종면접에서 상당히 구체적인 질문을 던지고, 활발한 토론을 유도하
기도 한다. 예를 들어 어떤 경영자는 쌀을 주제로 어떤 프로그램을 만
들 것인지 등 심도 있는 질문을 하기도 했다.

최종면접에 대한 두려움을 줄이는 방법으로는 임원진을 미리 알고
가는 것이 있다. 언론인 명부 등을 통해 임원진의 명단과 약력, 사진을
검토하고 면접에 임하라. 커다란 원탁에 에워싸듯 앉아 있는 임원진은
그 존재만으로 상당히 부담스럽다. 질문하는 사람이 사장인지, 이사인
지조차 모르고 질문을 받는 것과 미리 알고 있는 사람이(설사 사진이라
하더라도) 질문하는 것에 대한 마음자세는 완전히 달라진다.

16. 일류대 출신만 뽑는다는 얘기가 있다. 지방대 출신은 불리하지 않나.

출신 학교에 대한 고려는 거의 없다. 출신 학교에 대한 고민은 지원
자들만의 고민일 뿐이다. 또 PD나 기자 중에서 서울대 출신이 차지하

는 비율은 알려진 것과는 달리 실제로는 그렇게 높지 않다. 내 생각으로는 30% 정도다. 방송사에서는 오히려 외국어대 출신들이 많다. 정확한 통계자료가 있는 건 아니지만 언론인 인명사전이나 외국어대 출신 동문들의 면면을 보면 알 수 있을 것이다.

한때 외국어대 영어과를 나오면 들어가지 못할 방송사가 없다고 할 정도로 방송사 입사에서 영어 비중이 컸던 때가 있었다. 1980년대 이후 서울대, 연세대, 고려대 등 이른바 명문대학들의 학생 수가 3~4배 늘어나면서 이후 방송사에 합격하는 이른바 'SKY 대학' 출신들도 늘어나게 되었다. 즉 'SKY 대학' 출신들은 이미 지원자 수에서도 압도적인 다수를 점하고 있다는 것이다.

MBC의 경우 2004년 입사지원서에 학력 기재란을 없애 암묵적으로 작용할 수도 있는 명문대 우대 조치 오해 소지를 원천적으로 봉쇄했다. 타 방송사들도 곧 비슷한 조치를 취할 것으로 예상되며, 명문대 출신 우대 논란도 점차 사그라질 것이라 생각한다.

17. 방송사 입사에 유리한 전공이 있는가.

현재까지는 어떤 학과, 어떤 전공이라도 차이가 없다. 방송에 소용되지 않는 전공은 없고, 상식 등의 필기시험 요소가 방송사 입사에 상당한 영향을 미쳤기에 전공별 편차가 없다고 할 수 있다.

그러나 앞으로는 신문방송학과가 비교적 유리할 것이다. 방송사 입사시험에서 점점 프로그램 모니터링, 기획안 작성 등 방송과 유관한 분야의 비중이 늘어나고 있기 때문이다. 신문방송학과에 진학하면 4년 내내 방송에 대해 고민하게 되고, 앞으로 중요한 비중을 차지할 방송사 인턴사원 과정 역시 신문방송학과 학생들에게만 열려 있는 문호이기 때문이다. 물론 외국처럼 신문방송학과 출신에게만 방송사 입사를 허용하지는 않겠지만 점점 신문방송학과 출신들에게 유리할 것으로 본다.

18. 이공대 출신은 불리하지 않은가.

앞서 말했듯이 PD에겐 모든 전공이 나름의 장점을 지니고 있고 모든 전공이 유용하게 사용될 수 있다. 공대 출신이라고 불리하다는 말은 금시초문이다. 오히려 인문 계열 졸업자가 많은 현실에서 공대 출신이면 더 돋보일 수 있지 않을까. '항공 산업의 미래' '석굴암의 비밀' 등을 주제로 프로그램을 만든다고 하자. 인문대 출신이 유리할까? 공대 출신이 유리할까?

19. 스터디 그룹에서 공부하는 것이 좋은가.

그룹 스터디는 잘하면 약이지만 못하면 독이다. 그룹 스터디는 혼자 공부하는 것보다 함께 공부하는 것이 효율적일 때에만 가치가 있다. 방송사에 합격한 사람들의 대부분은 스터디 그룹에서 공부한 경험이 있다는 점에서 성실히 활동하면 분명 도움이 된다. 그룹 스터디의 장점이라면 단연 체계성이다. 커리큘럼을 정해 놓고 공부하기 때문에 효과적으로 갈피를 잡아 공부할 수 있다. 또 정보 취득이 쉽고 다른 시각에서 접근할 수 있으며, 장기간의 준비로 지칠 때 서로를 다잡아 줄 수 있다.

그러나 스터디 그룹 일원 중 불성실한 사람이 있으면 시간만 낭비하고 잡담만 하다 헤어지는 비효율적인 모임이 되기 쉽다. 이럴 경우 과감하게 스터디 그룹을 박차고 나오는 것이 필요하다. 스터디 그룹에서 함께 공부하면 좋은 것으로는 자기소개서, 맞춤법 등 국어 정서법, 기획안 작성, 모니터링 및 논술·작문, 면접 준비 등이다. 스터디 그룹 성원을 꾸릴 때 굳이 여러 전공자를 섞을 필요는 없다. 기준은 오직 한 가지, 성실함이다.

20. 방송사 입사에 꼭 나이 제한이 필요한가.

방송사의 경우 입사시험에 응시할 수 있는 자격으로 나이 제한을 둔다. SBS의 경우 나이 및 학력 제한 규정을 폐지했지만 규정일 뿐 그렇다고 해서 나이 많은 사람들이 대거 합격하지는 않았다. 나이 제한은 기회의 형평성 면에서 보면 옳지 않다 하더라도 현실적인 불가피성 때문에 존재한다고 본다. 입사 연령 제한이 폐지되려면 정년 제한 규정도 폐지되어야 하는데 오히려 정년 시점은 더욱더 낮아지고 있는 형편이다. 조직 운영의 문제도 고려된 측면이 있다. 나이가 많은 본인의 입장에선 나이 적은 상사가 불편하지 않아도 정작 상사는 나이 많은 부하를 불편해 할 수 있다. 이런 점 때문에 나이 제한 규정은 여러 가지 문제점에도 불구하고 내면적으로 상당 기간 지속될 가능성이 높다.

21. 케이블 방송사 PD 경력으로 지상파 방송사에 입사할 수 있나.

현재까지는 케이블 방송사 근무 경력으로 지상파 방송사 경력 사원으로 입사하는 것은 매우 힘들다. SBS가 부분적으로 경력직 PD를 모집하고 있고, 한때 MBC에서도 실시한 적이 있지만 역시 극히 일부에 그치고 있다.

경력 사원 모집을 확대한다는 것은 곧 신입 사원 모집의 축소를 의미하는데, 아직까지 지상파 방송사에선 현재적 능력은 부족해도 잠재적 가능성이 높은 신입 사원 모집을 선호하는 것으로 보인다. 따라서 지상파 방송사 PD가 되고 싶다면 케이블 방송사 입사가 아닌 지상파 방송사 공개채용에 응모하는 것이 더 효과적이다.

22. 교내 학보사, 대학 방송국 경력이 도움이 되는가.

교내 학보사, 교내 방송국 경력이 있다고 해서 공식적으로 가산점을 주는 제도는 없다. 면접 시 사회봉사 활동, 학내 언론사 경력 등을 참고하는 정도다. 이런 경력이 있을 경우 면접에 유리한 점은 있다. 질문자가 질문하기 쉽고, 수험생도 어느 정도 답변거리가 있기 때문이다. 그러나 아직까지는 글자 그대로 참고사항일 뿐 당락의 결정적 요인은 되지 않는다.

23. 방송 아카데미에서 공부한 것이 방송사 입사에 도움이 되는가.

학보사, 교내 방송국 경력과 마찬가지로 아카데미 수료자에게 가산점을 부여하지 않는다. 현재 각 방송사 아카데미 연출 과정 수료자들은 주로 케이블 방송사에 취직하는 것으로 알고 있다. 다만, 합격에만 중점을 두지 않고 합격 이후에 뛰어난 PD가 되어 보겠다는 각오가 있는 사람이라면 한 번쯤 방송사 부설 아카데미에 도전해 보는 것도 좋다. 현재 이름을 날리고 있는 PD 중에는 아카데미 출신들이 많이 있다.

시험 경향의 변화와 함께 앞으로는 점점 아카데미의 중요성도 커질 것이다. 만약 내가 면접관이라면 별 활동이 없는 응시자보다는 아카데미 연출 과정이나 연극 단체에서 배우로 활동한 수험생에게 한 가지라도 더 질문을 던질 것이다.

24. 원하는 장르에 배치 받으려면 어떻게 해야 하나.

각 방송사에서는 한꺼번에 PD를 뽑은 후 연수 과정을 거치고, 개인의 희망과 해당 부서의 요청을 고려해 인원을 배치한다. 따라서 특별히 희망하는 부서가 있다면, 자기소개서 작성, 면접 때부터 이런 희망을 강력하게 밝히는 것이 필요하다. 또 학창 시절부터 자신의 희망 분야와 연관된 활동과 경력을 쌓는 것이 필요하다. 드라마를 지망한다면 영화, 연극 동아리 활동을 들 수 있고, 예능 프로그램을 제작하고 싶다면 음악 활동, 뮤지컬 등의 무대 활동을 해 보는 것이 좋다. 공부하면서 언제 그런 것까지 할 수 있겠냐고 반문하는 사람이 있을 것이다. 그런데 이 분야에서 자신의 경력을 쌓아 온 사람이 분명히 있다.

이미 방송사에서는 교양, 드라마, 예능 장르의 인원을 배분하고 있다. 신입 사원 모집 자체가 해당 부서에서 필요한 인력을 뽑는 것이기 때문이다. 그럼에도 본인이 입사한 뒤 희망하는 분야를 강력하게 밀어붙이면 대개 부서 발령이 가능하다. 재미있는 것은 이렇게 한번 분야가 결정되고 나면 여간해서는 분야를 바꾸기가 어렵다는 것이다. 순간의 선택이 평생을 좌우한다.

25. 방송사 입사에 '여성'이라는 점이 불리하게 작용하지 않는가.

여성들이 방송사에 입사하는 것이 쉬운지 어려운지 쉽게 말할 수 없다. 남성이 느끼는 체감 정도와 여성이 느끼는 체감 정도가 다르기 때문이다.

공식적으로 여성이라고 해서 차별하는 규정은 없다. 다만 입사 후 드라마 분야 등 몇몇 분야는 여성 PD의 진출이 어려웠었는데 이는 굉장한 체력이 필요하고 여성의 경우 거친 스태프들을 다루기 힘들다는 편견 때문이었다. 그러나 이러한 편견도 여성 PD들이 많아지면서 거의 사라졌다. 실력이 모든 것을 말해 주기 때문이다.

방송사에서 여성 PD의 비율이 남녀 성비와 같은 것은 아니다. 그러나 점점 증가하는 추세임은 분명하고 몇 년 후엔 30~40%에 육박할 것으로 생각한다. 지금까지 여성 PD들은 라디오, 편성, 교양 분야에서 주로 활약했으나 최근에는 예능이나 드라마나 가릴 것 없이 전 분야에 걸쳐 활발하게 활동하고 있다. 스포츠 PD 분야에는 아직까지 여성 PD가 없으나 이 분야 역시 조만간 여성 PD가 배출될 것으로 기대한다.

26. 해외 어학연수가 꼭 필요한가.

많은 수험생들이 어학 실력 향상보다는 자기소개서의 경력을 채우기 위해 해외 어학연수를 다녀와야 하는 것이 아닌지 고민하고 있는 듯하다. 어학 실력 향상뿐 아니라 세상을 넓게 볼 수 있다는 점에서 해외 어학연수는 긍정적이다. 그러나 이는 여유가 있을 때 고려할 사항일 뿐 필요조건은 아니다. 시간적, 금전적인 여유가 없음에도 불구하고 오로지 경력을 채우기 위해 어학연수를 다녀오는 것보다는 차라리 사회봉사 활동이나 연극 등 동아리 활동이 더 유용할 수 있다.

마찬가지로 방송사에 입사하기 위해 유학을 고려할 필요도 없다. 해외에서 석사나 박사 학위를 받는다고 해도 공채 시험을 보지 않고 방송사에 입사할 수 있는 길은 현재로선 없다.

27. 라디오 PD가 되려면 어떻게 준비해야 하나.

채용되는 과정은 TV 분야와 거의 동일하므로, 준비 과정 역시 비슷하다.

라디오 PD를 지망하는 수험생 대부분은 FM을 선호하고, 라디오 PD라면 음악만 잘 알면 되지 않느냐 하는 생각을 가지고 있는 것 같다. 그러나 라디오엔 FM만 있는 것이 아니다. 오히려 AM 프로그램이 현재까지는 청취율 상위를 모두 차지하고 있다.

라디오는 주파수에 따라 AM은 시사 및 정보 위주, FM은 음악 위주로 그 성격이 구분되어 있다. 따라서 라디오 PD를 지망한다면 AM과 FM 중 무엇을 선택할지 미리 생각하는 것이 좋다. AM에는 〈손석희의 시선집중〉 〈세계는 지금〉과 같은 시사 프로그램, 〈격동 50년〉 같은 정치 드라마가 포진해 있어 광범위한 시사 상식도 필요하다.

하나 유념할 것은 라디오 PD는 격년으로 채용하는 것이 일반적인 경향이라는 점이다.

28. 스포츠 PD는 무슨 일을 하나. 혹 지루하진 않은가.

스포츠 PD가 지루할 틈은 없다. 프로야구, 축구, 골프, 달리기, 농구, 배구, 태권도, 복싱, 에어로빅 등 일년 내내 중계가 끊이지 않는다. 방송사에서 야구나 축구 중계는 특히 중요하게 여긴다. 메이저리그를 예로 들어보자. 미국에서 중계할 경우 미국의 중계 팀 및 구단과 중계에 필요한 협의를 사전에 철저히 해야 한다. 국내에서 메이저리그를 중계할 경우 한국어 자막과 투구, 시속 등 관련 정보를 준비해야 하고 역시 해설가와 캐스터 중계도 연출해야 한다.

축구만 해도 월드컵, 아시안게임, 올림픽을 비롯해 유럽선수권, 남미선수권, 청소년대표, 유소년대표 등 각종 경기가 즐비하다.

스포츠 PD는 중계 외에도 틈틈이 스포츠 다큐멘터리를 만들기도 한다. 월드컵 특집이나 히딩크 특집, 박찬호 특집 등이 그 좋은 예다.

스포츠는 그 자체가 드라마이고 희로애락이 녹아 있기 때문에 스포츠 다큐멘터리도 매우 매력 있다.

요즘은 해외 스포츠 중계와 이에 따른 계약 업무가 방송사마다 증가하고 있으며 그 규모 역시 기업체 이상이다. 때문에 스포츠 PD들은 영어 등 외국어 실력 및 국제 계약에 대한 지식을 요구 받고 있다. 해외 출장도 많다. 마이클 조던이라는 한 농구 천재가 미국의 경제를 바꿔 놓듯 스포츠는 앞으로 발전 가능성이 무궁무진한 분야이고, 이에 따라 스포츠 PD 역시 급성장할 것이다.

29. 방송사 PD의 연봉은 어느 정도인가.

방송사마다 약간의 차이는 있지만 신입 사원의 경우 대략 연봉 2500만 원에서 3000만 원 내외로, 대기업과 비슷한 수준이다. 입사 10년 정도가 되면 5000~6000만 원 정도 된다.

지역 KBS(KBS 대구, KBS 원주 등)나 MBC 지방사(마산 MBC, 부산 MBC 등) 역시 급여에서는 본사와 차이가 없다. 단일노조로 묶여 있어 동일 임금 협상을 하기 때문이다.

다만 지역 민영방송사(PSB, TBC 등)와는 급여 차이가 있다. 특히 지역 민방의 경우 IMF 이후 경영상의 어려움 때문에 삭감된 연봉이 전부 회복되지 않은 것으로 알고 있다.

방송사 임금 체계는 서서히 고정급에서 연봉제로 옮겨 가고 있는 양상이다. 따라서 앞으로는 직종 간, 혹은 동일 직종 내에서도 성과에 따라(PD의 경우 시청률 등) 임금 격차가 생길 가능성이 높다.

30. 그래도 PD가 되고 싶다면 어떻게 해야 하는가.

PD가 되기 위한 준비가 다른 취업 준비에 비해 특별히 다른 건 없다. 다만 PD는 이 세상의 흐름과 호흡해야 한다는 것을 잊지 말아야 한다. 아직 어린 학생들이라면 지금부터라도 일기를 쓰는 것이 어떨까. 책도 많이 읽고 사회봉사 활동도 하면서 세상을 많이 알았으면 한다.

기회가 된다면 연극반이나 학교 방송반에서 활동하는 것도 권하고 싶다.

PD가 되고 싶다면 쉽게 포기하지 말고, 적당히 하지 마라. 높이 나는 새가 멀리 본다. '언론 고시'니 얼마나 어려울까, 지방대 출신이니 어렵겠지 등 안 되는 이유들만 나열하지 말고, 된다고 생각하고 꾸준히 노력하라. 최근 한 조사에 의하면 기업 인사 담당자가 인재 채용에 있어 가장 중요하게 생각하는 기준으로 '성실성'과 '적극성'을 꼽았다. 적극적인 태도로 성실하게 노력하면 불가능은 없다.

미래의 PD

5장

더욱 날 선 PD 정신이 필요하다

| 이강택 |

KBS 기획제작국 PD. 1990년 KBS에 입사해 〈세계는 지금〉〈추적 60분〉〈일요스페셜〉〈역사스페셜〉 등을
연출했다. PD연합회보 주필을 역임했으며, 현재 KBS PD협회장 및 한국방송프로듀서연합회장을 맡고 있다.
엠네스티 언론인상, 방송위원회 대상 최우수작품상 등을 수상했다.

요즘은 조금 수그러든 감도 없지 않지만, 1980년대 후반부터 2
～3년 전까지만 해도 PD라는 직업은 이 땅의 젊은이들이 가장 선망하
는 전문직의 하나였다. 내 경우도 별반 다르지 않았다. 허름한 청바지
를 즐겨 입으며, 1분 20초짜리 관급 뉴스가 아니라 자신의 시각이 담
긴 심층 프로그램을 통해 진실을 조명하는 독립적 언론인 또는 자신의
감성과 느낌을 사회적 트렌드로 만들어 가는 자유롭고 능동적인 전문
직업인. 자율, 창의, 지사 혹은 예술가적 풍모… 아마 이런 것들이 매
혹의 요소로 작용했던 것 같다.

변변한 소개 책자도 거의 없었고, 구체적으로 무슨 일을 하는지도
잘 알려져 있지 않았던 당시 한국 사회에서 PD에 대한 호의적인 이미
지가 급작스레 형성된 배경에는 무엇보다도 군사 독재의 퇴진과 그로

말미암은 방송 환경의 획기적인 변화가 자리 잡고 있었다. 방송 프로그램을 노골적인 관제 이데올로기의 전파 수단, 대중의 관심을 탈사회화·비정치화시키는 세뇌 도구로 사용하며, 통제와 억압을 통해 현업 PD들을 그들의 하수인으로 전락시켜 왔던 군사 정권의 종식과 새로 열리기 시작한 민주화의 전망. 병영 문화와 권위주의가 서서히 청산되기 시작한 방송계 안팎의 상황이 많은 이들로 하여금 PD라는 전문 직업이 가진 사회적 역할의 중요성과 본원적 능동성에 주목하도록 만들었으리라.

돌아보면 당시의 미디어 환경은 PD들에게 극히 우호적이었다. 집집마다 설치된 TV 수상기와 겨우 3~4개에 불과한 채널. PD는 이 땅에 살고 있는 모든 이들의 사생활 공간까지 침투할 수 있는 독보적인 소통 전문가였다. 전파는 아직 희소한 사회적 자원이었고, PD들에겐 이를 배타적으로 이용할 수 있는 독점적, 안정적 제작 환경이 마련되어 있었다. 모든 방송사를 통틀어 불과 1000여 명 정도밖에 되지 않았던 PD들은 민주화 운동이 가져다 준 정치적 자유와 비경쟁적 채널 구도가 보장해 주는 노동 조건의 안정성(자본으로부터의 자유)을 바탕으로 '표현의 자유' 시대를 구가하기 시작했다. 당시 PD 집단 내의 분위기는 전통적으로 위세를 부려 왔던 유력 신문의 기자들은 물론 웬만한 정치인들조차 우습게 여길 정도였다. 특정 사주의 이익이 아니라 국민을 위해, 사익이 아니라 공익을 위해 일한다는 자부심, 여론을 움직여 세상을 변화시킬 수 있다는 자신감이 자리를 잡아 가고 있었다. (1987년 PD연합회의 결성, 1990년 KBS 4월 투쟁과 1990년대 초반 MBC에서 벌어진 수차례의 사장 퇴진 투쟁 등은 당시 방송 환경의 변화 속에서 자라난 사회적 책무에 대한 자각과 사회적 역할에 대한 자부심의 발로였다.)

편집실에서 며칠 밤을 새우고 나서도 우리가 뭉쳐서 세상을 바꾸어 보자며 밤늦도록 술집을 전전하던 그 시절, 웬만하면 시청율 10% 정도는 거뜬히 넘길 수 있었던 지상파 중심 시대, 권력의 통제는 줄고 시장의 압박도 느슨했던 공영방송 중심의 독과점 체제, 돌아보면 그때 우리는 PD 집단 초유의 상승기를 지나고 있었다.

그러나 모처럼 찾아온 PD 집단의 상승기는 그리 오래가지 못했다. 민영방송 SBS가 세 번째 전국 네트워크로 자리를 잡으면서부터 흔들리기 시작했던 기존의 공영 지상파 중심 체제가, 1990년대 후반 CATV와 지역 민방(지역 민영방송) 그리고 위성방송으로 대표되는 다매체·다채널 시대가 개막되면서 근본적인 위기를 맞이했기 때문이다. 세부 장르에 따라 수십 개의 채널로 방송되는 케이블 TV와 산간벽지까지 난시청 지역을 없애며 100개 이상의 채널을 운용하는 위성방송, 거의 모든 도청 소재지마다 자리 잡은 지역 민방의 존재. 그것은 시청 점유율의 과소 여부에 상관없이 이미 그 자체로서 기존 방송 체제의 종막을 의미했다.

정체되어 있는 시청자 수와 광고 총량을 놓고 여러 매체가 생존 경쟁을 벌여야 하는 시대, 전파가 더 이상 희소한 자원이 아니어서 진입 장벽을 쌓는 것이 불가능해진 시대의 도래. 이는 상업적으로 운영되는 신규 매체 PD들은 물론 기존 공중파에서 일하는 PD들의 노동 환경에도 일찍이 경험해 보지 못한 시장의 압박이 다가옴을 의미했다. 모든 PD 개개인들이 시청률 경쟁과 자사 이기주의에서 자유로울 수 없는 환경이 본격적으로 조성되기 시작했다. 더구나 때를 맞춘 듯 'IMF 위기'가 찾아오지 않았던가! '철밥통'인 줄로 알았던 PD라는 직업에도 명예 퇴직, 감원의 바람이 부는가 하면 매년 꼬박꼬박 들어오던 후배들이 몇 년씩 안 들어오고, 그에 따라 일손은 항시 부족하고 인력 구조는 날로 기형화되고, 제작비도 줄어들고, 낮은 시청률로 광고 판매가 부진하면 수시 개편이라는 미명 하에 프로그램의 막을 내려야 하고….

그뿐만이 아니었다. 전혀 새로운 신규 매체의 등장은 정부의 방송 정책과 방송 제작 환경에도 엄청난 변화를 가져왔다. 단적인 예로 꼽을 수 있는 것이 외주 제작 대폭 확대 및 지원 정책이다. '다양한 프로그램 공급과 방송 산업 기반의 확대를 위해 제작 주체가 다원화되어야 한다.'는 명분 아래 추진된 외주 제작 확대 정책은 기존 공중파 방송사로 하여금 그 회사 외부(독립 제작사)에서 제작한 프로그램의 편성 비율을 매년 4%씩 높이는 것, 다시 말해 해마다 프로그램 제작 물량의 아웃 소싱 비율을 4% 증대시켜야 한다는 의무 부과를 핵심으로 했다. 그리고 이미 올해 말이면 목표 비율인 40%를 거의 달성할 정도로 급속하고 강력하게 시행되었다.

세계 방송 사상 유례가 없을 정도로 파격적으로 밀어붙여지면서도 그에 걸맞은 합리성과 균형을 갖추지 못했다고 평가되는 한국의 외주 제작 확대 정책. 정책의 함량 여부와 상관없이 그 여파는 PD들의 노동 환경을 급변시켰다. 애초부터 외주 제작을 염두에 두고 출발한 신규 매체들과는 달리, 나름대로 탄탄한 제작 역량을 바탕으로 편성, 제작, 송출이 수직적으로 통합된 구조를 가지고 있었던 기존 방송사들에게 있어서 외주의 확대는 곧 장기적인 구조조정이 불가피함을 의미했기 때문이다. 특히 기존 PD 사회에 있어서 외주 제작 확대 시행은 자못 심각한 부작용들을 낳았다. 제작 인력을 축소해야 한다는 내외의 압력이 증대하는가 하면, 연차가 낮은 PD들의 제작 역량을 키우는 데 적합한 프로그램들이 외주로 빠져나감으로 인해 훈련형 프로그램의 공동화 현상이 벌어지고, 일부 스타급 연출자들이 거액의 스카우트 비를 받고 외주 제작사로 옮겨 가고, 시청률 지상주의가 지배적인 경향으로 자리 잡기 시작했다.

게다가 채널의 대폭적인 증가와 외주 제작의 확대에 따른 제작 주체의 다원화, 시청률 경쟁의 강화는 스타급 연기자, 작가 등 제작 요소들의 가격 협상력을 현격하게 높이는 결과를 초래했다. 과거에는 PD가 우월적인 권한을 행사할 수 있었던 캐스팅 과정도 점차 인기 스타를 보유한 연예 기획사에게 주도권이 넘겨지게 된 것이다. 인기 연예인을 섭외하기 위해 PD가 그 연예인의 집 앞에서 몇 시간을 기다리는 경우도 비일비재해졌다. (수년 전 MBC <시사 매거진 2580>의 연예가 비리 보도를 계기로 벌어진 소위 '노예 파동'은 이러한 '권력 이동'을 상징적으로 보여 준 사건이었다.)

결국 오랜만의 'PD 상종가 시대'는 다매체·다채널 시대의 개막이라는 미디어 환경의 변화로 인해 얼마 못 가 막을 내리게 된다. 그리고 PD 사회는 연이어 디지털 시대라는 더욱 복잡하고 급격한 미디어 환경의 변화를 맞이하게 된다.

미래의 PD, 어떻게 존재할 것인가?

현재 일어나고 있는, 그리고 앞으로 일어날 미디어 환경 변화의 핵심 키워드는 '디지털 시대의 개막'이다. 과거 아날로그 시대와는 비교가 되지 않는 압축 전송 기술의 개발과 이에 따른 방송 영역의 확장이 가히 혁명적인 변화를 몰고 올 것으로 예상되기 때문이다. 사실 그 여

파는 단순히 기존 방송 영역 내에서의 채널 증가 및 화질 향상 정도에 머무르지 않을 것이 확실하다. 무엇보다도 방송의 성격 자체가 변하게 될 조짐이다. 인터넷 방송, 위성 DMB 등 새로운 매체의 등장을 비롯하여 방송과 통신의 통합이 필연적이며, 그에 따라 방송의 성격 자체가 Broad Casting → Narrow Casting → Point Casting으로 바뀔 것으로 보인다. 이러한 추세는 또한 '전파의 유한성'이라는 제약 요건을 극단적으로 완화시킴으로써 기존의 규제 원리를 더 이상 작동하지 못하게 할 것이며, 타 분야의 자본이 방송 영역에 본격 진입하는 계기로 작용해 방송 환경의 상업주의화, 방송 구도의 신자유주의적 개편이 극단적으로 진행될 가능성을 내포하고 있다. 시청률의 극심한 분산에 따라 광고 유치 경쟁이 더욱 치열해질 것이다. 미래의 PD들은 이처럼 유례없이 복잡하고 치열한 경쟁의 환경 속에서 생존해 가야 한다. 뿐만 아니라 이동 수신, 고화질 기술의 진전에 따라 기존의 모든 방송 장비가 교체되고, 제작의 관행과 프로세스가 근본적으로 바뀌는 구체적인 양상 하나하나에 적응해 나가야만 한다.

우리나라의 경우 이러한 변화의 속도가 아직까지는 그리 급속하지 않다. 디지털 시대로의 전환 일정과 방식 등을 둘러싸고 기존 시스템 내에서의 헤게모니 다툼과 갑론을박이 종결되지 않고 있기 때문이다. (방송통신위원회의 구성과 부처 관할권을 둘러싼 방송위와 정보통신부 간의 다툼, DTV 전송 방식 변경 여부에 대한 논란 등) 하지만 기존 시스템과의 마찰이 어느 정도라도 정리되는 그 순간부터 디지털 변동은 급물살을 탈 수밖에 없다. 이러한 전제 하에서 향후 PD라는 전문 직업인들의 존재 조건이 어떻게 달라질지 구체적으로 짚어 보자.

우선 PD 존재 양식이 다변화될 것이다. 지금까지는 PD라고 하면 대개는 공중파 방송에 종사하는 연출자를 떠올리는 게 일반적이었지만 앞으로는 매우 다양한 매체에서, 다양한 업무를 수행하는 PD들이 등장하게 될 것이다. 우선 독립 제작사(프로덕션)에서 일하는 연출자들이 증가할 수밖에 없다. CATV나 위성방송의 사례에서 이미 보았듯 새롭게 등장하는 매체들의 경우 자체 제작보다는 외부 제작을 통해 프로그램을 조달하는 편이 훨씬 경제적이기 때문이다. 소수의 채널을 놓고 다수의 프로그램 제작사가 경쟁하던 과거의 구도에 변화가 초래될 가능성이 크다. 양질의 콘텐츠에 대한 수요가 급증함에 따라 프로그램이 부족하거나 혹은 원 소스 멀티 유즈(One Source-Multi Use) 양상이 강화될 것이다. 같은 맥락에서 기존의 지상파 방송사나 신규 방송 사업체의 경우 상대적으로 프로그램을 편성·기획하거나 외주 제작 프로그램을 관리·조달하는 업무, 확보된 콘텐츠에 대한 저작권을 활용하여 부가적인 수익 사업(OST, 캐릭터 사업, 도서 발간 등)을 기획하는 업무 등이 PD들의 신규 진출 분야로 확대될 것이 예상된다. 지금까지 주로 직접 제작의 영역에 머물러 왔던 PD의 존재 양식이 매체별로, 업무 영역별로 다변화되는 추세는 이미 시작되고 있다.

한국 방송계의 현행 PD 제도는 세계적으로 거의 유례가 없는 '기획과 연출의 통합' 시스템이다. 다시 말해 PD가 포맷도 개발하고 아이템도 선정하며, 출연자 섭외와 사전 큐 시트의 작성 및 현장 연출을 도맡고, 밤새워 편집하고 포스트 프로덕션(Post Production)도 주도하는 미분화된 제작 시스템이다. 근래 들어 프로그램 말미에 '기획 : ○○○ 연출 : ○○○' 식의 자막이 나가기는 하지만, 기능과 역할의 명백한 분화가 이루어져 있기보다는 단순히 상급자와 하급자라는 조직 내의 관계를 반영하는 측면이 더 큰 게 실정이다.

그러나 매체 간 경쟁이 극대화될 향후의 방송 환경에서는, 이런 한국적 전통도 수정이 불가피할 전망이다. 우선 단위 프로그램이 복잡해짐으로써 새로운 프로그램의 기획과 개발 업무가 더 이상 현업을 겸하는 연출자가 내놓는 단상이나 아이디어만으로는 수행되기 어려운 상황에 직면하고 있다. 수용자들의 기호와 사회적 코드(Code)의 변화, 타매체 및 해외의 동향에 대한 면밀한 연구조사 등에 바탕을 두어야만 기획다운 기획이 이루어질 수 있고, 그것이 경쟁에 있어서 관건적인 요소로 작용하고 있다. 또한 예전보다도 훨씬 더 '저비용 고효율'이 강조될 수밖에 없는 상황에서 예산 배정, 제작 원가 관리의 측면에서도 기획과 연출을 분리, 전문화해야 할 필요성이 날로 높아지고 있다. 최근 각 방송사들이 공히 편성 파트의 권한과 기능을 강화하고, 별도의 프로그램 개발 부서를 신설하는 등 이런 일련의 움직임은 장기적으로 보면 프로듀서와 디렉터의 분화로 이어질 개연성이 매우 높다.

솔직히 말해 경험이 많지 않은 젊은 방송 PD들을 가장 곤혹스럽게 만들었던 문제 중의 하나는 다른 직종의 고참 스태프들을 어떻게 통솔하는가였다. 그만큼 다른 분야의 인적 자원에 대한 의존도가 컸기 때문이었다. 그러나 디지털 시대는 타 분야의 기능 인력에 대한 PD의 의존도를 상당히 줄여 줄 가능성을 예고하고 있다. 제작 장비는 갈수록 통합되고 간소화되고 있으며 그 조작 또한 매우 쉬워지고 있다. 6밀리 디지털 소형 카메라나 비선형(Non Linear) 편집 시스템의 등장이 이를 방증한다.

여기에 '저비용 고효율'을 강조하는 경영 논리가 결합되면서 PD의 다기능화 및 통합 직종화 흐름이 나타나고 있다. 예를 들어 KBS의 〈TV 문화기행〉, 경인방송의 〈게릴라 리포트〉 등은 PD가 직접 촬영한 작품이며, 몇몇 방송사에서는 이미 비선형 편집 시스템이 부분적 활용의 단계를 넘어 본격 도입을 눈앞에 두고 있다. 심지어 라디오의 경우에는 PD 혼자서 원고 작성, 콘솔 조작, 진행을 도맡는 1인 제작 시스템이 안착해 있는 사례가 드물지 않다.

방송 기술의 진전은 결국 연출자들에게 한편으로는 타 영역의 기능 습득, 노동 강도의 증대라는 부담의 증가와 동시에 다른 한편으로는 스태프들과의 관계에 있어서 선택권의 확대라는 양날의 칼로 다가오게 될 것이다.

다시 르네상스를 꿈꾸려면

현재 우리나라 주요 방송사의 인력 채용, 양성 시스템은 일반적 기준에 의한 비숙련자의 모집 선발, 현업 배치 이후 어깨너머 배우기 양상을 탈피하지 못하고 있다. 다만 얼마 전부터 신설 방송사들을 위주로 기존 방송사 및 독립 제작사, CATV 등으로부터 경력 사원 채용이 이루어지고 있는 정도이다.

하지만 다매체·다채널 시대의 전개와 함께 다양한 층위에서 경험을 쌓은 인력군이 존재하게 됨에 따라 기존의 인재 채용 제도에도 가시적인 변화가 일어날 가능성이 높다. 방송 인력이 갓 대학을 졸업한 사람들로 직접 충원되는 것이 아니라 단계적으로 여러 곳을 거치며 실무 능력을 갖춘 경력자의 채용 비중이 늘어날 것이다. 예를 들어 대학 → 독립 VJ 혹은 소규모 독립 제작사 → CATV → 주요 방송사 등의 경로를 상정할 수 있으며, 이 경우 채용 기준은 상식 시험이 아니라 서구 여러 나라들처럼 지원자가 만든 작품에 대한 평가로 바뀌는 것을 예측할 수 있다. 이러한 경향이 증대됨에 따라 전문성 함양과는 거리가 먼 방송사 내부의 현행 인력 양성 시스템도 각 분야 콘텐츠에 대한 전문적 자질을 갖춰 주는 방향으로 재정비하는 것이 불가피하게 될 것이다. 최근 주요 방송사들이 경력 사원 채용, 연수 제도 혁신 등을 모색하고 있는 점은 이와 관련하여 시사하는 바가 적지 않다.

디지털 시대는 개방과 더불어 온다. 이미 일본 프로그램에 대해 전면 개방이 예정되어 있는 가운데 DDA(도하 개발 아젠다) 협상의 진전 여하에 따라서는 그리 멀지 않은 시기에 우리 방송 시장이 모든 국가에게 전면 개방되는 가능성도 배제할 수 없다. 다른 한편으로는 소위 한류(韓流)로 대표되는 우리 프로그램들의 수출 시장 확대도 지속적으로 염두에 두어야 한다. 결국 날로 세계화되고 있는 우리 시청자들의 요구에 부응하고 밀려드는 외국 콘텐츠에 맞서 우리 방송 문화의 정체성을 지키기 위해서도, 모처럼 흐름을 타고 있는 한류를 일과성 해프닝으로 끝내지 않기 위해서도, 방송 PD가 국제적 안목과 감각을 갖추는 것이 필수적이다.

이와 관련하여 특히 주목해야 할 대목은 국제 공동 제작의 활성화다. 전 세계가 다매체·다채널 시대에 진입해 있는 환경 속에서 Global Funding → Co-Production → Global Marketing이 지금보다 훨씬 빈번하게 일어날 수밖에 없다. 미래의 PD들에겐 이러한 프로젝트 참여를 통해 기획 단계부터 세계 시장을 겨냥할 수 있는 안목과 감각을 키워 나가는 적극성이 특히 중요하다. 디지털 시대에는 단지 국내 시장만을 대상으로 프로그램을 만들어서는 결코 일류가 될 수 없을 것이기 때문이다.

누가 뭐래도 PD는 방송의 꽃이다. 결코 다른 직종과 같은 반열로 취급될 수 없는 방송의 주역이다. 생래적으로 자율과 독립을 지향하는 PD 집단은 방송 민주화 대열의 선도자였으며, 대중과 함께 호흡해 온 문화의 창조자로서 자랑스러운 위상을 지켜 왔다.

그러나 이제 PD들의 앞에는 중대한 도전과 시련이 가로놓여 있다. 이미 성큼 다가온 디지털 혁명, 신자유주의의 시대는 더 이상 과거와 같은 느슨함을 용납하지 않을 것이다. 급변하는 미디어 환경 속에서 다시 르네상스를 꿈꾸려면 일층 더 날이 선 PD 정신, 확고한 콘텐츠 전문성, 소속사를 뛰어넘는 연대 의식, 올곧은 직업윤리로 철저히 무장함으로써 현실과의 팽팽한 긴장을 유지할 수 있어야 한다.

분명 PD들의 앞길은 그리 순탄치만은 않을 것이다. 하지만 그럼에도 불구하고 더욱 분명한 사실은 어떤 상황이 오든 PD만큼 즐겁고 유의미한 직업은 흔치 않을 것이라는 엄연한 체험적 진실이다.